浙江中医临床名家

马莲湘

总主编 方剑乔

王艳 主编

科学出版社

北京

内 容 简 介

本书是"浙江中医临床名家"丛书之一,介绍了浙江名医马莲湘。马莲湘教授是浙江省首批名中医,先后参加了浙江省中医院、浙江中医学院的筹建工作,并担任内儿科教研室主任。本书共分六章:中医萌芽、名师指引、声名鹊起、高超医术、学术成就、桃李天下。重点介绍了马莲湘教授治疗儿科疾病的学术成就、学术思想及临床经验,全书涉及小儿肺系、小儿脾系、小儿肾系、小儿心肝、小儿传染病及小儿杂病等多个病种,结合具体病例展现了中医中药在小儿疾病治疗中的特色和优势。

本书可供中医临床、科研工作者及在校学生阅读使用,也可供中医爱好者参考。

图书在版编目(CIP)数据

浙江中医临床名家.马莲湘 / 方剑乔总主编;王艳主编.—北京:科学出版社,2019.7

ISBN 978-7-03-061677-7

Ⅰ.①浙… Ⅱ.①方… ②王… Ⅲ.①马莲湘-生平事迹 ②中医儿科学-中医临床-经验-中国-现代 Ⅳ.① K826.2 ② R272

中国版本图书馆 CIP 数据核字(2019)第 118191 号

责任编辑:陈深圣 刘亚 凌玮 / 责任校对:王晓茜

责任印制:徐晓晨 / 封面设计:黄华斌

科学出版社 出版
北京东黄城根北街 16 号
邮政编码:100717
http://www.sciencep.com

北京捷迅佳彩印刷有限公司 印刷
科学出版社发行 各地新华书店经销

*

2019 年 7 月第 一 版 开本:720×1000 B5
2019 年 7 月第一次印刷 印张:12 1/4 插页:2
字数:207 000

定价:**68.00 元**
(如有印装质量问题,我社负责调换)

马莲湘先生

本书编委会合照

马莲湘处方手迹

马莲湘授课讲义手稿

浙江中医临床名家

丛书编委会

主　编　方剑乔

副主编　郭　清　　李俊伟　　张光霁　　赵　峰
　　　　陈　华　　梁　宜　　温成平　　徐光星

编　委　（按姓氏笔画排序）

丁月平	马红珍	马睿杰	王　艳
王彬彬	王新华	王新昌	牛永宁
方剑乔	朱飞叶	朱永琴	庄海峰
刘振东	许　丽	寿迪文	杜红根
李　岚	李俊伟	杨　珺	杨珺超
连暐暐	余　勤	谷建钟	沃立科
宋文蔚	宋欣伟	张　婷	张光霁
张丽萍	张俊杰	陈　华	陈　芳
陈　晔	武利强	范军芬	林咸明
周云逸	周国庆	郑小伟	赵　峰
宣晓波	姚晓天	夏永良	徐　珊
徐光星	高文仓	郭　清	唐旭霞
曹　毅	曹灵勇	梁　宜	葛蓓芬
智屹惠	童培建	温成平	谢冠群
虞彬艳	裴　君	魏佳平	

浙江中医临床名家·马莲湘

编 委 会

总　序

中华医药，博大精深，源远流长。灵兰秘典，阴阳应象，穷万物造化之妙；《金匮》真言，药石施用，极疴疾辨治之方。诚夷夏百姓之瑰宝，中华文明之荣光。

浙派中医，守正出新，名家纷扬。丹溪景岳，《格致》《类经》，释阴阳虚实之论；桐山葛岭，《采药》《肘后》，载吴越岐黄之央。固钟灵毓秀之胜地，至道徽音之华章。

浙中医大，创业惟艰，持志以亢。忆保俶山下，庠序进修，克艰启幬；贴沙河干，省立学府，历难扬帆；钱塘江畔，名更大学，梦圆字响。望滨文南北，富春秋冬，三区鼎足，一校华光；惟天惟时，其命维新，一德以持，六艺互襄；部省共建，重校启航，黾勉奋发，踵武增华。

甲子校庆，名医辈出，几代芳华。值此浙江中医药大学建校六十周年之际，特辑撰"浙江中医临床名家"丛书，以五十二位浙江中医药大学及直属附属医院名医为体，以中医萌芽、名师指引、声名鹊起、高超医术、学术成就、桃李天下为纲，叙名家成长成才之历程，探名家学术经验之幽微，期有益于同仁之鉴法、德艺之精进。

时己亥初夏

目　　录

第一章

中医萌芽

　　名医马莲湘先生（1907年10月～1992年12月），浙江省宁波市奉化县人，生前是国内颇负盛名的中医儿科大家。先生自幼诵读经史，14岁起攻读中医典籍，并侍学于家乡名医堂兄马莲仙先生。20世纪30年代就读于上海汉医学院中医内科专修班，并经上海特别市卫生局中医考试，获中医开业执照，后设诊于浙江湖州南浔镇。1956年应浙江省卫生厅之召赴杭州筹建浙江省中医院，任内儿科医师。后又参加了浙江中医学院及院内儿科教研室的筹建工作，继任内儿科教研室主任。1978年被聘为浙江中医学院首批中医学教授和硕士生导师。1983年被评为浙江省首批名中医，是浙江省中医儿科学会顾问，浙江省政协第四届委员会委员。马老一生倾心于祖国的中医药事业，凭借高尚的医德、精湛的医术，实现了"弘扬中医，治病救人，教书育人"的夙愿，给后人留下了一笔宝贵的精神财富。

第一节　杏林之梦少时萌

　　马老涉足医林六十余载，理学临证颇具贡献，令人叹服。他为何会立志于悬壶济世之业呢？这还得从他童年的往事说起。

　　1907年，马老出生于浙江省宁波市奉化县方桥乡龙谭墩村，按照"衍宗传永世，嗣业定嘉名"的族谱排序，属"定"字辈，取名定传，小名增源，行医后改名为莲湘。

　　马老童年时，跟着母亲在老家奉化读私塾，父亲则在南浔随伯父开油漆作坊。这期间发生了两件事，对他以后走上从医之路有很大影响。一件事是，十岁那年小定传的腋窝部突生一痈肿，肿块巨大，疼痛难忍，肿势蔓延至手臂，伴寒战、壮热、谵语、烦躁，这可急坏了全家。幸得当时已是奉化乡间名医的堂兄马莲仙的诊治。堂兄经过望闻问切后，诊断为"腋痈"，认为此病多因肝郁气滞、郁久化火，痰火之邪阻滞腋窝经络，气滞血瘀而成，内治以"清解肝郁、消肿化毒"，当即开出内服中药方，并以中药外敷患处，亦在痛肿处循经切开引流。神奇的是次日腋窝部红、肿、热、痛便大消，不日便痊愈。因时隔已久，当年的具体方药已不可考证，但此次患病却在小定传的脑海中留下了深深的印记，他默默立志这辈子也要如堂兄一般，刻苦钻研岐黄之术，扶贫济危，解救病家之疾苦。翌年家中又发生了一件大事。马老的胞姐产后第三日突发高热，后两日高热不退，滴水难进，随后便陷入了昏迷抽搐，眼看危在旦夕。家属赶紧请来了乡间名医，详细问诊并切脉后分析，妇人产后多虚多瘀，新产血室正开，胞脉空虚，邪毒乘虚直犯胞宫，正邪交争，故壮热不退，治以"清热解毒，凉血化瘀"，随即开出中药，嘱水煎后顿服。服药二剂后，胞姐高热渐退，又服三剂，神色转清，饮食如常，全家欢喜万分。后来在回忆起从医经历时，马老常说胞姐得救的那一刻，他觉得医生能解人之疾、救人之危，这更坚定了他踏入杏林之门的决心。

第二节　年甫十四专于学

马老十四岁那年，伯父去世了，油漆作坊由他父亲接办，他也于这年去了南浔。马老在父亲的建议下，去了乡间轧村"太和堂"药铺当学徒。临行时，堂兄马莲仙送予他《药性赋》《汤头歌诀》《医学心悟》《医宗必读》《时病论》五本医书，一边指点他自学方法，一边告诫他若要学好中医，需苦读经典之作。在药铺的日子里，马老白天样样活都抢着干，如晒药、装药、磨药等，对每味药逐一强记辨认，亲口品尝；到了晚上，他就在灯下苦心钻研每味药物的形态、性味和功能。每日晨鸡起啼即起床背诵《药性赋》，三个月后又接着学习《汤头歌诀》，马老先将其背熟，然后对照柜台上的病人处方，辨识以什么汤头为主，并详细询问病家患病情况，把症状和用药情况一一记录下来。等病家再来复诊配药时，询问其疗效如何，晚上再参照医书，反复琢磨。等到坐堂医生来店，诚恳求教，以解疑惑。一年以后马老对以上两本书已背得滚瓜烂熟，而后又继续学习《医学心悟》《医宗必读》《时病论》。通过一年的用心收集，时年十五岁的马老已经积攒下许多处方，也积累了一些诊治经验。他触类旁通，举一反三，常常为一些轻病的患者或街坊邻居配些简单价廉的方药，辄见小效，颇受欢迎，俨然成了一个乡间小医生。因药铺老板的极力挽留，马莲湘三年满师后，又在药铺做了一年，但这一年已是一个兼职的坐堂小医生了。

第三节 耳濡目染叹神效

　　幼年的"腋痈"经历及胞姐的死里逃生都让少年时期的马老从心底感叹、折服于中医的神奇疗效。在"太和堂"药铺的四年间，马老曾眼见因奄奄一息抬着而来，经汤药、针灸等治疗病愈而归者；也曾见浑身瘙痒难忍，每逢春秋发作，数年难愈的病人，因寥寥几味小药治而不发者；更曾眼见小儿突发高热，神昏抽搐，家人哭喊着送来，经针刺、放血而热退惊止者……日复一日，年复一年，马老深深感觉到中医的疗效是它源远流长几千年的根本所在。归乡后跟着堂兄马莲仙随堂坐诊的日子里，马老亦见识了太多的乡亲因各种病疾前来求治，在那西医还不发达、西医医生缺乏的岁月里，中医药发挥了很大的作用，解决了很多病人的痛苦。这些都成为马老心系岐黄之术，勤学不辍的原动力。

第
二
章

名师指引

第一节　先人指点悟岐黄

    马老的中医学启蒙源于堂兄马莲仙。我们目前只知那时他已是奉化乡间名医，但其他更详细的生平等已无处考证。入"太和堂"前马莲仙赠予他《药性赋》《汤头歌诀》《医学心悟》《医宗必读》《时病论》共五本医籍，一边指点自学方法一边传授他自己的研习心得。有了堂兄指引，马老自学岐黄之术少走了不少弯路。四年学徒期满归乡后马老又跟师于堂兄马莲仙。期间马老将先前所学的经典理论与实际遇到的病案相联系，随诊中在堂兄的点拨下，茅塞顿开，医技日益长进。跟师于堂兄的日子里，马老深刻领悟到：作为医者，诊查务必仔细认真，四诊合参；诊断务必明确，避免误诊、漏诊；治疗务必随证制宜，用药奇巧而有章法，价廉而安全有效；医嘱务必耐心周到。

    20世纪30年代，马老参加上海市卫生局中医考试，成绩优异，获中医开业执照，随即在湖州南浔开业行医。期间马老一边行医，一边于上海汉医学院中医内科专修班继续进修学习，有幸获上海名医陆渊雷、张赞臣先生指教，天道酬勤，医术日益提高。

第二节　自学不息博众长

    马老自入"太和堂"药铺当学徒起，向先贤学，向书本学，向病家学，一刻未停歇过，即使后来日常诊务、教学工作愈加繁忙，他仍坚持在工作之余，阅读大量中医经典著作及名家医案。

　　早年在堂兄马莲仙的指点下，马老先自学《药性赋》《汤头歌诀》，一年后他对以上两本书了如指掌，而后他自学《医学心悟》《医宗必读》《时病论》。在跟师的过程中，马老深感学医者不明《黄帝内经》，有如无源之水，无本之木，学医既要博古，又要通今，他又刻苦自学《黄帝内经》《伤寒论》《张氏医通》等中医经典名著，为其行医奠定了扎实的理论基础。他特别推崇清代张璐玉所著的《张氏医通》，此书上起《黄帝内经》，下及明清各家，尤重辨证用药。此书前十二卷论病，包括内、外、妇、儿及五官等科，自中风至婴儿共分十六门，分门分证，征引古代文献及历代医家医论，每病先列《黄帝内经》《金匮要略》之论述，次引后世如孙思邈、李东垣、朱丹溪、赵献可、薛己、张介宾、缪仲淳、喻嘉言等诸家之说，同时结合个人临证经验发表评论。马老对《张氏医通》第十二卷婴儿门下中的痘疹各论有深厚的兴趣。他在详细研究了《钱氏痘疹论》《丹溪参补陈氏痘疹论》《翁仲仁痘疹论》《薛立斋痘疹大要》之后，独树一帜地提出了自己的见解。如对于麻疹并泄泻，历代医家，或曰顺，或曰逆，或曰虚，或曰实，阐述不一。马老认为，麻疹并泄泻，有顺有逆，关键要审察是外达还是内陷。若疹已出齐而热毒尚重，或泄泻并有汗透发，则为顺候；若未见疹点，或已见点，但泄泻后疹出不透，或疹回后体虚不胜泄泻者，则属逆症。

　　马老对近代名医恽铁樵、陆渊雷、秦伯未及汤本求真诸氏著作亦认真研读。陆渊雷先生的《伤寒论今释》中提到素重视脾胃，马老认为，脾胃确为后天之本，应随时注意调理及健补脾胃，对书中不喜用苦寒伐胃药的观点颇为赞同。每次为病家遣方用药时，马老都时时注意顾护脾胃。秦伯未老先生在著作中提出，湿温发热证的合理治法，应在清化的基础上佐以宣透，而宣透药中又以豆卷为佳，它能透发中焦陈腐之气从表外泄，而不同于宣肺发汗。老先生在临床上每遇湿温发热证，每每都要加入豆卷一药。马老在临证时遇上因湿温致皮肤紫癜迁延难愈的病例，受秦老先生启发，处方中也常加清水豆卷一味。

　　马老认为前人的著作包含了宝贵的个人经验，但若不从临证实际出发，而是照搬全套，拘泥呆板，则无异于刻舟求剑，势必影响临床疗效。如治疗小儿肺炎喘嗽风温闭肺型的麻杏石甘汤，原方出于四大经典之一的《伤寒论》。原方麻黄四两，石膏半斤。马老参考经方，又结合小儿"阳常有余，阴常不足"的生理特点及小儿"所患热病最多"的病理特点，认为麻黄终属辛温之品，对原方剂量进行了改良，减麻黄用量为石膏的1/10，使此方仍不失为辛凉之剂，却更适用于小儿，一举两得。马老常说，前人的著作是汲取知识的源泉，不仅要研究，更重要的是实践出真知。只有通过大量的实践，才能领悟到中医治病的许多奥妙所在。长期大量的临床实践，使马老的经验不断丰富、不断升华，使他的讲学言之有物、活灵活现，使他的论著实用而不空洞。他几十年如一日，不知疲倦地刻苦钻研学问，探求医术。"青衿之岁，高尚兹典，白首之年，未尝释卷。"多少个夜晚，当人们早已进入梦乡的时候，他的书房里依然亮着灯光，临床、教学、各种学术会议，占据了白天大部分的时间，他不愿放弃晚上宝贵的时光，对他来说，节假日更是他难得能够潜心研究的时间。他博览群书，勤于临床，将理论与实践融会贯通。

马老除攻读经典外还广交益友，积极参加各地各种中医学组织进行交流学习。先后参加了挚友叶橘泉创办的"国药单方实验研究社"、张赞臣的"医界春秋社"和陈无咎的"上海汉医学院中医内科专修班"的函授学习，向各地的名医虚心请教，取长补短。

在研习中医的同时马老打破门户之见，重视汲取西医的知识。有人指责"中医学习西医是不务正业，是离经叛道"，但他却如饥似渴地学习西医知识，为其后来行医打下了深厚的西医学基础。马老认为由于历史的局限性，祖国医学有些内容精芜并存，众说纷纭，令人有多歧之感，临床诊断疾病主要靠病人出现的体征来分析判断，没有严格的界限和客观指标。西医在方法上系统性、逻辑性强，有大量实验依据和客观指标可查，因此，马老认为"中西医各有所长，也各有所短，应该互相学习"。他身体力行，在20世纪三四十年代，积极参加"上海中西医药研究社"及"中西医学函授学校"的学习，系统地学习了西医知识，此后又聆听了不少西医讲课和讲座，提高了自己的现代诊治技术。在调入浙江省中医院儿科后，与科内西医同仁互相学习，中西医结合治疗，有效提高了疾病的治愈率。

第三节　亦师亦友互切磋

马老与其挚友叶橘泉交往逾半个世纪，互称良师益友，可谓同行加知己。他俩又都是从湖州走出去，成为省内外乃至全国也有一定影响的名医名家，实属难得。

叶橘泉（1896年8月～1989年7月），曾用名叶觉诠，吴兴（今湖州）双林叶兜人。1915年经塾师推荐，拜本县三代祖传名中医张克明为师，历经

4 年苦学后，独立开诊。他在开业的同时，1924 年还前往上海恽铁樵中医函授学校学习，深入探求医理，并潜心研读了大量的医药著作和文献资料，其中包括相当数量的日本汉方医药中译本，如《化学实验新本草》等。为了能看懂原著，他还自学并掌握了日语。大量的阅读开阔了眼界，在此基础上他揣摩得失，为求创新，设计了不少独特的处方，治愈了许多疑难杂症，以精湛的医道，闻名乡里。1931～1935 年兼任双林镇救济院院医。1935 年，在章太炎先生的热情邀请下，任苏州国医研究院讲师、国医专科学校方剂和药物学教授。1949 年后，叶老积极投入中医药学的研究和临床工作，创办过农村医疗进修社，编印农村医药丛书。1954 年出席江苏省中医代表大会。同年，参加筹建江苏省中医院工作，并任院长，兼任江苏省中医学校副校长。1955 年被选为中国科学院生物学部委员。1957 年任江苏省卫生厅副厅长，并先后兼任江苏省中医研究所所长、中国医学科学院江苏分院副院长、南京药学院副院长，是中国农工民主党第八、九届中央委员会副主席和中央咨监委员会委员，也是第五～七届全国政协常委。1979 年叶老光荣加入中国共产党。1986～1989 年任中国药科大学教授。1989 年 7 月于南京逝世。叶老为我国著名的中医药学家，编著有《现代实用中药》《古方临床运用》《本草推陈》《中医直觉诊断学》等著作。

在 20 世纪 30 年代初，叶老在双林创办"国药单方实验研究社"，马老是早期社员之一。当时叶老专心收集研究中草药单验方，主张开展中医药的科学研究，并率先在上海《大众医学》副刊上发表研究成果《合理的民间单方一百例》。马老因当年曾在药铺当过学徒，颇熟悉中药性能，为解决小儿服药困难，建议改汤药为粉剂，以便于小儿服用，经临床应用后反馈很好。两人志同道合，经常切磋医术、药理，遂成为密友。后来叶老离开双林去苏州发展，在苏州景德路开办"承济医庐"。叶老是湖州双林区善琏人，他又在苏州观前街开了家"善琏笔店"。在苏州、湖州两地往返的日子，每经过南浔，叶老便来马老家吃饭休息，有时就住下过夜，常促膝长谈，相互交流治疗疑难病症的经验，每每至深夜。1937 年抗日战争全面爆发，叶老就长住于苏州城内，马老也避难于奉化乡间，期间两人曾一度中断联系，后经辗转得知叶老在苏州创办了"苏州国医院"，他力邀马老前去工作。经思量并与家人商量后，马老决定接受叶老的邀请，举家迁往苏州。医院设在景德路上，属慈善性质，名为医院，但地方其实不大，只有十来个固定的工作人员，此外还聘请了当地医生轮流去义诊。叶老自己的私人诊所"承济医庐"也在景

浙江中医临床名家·马莲湘

德路附近，马老也经常去坐诊。1939 年，物价飞涨，经济困难，医院难以支撑日常开销被迫停办。此时南浔社会秩序亦趋安定，故土难离，于是马老便携妻儿重返南浔。回到家乡后，眼见老屋已被烧毁，幸好后进旧屋尚在，经修复还尚能居住，于是马老便在原址重新开设诊所，仍以"马莲湘诊所"为名。在日常诊务工作之余，马老与叶老书信往来频繁，相互交流、切磋。叶老著作甚丰，有《近世国医内科处方集》等名著，每逢出版，必送之新书，并在书的扉页上亲笔题字"书赠莲湘兄"，可见二人情谊之深厚。20 世纪 50 年代马老调往杭州工作后二人鲜有机会见面，但他们一直保持着书信联系，互相交流、鼓励。

叶老对历代中医药界的门户之见一直持批评态度。早在 20 世纪 30 年代初，他就极力主张中医各家之间宜相互交流，取长补短，以促进中医药学的发展。1933 年他创办"单方实验研究社"，编辑经验单方，按期出版；征集临床实验的疗效，互相交流。这点马老和叶老不谋而合。马老还很早就倡导中西医结合，并在临床中取得了更好的疗效。马老热爱祖国医学并孜孜以求，但他从不忘西医之长，用科学的态度来对待西医，善于接受新事物，特别是他能吸取现代医学的长处，主张中西医结合并极力倡导尽可能地利用多学科现代化手段来研究中医、发展中医，使中医学日臻完善。

第三章

声名鹊起

第一节　初露锋芒闻南浔

马老19岁便在南浔悬壶应诊，诊务日渐繁忙。此时，其伯父已过世多年，马老的父亲年事渐高，想让他接油漆作坊，但他立志要成为一名济世医生，在胞姐的资助下去了上海，在虹口公平路租屋行医，并于1930年参加上海特别市卫生局考试，以优异成绩顺利通过，获得了行医执照，从此正式立足于医林。

父亲去世后，马老关闭了油漆作坊，把房屋修葺一新，改名成"马莲湘诊所"，把原先面临西大街的店堂改造成候诊室和会客场所。他开设诊所的第一天就在门上张贴了"诊金不计，贫病送医给药"的告示。对此他解释道，贫苦之人，已陷窘境，加之病痛缠身，雪上加霜，若熟视无睹，就失去了一个医者该有的品质。他认为医生当以救人解疾为第一天职。正如药王孙思邈在《备急千金要方·大医精诚》开宗明义地提出："凡大医治病，必当安神定志，无欲无求，先发大慈恻隐之心，誓愿普救含灵之苦"。凡是得大道的医生治病，必须要安定心神和情志，没有其他的欲望、追求的干扰，首先应生发大慈大悲的同情心，发誓愿意普遍地救度含有灵魂的个体的痛苦。他扶贫济危的美德受到当地百姓的广泛赞扬。马老常说"不为良相，即为良医"，他抱着"以医济世"的宗旨，热情为病家诊治，很快得到病家信任，病人络绎而来。

一天，诊所大门口忽然喧闹起来，马老的夫人不知发生什么事，三步并两步赶到大门口，原来两位壮年汉子抬了一把藤躺椅，躺椅上躺着个中年人。中年人脸如死灰，人已毫无意识。前面的壮汉想抬着躺椅跨进大门来，欲进又止。她问道："什么事啊？如要看病请抬进门来啊。"那壮汉答道："我们是亲属，眼见人已死了，是死是活总想请马医师看一看，这样死者也瞑目了，可一想医生是治活人的，总不可能治已死之人，所以在门口犹豫。"这时马老也到了大门口，一看"死者"的下身正在滴血，血色鲜红，可能尚有一丝活命的希望。他马上让壮汉把躺椅抬进大门，放在天井，又劝退了看热闹的人群。经检查心跳和呼吸已测不到，"死者"腹部膨隆，阴囊肿得如气球大且发亮。按照现代三甲医院泌尿外科的诊断应是前列腺增生、前列腺炎急性发作引起的尿潴留。但这病让马老在七八十年前碰到了，要买导尿设备？不可能的，也没地方可买。他灵机一动想到了灶头烧的麦秆，飞快地剪了一节一尺多长的麦秆，用开水一泡，从尿道口慢慢推进去，只见血水顺着麦秆流了出来，腹部逐渐变小，阴囊也瘪了下去，病人微微动了动眼皮醒了过来。马老详细询问病史后，又开了几剂以车前草为君药的中药方剂给病人服用，不久病人便痊愈了。之后病人逢人就说已"死"的他被马医师救活了。马老高超的医术顿时轰动了整个南浔。病人还特地送来了一张匾，上书"华佗再世"四个大字。后来马老回忆起这个病例，说："这病人全靠亲属及时抬来，否则就要被尿憋死了"。孙辈问他："这泌尿外科不是您擅长的，当时诊治这病人风险是不是特别大？"他回答说："当时没考虑那么多，只是救命要紧，救死扶伤是医生的天职"。

南浔镇宝善街有家烟纸店，烟纸店有位伙计叫洪晓波，当时在南浔镇是位知名人物，因为他写得一笔好字，草书、楷书无一不精，特别是一手工笔楷书让人叹为观止。有一年，洪晓波得了赤痢，拉血流脓一个星期，眼看骨瘦如柴，性命危矣。那时西医没有治赤痢的特效药，他就请马老为他诊治。马老开出的药方君药是马齿苋，马齿苋就是俗称的酱板头，这种药材虽然遍地都是，当时却是治疗赤痢的特效药。洪晓波服了数服药后便痊愈了，感激之情油然而生。他特地请人做了张银杏匾，匾上"疾起河鱼"四字是洪晓波自己亲手书写的。他还特地聘请了当时南浔镇唯一的西洋乐队（当时俗称"洋铜鼓"）送匾。"洋铜鼓"又吹又打，绕南浔镇一周，然后将披红戴绿的匾额送到马老家，盛况空前，名医马莲湘成了家喻户晓的人物。

"人命至重，有贵千金；一方济之，德逾于此"。马老行医以来，急病人之所急，不论贫富贵贱，不论是否给予诊金，均悉心医治，直至病家恢复健康。

某天，一对江苏夫妇抱着小孩来诊所看病，小孩1岁多，却是奄奄一息。夫妻俩告诉马老，孩子总是又哭又闹，晚上更甚，不能入眠，当地看过不少医生，也吃了不少药，总不能奏效。经朋友介绍特来南浔请马医师诊治。马老看病孩一脸疲惫，连啼哭的力气也没有了，又观前医处方，均从夜啼论治。他嘱家长将患儿放至于桌上，头部一枕于脉枕上，即做痛苦状，家长抱起稍安。马老正在疑惑，突然发现孩子的衣领上有几处已干的血迹，再仔细检查后发现孩子后脑部枕骨处有血块粘连，用药棉擦之，见白色浓稠状液体，疑为脓肿，用镊子触之，发现竟是头皮溃烂。马老立即用消毒剪刀将患儿伤口周边头发小心剪去，将伤口消毒后敷上药膏并用纱布包好，另配解毒敛肌药3剂，嘱病家3天后再来复诊换药。3天后患儿来复诊时已是活蹦乱跳。家长一见马老就说："真灵真灵，当晚止哭。"一到候诊室，趁马老站起去拿药时，患儿的父亲一把将孩子按在马老的座椅上，不巧患儿穿着开裆裤，屎尿拉在了椅上。马老夫人连忙将座椅搬到室外天井，用水冲洗干净。马老和夫人疑惑地问患儿的父亲为什么有此举动，他有些尴尬地说："乡间流传马医师能看好别人看不好的疾病，是天医星下凡为百姓医治疾病的，小孩子在天医星的座椅上坐一坐能保一生平安。"马老平静地对他说："自己可没这么大的能耐，只是比较仔细罢了。"经检查患儿伤口已无大碍，消毒换药后他嘱咐孩子父亲，若数天后枕部伤口能结痂就不用再来换药了。这位父亲听了后连连点头，抱着孩子高高兴兴、千恩万谢地回去了。

马老曾说：自古最难为儿医，婴儿有苦说不出，幼儿有病道不准，只能依靠医生的本事，有些病人来找我，本已是走投无路了，因此只有穷究医术，加上高度的责任感才能对得起病家的信任。

马医生是"天医星下凡"的说法在坊间广泛流传开来，这是当时当地百姓对他医术的极大肯定，也确立了他一方名医的地位。马老认为，相比于医术，医德更为重要。一位医德高尚的医生，必然会急病人所急，想病人所想，把病人的病情放在首位，与病人感同身受，这才能下苦功夫深究医术。也只有一位医德高尚的医生，才能对病人亲切和蔼，对待病人如同家人一般，既细心诊治，又谈笑风生，常使他们痛苦而来，舒心而归。《周礼》载：医师治病，"十全为上，十失一次之""业精于勤，医善于德"，这也是马老行医做人的准则，他秉承这一至理名言，一生始终践行"大医精诚"的信仰，兢兢业业，对病人可谓是有求必应。

在急性传染病流行时期，马老不顾个人安危，全力以赴救治乡邻。那年6月，霍乱流行，村庄中5天丧生20余人，乡间一片凄凉，哀号之声此起彼伏。他提出大搞卫生，用石灰水消毒，死者家中清洗百物。他为缓解疫情日夜奔波，翻阅古籍后提出每人服"蟾酥丸"预防，用乌梅3枚，明矾3克泡服及吞红灵丹一分。不少病人因此化险为夷，也挽救了数名垂危重症患者。经过预防和治疗，疫情迅速得到控制。马老信誉日增。

除了日常精研医术外，马老也热心参加地方公益活动，在国医师公会（湖州医学会）、红十字会、施诊给药所，以及宁绍同乡会、消防救火会等社会团体中任职，积极发挥自己的社会影响力，弘扬中医文化。其中湖州医学会是我国最早成立的中医民间团体之一。清末民初涌现出一股废除中医理论的浪潮。1879 年，一代国学大师俞樾发表《废医论》，最早提出了废除中医的主张。面对废除中医浪潮，各地中医医师奋起抗争，先后成立中医学会等民间组织。湖州医界在先贤傅稚云倡导下率先建立了湖州医学会。1930 年湖州医学会又改名为吴兴国医公会，并在南浔、双林、菱湖三镇建立分会。在反动统治力量消灭中医愈演愈烈之间，全国纷起援手，吴兴国医学会组织的救亡请愿团，成为一支重要的反抗力量。马老知晓后也奔走呼吁，发文倡导保护中医药传统文化，在怒潮冲击下，国民党政府采用以缓冲之计，把中医改称为国医，成立中央国医馆，通过考核发放开业执照，使广大开业中医馆获得合法地位。虽未彻底使国民党政府改变政策，却已使中医获得生息之机。此事的逆转，各地医学会功不可没。

中华人民共和国成立后，马老坚决拥护中国共产党的领导，积极投身社会主义建设。1952 年他响应党的号召，联合南浔当地的中西医医生，带头组建了南浔中西医联合诊所，并被选为联合诊所第一任主任（所长）。中西医联合诊所本部设在南浔百间楼的一幢两层老宅，另设南栅等分部便于群众看病，这也是当时吴兴县最早的联合诊所。中华人民共和国成立初期，南浔私人诊所很多，但各有所长，业务水平也参差不齐，收入亦高低不同，要把这些不同水平的医生联合起来，难度之大可想而知。马老日夜奔波，今天跑这家，明天跑那家，又率先将自己家的药柜诊桌等医疗器具捐给联合诊所。最终初具规模的联合诊所终于开业了。联合诊所的医务人员绝大多数来自南浔的各个个体中医诊所，聚集了南浔当时绝大多数的名老中医，中医特色鲜明，中医力量雄厚，各科室也较为齐全，能输液，能验血，代表了当时南浔较高的医疗水平。这是组织起来走集体化道路的尝试，单个医生是很难实现的。联合诊所很快在南浔树立了威望，疑难重症都往联合诊所送，深得当地百姓信赖。由于联合诊所配备投入资金较多，人员多，支出大，不久就出现了入不敷出的窘况。马老率先几次降低自己的工资，又多方筹措资金，几经努力联合诊所终于走出困境。多年以后，回忆起联合诊所建立初期，大家倾其所有之大公无私的情景，马老和当年的同事们仍感慨不已。中西医联合诊所是南浔区中医院的前身。自此风风雨雨几十年，接力棒一传再传，变化的是春夏秋冬、人来人往，不变的是一代又一代的全体中医人精研医术、服务百姓之心。

第二节　医术精湛誉浙江

当时马老在南浔已名声大振，1956 年 7 月受浙江省卫生厅之邀，他前往杭州筹建浙江省中医院。建院后，他着手规范中医病历书写格式和制定病房管理制度，还专门去北京中医学院与国医大师学习交流一些疑难杂症的诊治方法，为发展中医院做出了有益的探索和贡献。1958 年 3 月他又被调往浙江中医进修学校参加浙江中医学院的筹建工作，成为学院创办时的元老之一，并担任内科教研室主任。1959 年 6 月起先后在浙江中医学院、浙江医科大学儿童保健院执教。期间他创立了中医儿科教研室并任首位主任。1978 年 8 月，经省人民政府批准，马老成为全省首批三名中医教授之一，还是浙江中医学院第一批中医硕士生导师，培养了第一批中医儿科学硕士，为我国中医研究生教育工作积累了经验。

在浙江中医学院任教期间，他常受邀去外院会诊，充分运用中西医两者之长，解决了不少疑难杂症，挽救了许多危重患者的生命。他们中有些长期还如亲人般在联系。

马老擅长中医内科、儿科，尤专儿科，对肾病的诊治更有独到之处。在60 多年的医林生涯中，声名鹊起，全国各地远至黑龙江省都有病家前来求医。据弟子吴康健教授回忆说，那个时候有很多病人打听到老师在浙江中医学院工作，就纷纷跑到学校来找老师看病，老师从来不嫌麻烦，总是尽量满足病人的要求。记得当中有个年轻人，他在单位体检后查出患上了慢性肾炎，经西医治疗没有多大起色，全身浮肿，贫血非常严重。医院请马老过去会诊，马老仔细分析了青年的情况后开出了方子，一剂药下去病人尿蛋白就减少了1 个 "+"，三剂药下去居然减掉了 3 个 "+"，情况有了根本的好转。大家知道慢性肾炎疗程长，需要长期坚持治疗。马老一直上门为那个青年看病、开方，后来年纪大了，实在吃不消，就由弟子上门为他看病，就这样一直坚持了好几年。后来这个青年恢复了健康，还被分配到市卫生防疫站工作，娶了个漂亮老婆，还有了个可爱的宝宝。

为了将自己积累数十年的治疗肾系疾病的经验传承下去，让更多的医生掌握、应用，以解除更多患者的痛苦，马老贡献出自己的治疗心得，在助手的协助下，成功制作了"马莲湘肾病电脑诊治系统"软件。该套软件不仅包括马老治疗肾系疾病的丰富中医临证经验，还包括现代医学泌尿系统的急慢性肾炎、肾病综合征、肾盂肾炎、尿路感染、肾结石等疾病的现代实验室多项检查指标，具有先进性、科学性与实用性，得到有关专家的一致肯定。

马老临床看病擅于利用现代医学手段，如视、触、叩、听、化验等。他对疗效的判断不仅仅局限于临床症状的消失，还着眼于客观指标的改善，如慢性肾炎蛋白尿要消除、肾结石体积要缩小，把中医临床疗效提高到了一个新的高度。

马老在遣方用药上既遵古制，又有创新，精实严谨，有理有法。这在他几十年的临床生涯中，不胜枚举。如原载于清光绪年间《验方新编》中的止泻散，他经研究后酌情增减剂量，使之用于小儿腹泻。临床上有的患儿服用该药后出现恶心呕吐的情况，他反复琢磨和分析后，发现其中所含的杏仁富含油脂易变质，容易导致胃脘部不适，遂改杏仁为车前子，取其"利小便实大便"之义。改方后经各大医院临床验证疗效显著，后由胡庆余堂制药厂制成新产品——小儿止泻冲剂，销往全国各地，颇受欢迎。据有关文献报道，该药总有效率达93%以上。马老研制新方亦结合小儿生理、病理特点。他陆续制成了数十种成药，如退热散、定惊丸、健脾散、治疟散等，不仅疗效显著，而且服用方便又价格低廉。后他的学生又整理出儿科临床基本方，如顿咳百龙汤，肺炎痰喘汤等。

调往杭州后的几十年，马老一边临床为患者服务，一边为培养中医接班人呕心沥血、甘为人梯，当年的学生如今也都成为中医教学、科研和医疗领域的专家学者。全国中医药学会儿科分会顾问、"马氏儿科"传人、原浙江省中医药管理局副局长、湖州长兴籍老中医吴康健教授曾动情地说："人生的道路虽然漫长，但关键之处却只有几步，能够从师于马莲湘先生，我深感荣幸，作为师传徒弟，跟师20余年，深为有这样一位不断鞭策自己的恩师而感到幸运。老师的治学学风和执着的探索精神，将激励我一生在中医领域里求索。"

第三节　老而弥笃勤不辍

马老六旬之后，渐感精力不足、体力不支，他根据中医经络理论，结合传统的保健按摩，创编了一套"还青功"，日以习之，疏通气血经脉，增补元气。"还青功"还被摄制成电视纪录片，并获得了浙江省卫生科普片三等奖。1985年马老有幸被评为浙江省健康老人。1987年11月马老满80周岁才从临床一线退下来。82岁时他还兴致勃勃去湖州，为湖州老年大学的学员们传授养生之道，深受欢迎。

不管什么时候，马老始终把病人放第一位，有求必应。他经常利用节假日去外院、外地会诊，从不计报酬。暮年，学院照顾他身体，已不轻易安排外出会诊，马老急病人所急，每次获知后就欣然前往。对于来自全国各地患者的求医咨询来函，不管多忙必抽时间一一答复。平时他对工作一丝不苟，对学生指导时更是倾其所有，毫无保留。古稀之年他还频频走上讲台亲自向学生们传授经验。在拍摄"肾病的中医治疗"教学录像片时，马老的身体已经非常虚弱，但他硬是撑着病体坚持拍完，给后学留下了珍贵的学习资料。

"老牛自知夕阳短，不惧扬鞭自奋蹄"，马老年逾八十，仍手不释卷，将他的毕生临床经验、学术见解传之后学，为丰富祖国中医学宝库继续作出自己应有的贡献。马老学验俱富，著述亦多，出版的著作还有《中医儿科手册》《医综金鉴·杂病心法要诀白话解》《温病条辨白话解·解儿难》等，先后发表的论文有《泄泻关于麻疹顺逆之研究》《慢性肾炎辨证论治》等30余篇。

1992年马老住院前夕，恶寒高热，卧床在家。这时医大一位职工为其患肾病的儿子来复方，看到重病卧床的老人，不忍打扰，连连摆手："不要叫，不要叫。"可马老执意让家人扶起，用颤抖的手坚持写完处方。病家感激不已。而这张处方竟成了马老生前所开的最后一张处方。

从医60多年来，马老一直在为继承和发扬祖国的中医药事业辛勤工作，无私奉献，直至临终前，人已处于昏迷状态，口中念叨的还是"黄芪、白术……"

1992年12月23日马老病逝于杭州，葬于杭州南山陵园。

在马老的安葬仪式前，马老之子马嘉汉先生在纸上写下"治病救人，一代名医，教书育人，弘扬中医"十六个字，大家看后一致说，这就是老人家人生的浓缩，就请人把这十六个字刻在了墓碑上。

马老这一生，不仅用事业上的卓越成就为我们树立了楷模，更以他勤奋不懈、豁达宽厚的品格，潜移默化地感染和影响着我们。

高超医术

马老善于学习和总结前人经验，也善于在临床中发现和解决问题。经过多年的临床经验积累，他对小儿感冒、咳嗽、哮喘、肺炎喘嗽、厌食、遗尿等常见病的治疗得心应手，对惊风、痿痹、脑瘫等疑难杂症的治疗常有独到之处，擅长治疗汗证、血尿、肾病、紫癜等疾病并形成了自己独特的学术经验。

第一节　立见成效治常疾

在 70 年的临证实践中，马老医人无数，对于小儿肺系、脾胃系、肾系的常见病和小儿常见传染性疾病的治疗有着丰富的经验，本节将马老治疗常见疾病的经验进行总结，并附上验案以供鉴赏。

一、感冒

感冒是感受外邪引起的一种常见的外感疾病，以发热、鼻塞流涕、喷嚏、咳嗽为主要临床特征。小儿肌肤娇嫩，卫外机能不固，寒暖不能自调，因此在气候骤变及冬春时节较成人更易患此病。本病相当于西医学的"急性上呼吸道感染"。

感冒分为四时感冒和时行感冒。四时感冒是感受四时六淫邪气所致，临床症状较轻，一般无传染性；时行感冒是由感染时行疫毒而发，临床症状较重，且具有传染性。

感冒的病位主要在肺卫，可累及肝脾。其病机为肺卫失宣。

（一）小儿感冒特点

1. 易挟痰、挟滞、挟惊

（1）挟痰：一是指小儿肺脏娇嫩，感邪后肺失宣肃，气机不利，津液不得输布而内生痰液，阻于气道，使咳嗽加剧；二是指外邪入里化热，或食滞内蕴，郁积化热，热灼津液，炼液成痰，痰热郁肺。故临床上常见咳嗽加剧、喉间痰鸣，甚则发展为肺炎喘嗽，诱发哮喘发作。

（2）挟滞：是指小儿脾功能常不足，感受外邪后，易使脾运化功能失司，致乳食停滞、食滞中焦，出现脘腹胀满、食欲欠佳，或伴呕吐、腹泻等症。

（3）挟惊：小儿神气怯弱，心常有余，肝常有余，感邪后外邪入里化热，热扰肝经、热伤心阴，临床证见烦躁不宁，睡卧不安，容易惊惕，甚则热盛风动而致惊厥。这类惊厥不同于温热病邪陷厥阴、热极动风，只要表解热退则惊自平，故多为短暂的一时性的惊厥，且预后多良好。

2. 风热证型及表寒里热型居多

外感风寒是小儿感冒的主要外因，小儿脏腑娇嫩，形气未充，元气不足是感冒的主要内因，故临床上小儿感冒初起多见形寒、鼻塞、流清涕为主的风寒证。但因小儿阳常有余的生理特点，小儿外感的风寒之邪极易化热，2～3天后即出现身热、咽痛、鼻塞流涕为主的风热证症状。加之小儿"藩篱疏"，感邪后传变迅速的病理特点，往往风寒表邪未解，而部分病邪已入里化热而兼见食积胃热、痰壅肺热、心肝风热等里热证。

3. 病程较长，反复不已

小儿肺、脾常不足，营卫气血未充，卫外功能尚未健全，抗邪外出之力常常不足，故易反复罹患感冒，且病程较长，缠绵难愈，特别是早产儿、低体重儿等体弱儿更为突出。

（二）小儿感冒治疗原则

1. 轻清疏解，佐以宣化

小儿脏腑清灵，虽感受外邪而易趋康复。感冒轻者仅以质轻味薄之品疏解即可。如风寒感冒选用葱白、紫苏叶（或苏梗）、藿香、荆芥等疏解透表之品；风热感冒选用桑叶、薄荷、菊花、连翘等轻清解热之品。但均宜佐以宣化之品，肺失宣降挟痰者佐桔梗、牛蒡子、前胡、杏仁等宣肺化痰；脾失健运挟滞者佐谷麦芽、神曲、山楂等化滞助运；肝失条达挟惊者佐钩藤、蝉衣、僵蚕等清肝镇惊。

2. 表里双解，寒温并用

临床上风寒未散、里热已盛的表寒里热证在小儿感冒中较为多见。此型最突出的症状是高热数日不退。这是因为风寒外束，腠理闭郁，加之小儿正气不足、无力抗邪，邪不能从皮毛解而入里化热。治疗上必须在解表同时佐以清里热，表里双解，寒温并用，使表证除，里热清，热退而不复升，马老自拟感冒清解汤治疗。方由银花、连翘、甘菊花、冬桑叶、杏仁、前胡、炒牛蒡子、玄参、大青叶、薄荷、桔梗、甘草等组成，全方寒温并用，共奏辛凉解表之功。

3. 扶正达邪，补肺健脾

体质虚弱、反复易感的患儿，感邪时形寒发热、无汗、苔腻，可用人参败毒散以益气解表、扶正祛邪。热退解表后应当及时补肺健脾以固本，马老常选用黄芪、白术、防风、党参、茯苓、甘草、陈皮等为主方。若自汗、盗汗较多者，酌加五味子、穞豆衣、煅龙牡等敛肺固涩；咳嗽痰鸣难以除者，加炒苏子、川朴花、炙紫菀等肃肺化痰；鼻流清涕久延者酌加北细辛、干姜等温肺散寒；纳呆苔腻者酌加砂仁、薏苡仁等醒脾化湿。依上法调理数月以逐渐改善体质，以期达到减少感冒的目的，常获良效。

（三）常用经验方

1. 感冒清解汤

（1）组成：银花6g，连翘6g，甘菊花6g，冬桑叶6g，杏仁6g，前胡6g，炒牛蒡子6g，玄参6g，大青叶12g，薄荷4.5g，桔梗3g，甘草3g。

（2）功效：辛凉解表，宣肺化痰。

（3）主治：小儿风热感冒。

（4）方义：银花、连翘、桑叶、菊花、薄荷辛凉解表，使风热之邪随汗而解；杏仁、前胡、牛蒡子、玄参、桔梗、甘草宣肺利咽，大青叶增其清解之功。本方配伍特点是解表与宣肺同用，使邪去热退，咳亦止。并重用大青叶以助清解之力，亦为抗病毒之良药。

（5）运用法度

1）用法：将上药浸泡 20 分钟，煮沸 10 分钟，得药液 100ml，每剂煎 2 次，1 天服完。

2）本方用于风热感冒初期，鼻塞身热，咽痛，咳嗽。若发热 3 天不解，去桑叶、菊花加柴胡 4～6g，葛根 6～9g，以增解热透表之能；若身热无汗，鼻塞流清涕为风寒感冒，去银花、连翘、玄参，加荆芥、防风、苏叶各 6g，以辛温解表为主。

【验案鉴赏】

严某，女，4 岁。发热、咽痛 3 天，鼻流涕，咳嗽不多，体温高达 39.5℃（肛温），用西药后热退而复升，诊其咽红充血，身热微汗，鼻涕质稠，咳嗽不爽，胃纳不思，大便 2 天未行，舌苔薄腻，脉浮数。此属风热未尽，肺卫失宣。

处方：银花 6g，连翘 6g，前胡 6g，炒牛蒡子 6g，玄参 6g，大青叶 12g，薄荷 4.5g，桔梗 3g，柴胡 5g，黄芩 5g，炙鸡内金 9g，枳壳 4g。2 剂，水煎 200ml，早晚分服。

服药后汗出、便通，热退咳平，仅 2 剂而愈。

2. 柴葛银翘汤

（1）组成：柴胡、葛根、银花、连翘、黄芩、生石膏、苏叶、荆芥、桔梗、生甘草。

（2）功效：表里双解。

（3）主治：小儿感冒之外寒未解，里热已盛。

（4）方义：方中柴胡、葛根解肌退热；黄芩、生石膏清泻里热；苏叶、荆芥辛温以助柴葛解表达邪；银翘清热解毒以增强芩膏清泻之功；桔梗、甘草宣肺利咽，通调表里，共奏解表清里之功。

（5）加减：若咽喉疼痛，乳蛾红肿，颌下淋巴结肿大，酌加山豆根、玄参以解毒利咽；大便干燥，2 天未行，酌加大黄、枳壳通腑泻热；咳嗽痰稠酌加天竺黄、竹沥、半夏清肺豁痰；气急痰鸣酌加炙麻黄、炒葶苈子、杏仁等泻肺降逆涤痰；若体温在 39℃以上且持续 2 天不退者，可另吞万氏牛黄清心丸 1 颗，每天 2 次。

（四）预防保健

马老除治疗感冒外亦非常重视感冒等呼吸道疾病的预防，他特别强调小

浙江中医临床名家·马莲湘

儿忌穿戴过暖。小儿肌肤娇嫩，应注意保暖，但要适度。有许多家长整天不让孩子出门，天气一转冷就将孩子捂得严严实实，穿多件衣服，又加上小儿好动，胸背常出汗，汗出脱衣怕伤风，不脱小儿亦难受不适，容易生病。马老认为从新生儿开始就不必裹得严实，一般能保持其背暖、腹暖、脚暖就可以。满月后只要天气晴朗，每天应有 1～2 次、每次 10 分钟的户外活动，晒晒太阳，既能预防佝偻病，又能增加耐寒能力。上幼儿园后早晚加一件外套，以适应气候变化。我国唐代名医孙思邈早就指出："儿初生不可合衣过厚热，天和日暖之时，于日中嬉戏，见风日，则气血刚，肌肉密，堪耐风寒，不致疾病。"俗话说："若要小儿安，常带三分饥和寒"，也是养儿经验之谈。

二、咳嗽

咳嗽是小儿时期常见的肺系疾病，以咳嗽为主要临床特征，有声无痰谓之咳，有痰无声谓之嗽。咳嗽有外感咳嗽和内伤咳嗽之分。风为百病之长，故外感咳嗽常以风为先，或挟寒，或挟热，或挟燥。内伤咳嗽则有痰湿蕴肺、痰热郁肺、肝火犯肺、肺阴耗损等之分。故《素问·咳论》有云："五脏六腑皆令人咳，非独肺也。"本病相当于西医学"气管炎""支气管炎"。

咳嗽的病位主要在肺，常涉及脾、肝。其主要病机为肺脏受邪，肺失宣肃，肺气上逆。本病以宣肃肺气为基本治疗原则。外感者，佐以疏风解表，不宜过早使用滋腻、镇咳、敛肺之品，以免邪出不畅；内伤者，佐以燥湿化痰、清热化湿、养阴润肺等法随证论治。

马老治疗咳嗽常用经验方如下所述。

1.金沸杏苏汤

（1）组成：金沸草（包）9g，苏叶 6g，杏仁 6g，姜半夏 6g，陈皮 5g，生甘草 3g，桔梗 3g，前胡 5g，枳壳 3g。

（2）功效：疏风散寒，宣肺化痰。

（3）主治：小儿风寒束肺而咳嗽者，症见形寒无汗，鼻塞流清涕、多喷嚏，咽痒咳频，苔薄白，指纹淡红或脉浮紧。其中鼻塞流清涕、咽痒咳频是辨证要点。

（4）方义：风寒犯肺，肺气不得宣肃而致咳嗽频作，津液不得宣布聚而为痰。本方用金沸草、苏叶疏散风寒；杏仁、前胡、桔梗、甘草宣肺化痰；

姜半夏、陈皮、枳壳燥湿行气化痰。诸药合用，使风寒疏散而肺气得以宣肃，肺气宣降而津液得以输布，咳嗽咳痰得以痊愈。

（5）运用法度

1）用法：上药加水浸泡 30 分钟后煎煮，沸腾后继续煎煮 10 余分钟即可，每剂煎 2 次，共得药液 200ml 左右，分 3～4 次口服，每日 1 剂。

2）治疗不能见咳止咳，必须因势利导，疏散风寒，使肺气宣畅则咳自止。若风寒较甚，无汗发热者加荆芥 3g，防风 6g 以增其辛温发散之力；若鼻涕转浊，咳嗽有痰而不易咳出为风寒有化热之势，金沸草易佛耳草 9g，姜半夏易竹沥半夏 6g，陈皮易化橘红 5g；若患儿胃纳不思，苔白腻，加神曲 9g，炒谷麦芽各 6g；咳嗽转松，喉中痰声辘辘者去金沸草、苏叶、桔梗，加炒苏子 6g，炒枇杷叶（包）9g，川朴花 6g，肃肺健脾化痰，以杜生痰之源。

【验案鉴赏】

陈某，女，4 岁，1981 年 11 月 5 日初诊。咳嗽反复月余，一个星期前患重度感冒，西医诊断为支气管炎，经西医治疗热退咳未净，现症见鼻塞流清涕，咽痒咳频痰少，夜间咳甚，胃纳不佳，舌苔薄白腻，脉浮。此属风寒未尽，治拟疏散宣肺。

处方：金沸草（包）9g，苏叶 6g，杏仁 6g，姜半夏 6g，陈皮 5g，前胡 5g，枳壳 3g，六神曲 9g。3 剂，水煎 200ml，日服 2 次。

11 月 8 日复诊：咳嗽转松，鼻塞已通，胃纳渐启，苔白腻。治拟肃肺健脾化痰。

处方：炒苏子 6g，杏仁 6g，川朴花 5g，姜半夏 6g，茯苓 9g，陈皮 5g，生甘草 3g，炒枇杷叶（包）9g，炒谷麦芽各 6g。7 剂，水煎 200ml，日服 2 次。

按： 患儿因发热、咳嗽，经西医治疗后热退但咳嗽不已，选用抗生素及化痰药效果不明显。其原因在于患儿素体脾虚痰湿内盛，肺卫不固，复感风寒，虽热退但风寒束表之邪未尽，以致肺之宣肃难复而咳嗽不止。本方疏散风寒与宣肺化痰并用，使邪去则肺气宣畅而咳转松，苔腻未化说明痰湿内阻，脾运不力，故复诊时以二陈汤加苏子、枇杷叶等健脾肃肺化痰。

2. 桑菊牛蒡汤

（1）组成：桑叶 6g，菊花 6g，蝉衣 3g，连翘 6g，炒牛蒡子 6g，前胡 5g，杏仁 6g，桔梗 3g，生甘草 3g，浙贝 6g。

（2）功效：疏散风热，宣肺化痰。

（3）主治：小儿风热咳嗽者，症见咳嗽不爽，多黄浊鼻涕，咽红疼痛，苔薄黄，脉浮数。其中咽红或痛，咳嗽不爽为辨证要点。

（4）方义：风热犯肺，肺失宣肃，而致咳嗽不爽，咽红或痛。本方用桑叶、白菊、连翘、蝉衣辛凉解表，疏散风热；牛蒡子、杏仁、前胡、浙贝、桔梗、甘草宣肺利咽化痰。全方共用，邪去痰清而咳止。

（5）运用法度

1）用法：上药加水浸泡 30 分钟后煎煮，沸腾后继续煎煮 10 余分钟即可，每剂煎 2 次，共得药液 200ml 左右，分 3～4 次口服，每日 1 剂。

2）若发热较甚，加淡豆豉 6g 解表散热；肺热重者酌加银花 6g，黄芩 6g 清宣肺热；咽痛者加射干 3g，玄参 6g 清热利咽；痰多者酌加竹沥半夏 6g 清肺化痰；大便干燥者加瓜蒌皮 6g，枳实 4g 清肺润肠通便。

【验案鉴赏】

瞿某，女，3 岁 5 个月，1980 年 11 月 7 日初诊。患儿发热、咳嗽 3 天，体温最高达 39.4℃（肛温），咳嗽夜间加剧，咳痰不爽，胃纳不思，大便干燥。查体：咽红，乳蛾肿大，舌尖红，苔薄黄，脉浮数。治拟辛凉解表，宣肺化痰。

处方：连翘 6g，淡豆豉 6g，桑叶 9g，蝉衣 3g，白菊 6g，炒牛蒡子 6g，前胡 5g，杏仁 6g，桔梗 3g，生甘草 3g。3 剂，水煎 200ml，日服 2 次。

11 月 10 日复诊：服上药后咳嗽减轻，汗出，热有退然未净，最高 38℃（肛温），咽痛亦减，大便 1 次。查体：咽红转轻。此乃肺热未净继以清解。

处方：上方去白菊、蝉衣加银花 6g，炒淡芩 3g，浙贝 6g，竹沥半夏 6g，又服 4 剂后病愈。

按：本例患儿属风热犯肺，病程较短，邪热尚在肺卫，此时最忌见高热而以大剂苦寒之品清里，使表邪被遏，邪热不得清解，肺气不宣，咳亦难净。

三、肺炎喘嗽

肺炎喘嗽是小儿常见的肺系疾病之一，以发热、咳嗽、痰鸣、气促、鼻煽为主要症状，重者兼见涕泪俱闭、面色苍白、唇甲发绀。本病春冬两季多发，一般病情较急，若能早期治疗则预后良好。年龄幼小、体质虚弱者常反复发作，迁延难愈，病情严重者容易合并心阳虚衰及邪陷心肝等严重变证，甚至危及生命。肺炎喘嗽之名首见于清代谢玉琼的《麻科活人全书》。出现肺胀喘满者又称为"马脾风"。本病相当于西医学的"肺炎"。

肺炎喘嗽外因责之风邪，内因责之肺脏娇嫩，其他脏腑疾病亦可发生本病。本病的病变部位主要在肺，常累及脾，亦可内窜心肝。痰热既是其病理产物，也是其重要的致病因素。本病的病机主要是肺气郁闭。临床辨证可分为风寒闭肺、风热闭肺、痰热闭肺、毒热闭肺、阴虚肺热、肺脾气虚等常证及心阳虚衰、邪陷厥阴等变证。本病的基本治疗原则为开肺宣闭、止咳平喘。

马老认为导致肺炎喘嗽的外邪虽以风寒居多，但小儿稚阴稚阳之体，疾病传变迅速，外感之寒邪常立即化热，风寒见证为时短暂，故临床所见肺炎以风热闭肺或痰热闭肺为多。因此马老在临床上总结了肺炎痰喘汤来治疗本病，疗效肯定。

肺炎痰喘汤

（1）组成：生麻黄1.5g，生石膏（先煎）15g，银花9g，连翘6g，杏仁9g，生甘草3g，炒葶苈子6g，天竺黄6g，瓜蒌皮6g，玄参6g。

（2）功效：清宣开闭，涤痰平喘。

（3）主治：小儿肺炎喘嗽证见痰热者。

（4）方义：小儿肺炎喘嗽之病机以邪犯肺卫引起肺气郁闭为主，肺司呼吸，气机郁闭，肺气不得宣降，一旦肺闭则出现发热、咳嗽、气促、鼻煽、痰鸣等症状，在辨证时必须牢牢抓住"肺闭"这一病机，治疗上处处顾及"开闭"这一措施，故本方以麻杏石甘汤宣肺开闭为主。外邪闭肺，炼液为痰，痰阻气道，使肺闭加剧，故在宣肺开闭的同时必须及时祛痰，用葶苈子、天竺黄清肺、泻肺、涤痰。麻黄、石膏配葶苈子、天竺黄，如此一宣一降，使肺气得开，热痰得泄，此为本方组成的关键所在。其余诸药如银花、连翘轻清入肺经以宣解肺卫之邪热，瓜蒌皮、玄参清润化痰以利咽开闭，皆助此力。全方合用，共奏清宣开闭、豁痰平喘之效。

（5）运用法度

1）用法：2岁以下者及病轻者日服1剂，2岁以上者及病重者每日2剂，每剂加水煎煮2遍，去渣，将药液混合在一起有150～200ml，每隔4小时服30～50ml。

2）马老认为使用本方必须掌握生麻黄用量为生石膏的1/10。因为温病不宜过于发汗伤津，取少量麻黄开肺平喘，石膏量重，辛寒大于辛温，仍不失辛凉宣肺之剂。加减：若发热有汗或热平喘甚者可改用炙麻黄3～6g。

若临床见风寒未解，痰热内盛的寒包热型，可于本方去银花、连翘，加桂枝 3g，淡豆豉 6g，生麻黄重用至 3g，以增强辛温表散之功。

3）马老认为运用本方要辨明痰甚还是热重。痰甚者主要表现咳嗽剧烈，痰多而鸣，甚则痰声如锯，胸高气促鼻煽，舌质红苔厚腻。拟于本方加服猴枣散 0.36g，每日 2 次，清热涤痰以开闭。热重者主要表现高热稽留，汗出热不退，面赤唇红，烦渴引饮，躁扰不宁，大便秘结，舌红起刺，苔黄燥或糙，拟于本方中加万氏牛黄清心丸研吞，每天 2 次，每次 1 粒，此丸清热解毒之力较强，不必待热入心包再用，但见一二主症则及时投之，以避免肺炎喘嗽变证之发生。若药后轻泻，此为肺热下泄大肠，痰热下达，病情缓解，停药后腹泻自愈。若便秘者及时加入生大黄、枳实通腑泻热。热退后咳喘未平，肺部啰音未净者，生麻黄易炙麻黄 6g，去生石膏、银花、连翘，加炒苏子 6g，炒莱菔子 6g，广地龙 6g，以肃肺化痰平喘。

（6）临床应用

马老曾用本方加减治疗急性支气管炎 97 例，未用任何西药，经治疗 7 天后痊愈 49 例，显效 16 例，好转 32 例，全部病例均有效。其中服药 3 天内热退者 52 例，服药 3 天热退者 23 例，服药 5 天热退者 12 例，服药 6 天热退者 10 例。

四、哮喘

哮喘是小儿时期常见的一种反复发作的肺系疾病，哮以声响言，喘以气息言，哮必兼喘。临床发作以喘促气急、喉间痰吼哮鸣、呼气延长为主要特征，严重时呼吸困难、不能平卧、张口抬肩、摇身撷肚、口唇青紫。哮喘发作有明显的季节性，以冬春季节及气候骤变时多发。本病有明显的遗传倾向，与过敏性体质相关。多数患儿经规范治疗能够缓解，逐渐痊愈。但如果治疗和调护不当易长期反复发作，日久会影响小儿肺功能，甚至生长发育；发作时严重者可危及生命。本病相当于西医学的"支气管哮喘""喘息性支气管炎"等疾病。

哮喘的发病，中医认为内因责之肺、脾、肾三脏不足，肺失宣肃、脾失运化、肾失气化致痰饮内伏，成为哮喘的夙根；外因责之外邪、接触异物、饮食不慎、情志失调、劳倦过度、遗传禀赋等因素。

哮喘可分为发作期与缓解期。发作期以邪实为主，缓解期以正虚为主。哮喘的病位在肺脾肾，病机为痰饮内伏、触遇诱因而发。在治疗上，哮喘发作期当分辨寒热虚实，攻邪治其标。哮喘缓解期当扶正以治其本，调补肺脾肾三脏。

马老治疗哮喘常用经验方如下所述。

1. 麻杏四子定喘汤

（1）组成：炙麻黄 6g，炒杏仁 6g，炒苏子 6g，炒葶苈子 6g，炒莱菔子 6g，五味子 3g，地龙 6g，瓜蒌皮 6g，佛耳草 9g，竹沥半夏 6g，化橘红 5g，苦参 6g。

（2）功效：宣肺涤痰，降逆平喘。

（3）主治：小儿哮喘发作期寒热夹杂者。其证见咳嗽喘促，痰多气急，肺部可闻及哮鸣音，以咳嗽气急、哮鸣为辨证要点。

（4）方义：小儿哮喘发作常因素体肺、脾、肾三脏功能不足，内有痰饮留伏，加之感受外邪、饮食不节等诱因。发作时往往形成外邪与痰食互结，寒热错杂，升降失司的复杂证候。本方以麻黄、杏仁宣肺平喘为主药，辅以苏子降气行痰，莱菔子消食化痰，葶苈子泻肺达痰，三者皆为治痰之要药，于治痰中各展其能。又将麻黄与葶苈子相伍，一温一寒，一宣一降，互制互协；五味子与麻黄相伍，一收一散，一开一合，平喘力彰；并配以瓜蒌皮、佛耳草、竹沥半夏清宣化痰；酌加地龙泻降肺气、活血解痉，使气顺血和则喘自平。另因小儿哮喘多与体质过敏密切相关，酌加苦参以抗过敏。

（5）运用法度

1）用法：上方加水浸泡 30 分钟后煎煮两遍，去渣，将药液混合成 150～200ml，分 4 次服用，每次 30～50ml，学龄儿童可日服 2 剂。

2）本方用于小儿支气管哮喘发作期或缓解初期。

3）马老认为麻黄宣肺平喘功效卓著，哮喘发作期肺气为外邪壅塞，非麻黄不足以宣肺开其闭。本方寒温并用，适用于寒热夹杂之哮喘。风寒表邪重、发热无汗者，用生麻黄 3g 发汗解表、宣肺平喘；内有寒痰者去瓜蒌皮、竹沥半夏加北细辛 3g，姜半夏 6g 以助温肺化饮、温化寒痰。

4）葶苈子辛、苦、寒，长于降泄，是降气平喘的有效药物，古人认为此乃泻肺气的峻猛之品，不能轻易应用或少量配大枣用之。马老在临床上审慎大胆用之，剂量为 6～9g，不配大枣，从未发生任何不良反应。麻黄配葶苈子宣肺平喘之效益彰。

5）马老认为哮喘发作期既有外邪和宿痰之标实，又有肾气不足之本虚，只是标实突出，本虚隐而不现，配以五味子（常用量为 3～6g），不仅能制麻黄辛温之性，使其散邪而不耗气，且能收敛肺气，助肾纳气，用之有益无弊。

2. 河车固本汤

（1）组成：紫河车粉（吞服）3g，党参 6g，炒白术 6g，茯苓 9g，陈皮5g，五味子 3g，生黄芪 6g，陈萸肉 6g，姜半夏 6g，佛耳草 9g，防风 3g。

（2）功效：补肺益肾，健脾化痰。

（3）主治：小儿支气管哮喘缓解期。其症见面色少华，平素多汗，反复易感冒，哮喘频发，苔薄白，舌质偏淡。

（4）方义：肺、脾、肾三脏不足为哮喘之本，尤以肾气为根。本方以紫河车粉、五味子、萸肉益肾纳气为主药；肺主气，外合皮毛，肺气不足，卫外失固，感邪而引发哮喘，故配黄芪、白术、防风、玉屏风散补益肺气以增强卫外之功；脾主运化为生痰之源，脾气不足，痰随去随生，故以参、苓、陈、夏合佛耳草健脾助运，以杜其痰源。诸药合用，肺脾肾健全，扶正以固其本。

（5）运用法度

1）用法：上方紫河车粉分 2 次开水吞服，饭前 1 小时为宜。余药加水浸泡 30 分钟后煎煮 2 次，每次得药液 60～100ml，分次热服。

2）本方用于小儿哮喘缓解期、肺脾肾三脏不足者。

3）马老认为肾为先天之本，为气之根，故肾虚的诊断尤为重要。凡是形体瘦弱、面色㿠白、目眶灰暗、头发稀疏、囟门应闭未闭、齿迟、行迟、自汗、盗汗、鸡胸龟背、肢冷、遗尿等均为肾虚之象，补肾之法宜当用之。肾为先天之本，五脏六腑之根，补肾可以改善各脏腑之功能，增强体质，特别是哮喘缓解期，坚持和正确服用补肾之品可以巩固疗效，争取体质根本改善，减少哮喘发作。马老在临床中对于哮喘反复发作、久延不已的肾虚患儿，每于冬令时节令其适量服用紫河车粉，或坎脐粉，或新鲜胎盘均有助于次年哮喘缓解或不发。

4）小儿哮喘之病因系宿痰内伏，因外邪触动伏痰而发，故发作时多以邪实为主，当祛痰以治其标；缓解时多以正虚为主，当扶正以固其本。但某些反复发作，久延不已的哮喘患儿尤在春秋季节转换，气候骤变时发作频繁，呈现虚实夹杂、寒热交错的复杂证候，此时发作期和缓解期难以截然区分。另外在哮喘初平之时，伏痰尚未尽去，虚实夹杂更为明显。马老认为在这两种情况下当辨病情轻重缓解，寒热轻重，标本兼施，又有侧重，将本方与麻杏四子定喘汤参合加减而用之。

【验案鉴赏】

验案一 倪某，男，9岁，1982年12月13日初诊。患儿咳嗽咳痰伴气急气喘1周，在西医治疗时使用青霉素、泼尼松、氨茶碱等药物，胃纳欠佳，夜间有遗尿，自汗盗汗，大便偏干。既往史：患支气管哮喘5年，每于秋末冬初感邪发作，曾用抗生素、激素、氨茶碱可以暂时缓解，也曾注射丙种球蛋白及服用核酪口服液等，但未能治愈，近年来加剧，特别是冬季寒冷时节常于后半夜突然喘促不能平卧，每需急诊处理。刻下面色㿠白，目眶灰暗，咳嗽喘促，痰少质稠不易咳出，喉中痰鸣有哮声，听诊两肺满布哮鸣音，四肢欠温，唇红，舌质偏淡，苔白厚腻带燥，脉细弱而带滑。证属素体肺脾肾不足，因感邪而喘作。治拟宣肺涤痰，降逆平喘为先。

处方：炙麻黄6g，杏仁6g，炒苏子9g，炒莱菔子6g，炒葶苈子6g，五味子4g，瓜蒌皮6g，枳壳4g，竹沥半夏6g，佛耳草9g，地龙6g。3剂，水煎200ml，日服2次。

二诊：3剂后咳嗽减少，夜间能平卧，但后半夜及晨起咳嗽较多。查体：听诊哮鸣音仍严重。继以上方加减服用14剂。

三诊：14剂后哮喘已平，晨起咳嗽多痰，胃纳欠振。查体：两肺哮鸣音已消失，舌苔薄腻，治拟扶正为主。

处方：党参9g，生黄芪9g，茯苓9g，炒白术9g，陈皮5g，姜半夏6g，五味子6g，萸肉6g，佛耳草9g，防风3g，怀山药9g，服法同上。

上方加减服用13剂后，又加紫河车粉1g，每天分2次吞服，连服半个月。

随访：1984年11月12日患儿因腮腺炎来诊，母亲代诉自1982年治疗后近二年间哮喘未发，感冒次数大为减少，平素胃纳佳，精力充沛，寐安，无遗尿。

按：患儿属于哮喘久延不愈、反复发作，症状、体征表现出虚实夹杂证，就诊时咳嗽咳痰、气急不能平卧，急则治其标，予麻杏四子定喘汤宣肺涤痰、降逆平喘。待患儿急性发作症状缓解后加入四君、山茱萸、紫河车粉等补益脾肾、扶正固本之药，令肺脾肾之气增强，哮喘未再发作。

验案二 张某，男，8个月，1979年10月25日初诊。患儿感冒2天，10月24日晚突然咳嗽，伴气急、喘促，不能平卧，喉间可闻及痰鸣音，无发热，舌苔薄黄，指纹色紫。拟降逆平喘、清肺化痰之方。

浙江中医临床名家·马莲湘

处方：炒苏子 3g，炒莱菔子 3g，化橘红 4g，竹沥半夏 5g，瓜蒌皮 6g，浙贝母 6g，杏仁 6g，柴胡 6g，葶苈子 6g，广地龙 6g，佛耳草 9g。3 剂，水煎 200ml，日服 2 次。

二诊：药后咳喘即平，痰亦松，喉中稍有痰鸣音，指纹淡紫，舌苔薄腻，拟健脾化痰，止咳平喘。

处方：茯苓 6g，炒白术 6g，紫菀 6g，冬花 6g，浙贝母 6g，怀山药 9g，佛耳草 9g，橘红 4g，炙甘草 4g。5 剂，水煎 200ml，日服 2 次。

按：患儿咳嗽气急，喘促不能平卧，喉间痰鸣，为哮喘发作期，患儿舌苔薄黄，指纹色紫，从舌苔指纹看，为痰热阻肺之象，故拟降逆平喘、清肺化痰之方，药用炒苏子、杏仁、葶苈子、广地龙降气泻肺平喘，竹沥半夏、浙贝母、瓜蒌皮、广地龙、佛耳草等清肺化痰镇咳平喘，炒莱菔子、化橘红清肺行气化痰。二诊咳喘已平，痰已松，"缓则治其本"，故治则为健脾化痰止咳，方以茯苓、白术、山药、紫菀等健脾化痰之药为主，加用款冬花、浙贝母、佛耳草等药清肺化痰降逆兼顾喘证。

验案三 马某，男，5 岁，1979 年 10 月 10 日初诊。支气管哮喘反复发作 4 年余，近年来发作更频繁，有时 1 个月复发数次。本次发作来诊前服发作期基本方加减后喘咳已平，目前面色㿠白，鼻梁青筋，形体消瘦，胃纳不振，夜寐盗汗，舌苔薄润，脉细软。既往史：婴儿时期有湿疹史。治拟补肺健脾益气。

处方：党参 9g，黄芪 9g，茯苓 9g，炒白术 9g，炒山药 9g，焦山楂 9g，稽豆衣 9g，五味子 6g，钩藤 6g，苦参 6g，炙甘草 4g。5 剂，水煎 200ml，日服 2 次。

复诊：上方加减服药 20 剂，近半年来未见复发，冬春季节气候骤变时也未见发作。嘱注意饮食起居。

按：本例患儿属于哮喘久延不愈，反复发作，就诊时发作期已过，症见面色㿠白、形体消瘦、胃纳欠佳、夜寐盗汗、舌苔薄润、脉细软，皆为肺、脾、肾三脏不足之表现，尤以脾气虚为主，故用四君、黄芪、山药、山楂等健脾开胃为主，夜寐盗汗加用稽豆衣、五味子滋肾阴，幼年有湿疹史，加用苦参。应注意的是本例未用紫河车一味，而以健脾益气为主，说明马老在临床中并未拘泥于自己的经验方，而是更注重根据患者症状、体征进行辨证，从而灵活施治。

3. 饮食宜忌

小儿哮喘反复发作者，平时需注意饮食忌口。五谷蔬菜、豆制品、鲜蛋、牛奶、瘦肉等食物清淡而不失营养，使脾胃健运不生痰，肺清净而不聚痰，可作为此类患儿的主要饮食。

（1）忌生冷食品。中医认为"形寒饮冷则伤肺"。生冷食品，尤其是冷饮，不仅能刺激气管引起咳嗽，而且久食易损伤脾胃功能，降低人体抵抗力，外邪侵袭时易引起咳喘。

（2）忌滋腻厚味。滋腻主要指高脂肪、高糖、高蛋白质食品，如肥肉、鸡汤、甲鱼、鳗鱼、巧克力等。厚味指五味过偏，如过甜、过咸、过辣、过酸之食品。这些食品食入过量会碍胃化湿，化热生痰而引发咳喘。

（3）忌鱼腥海鲜。鱼、虾、蟹之类味道鲜美，受人喜爱，但一些过敏体质的小儿对此类食物易发生过敏而诱发咳喘。蟹类多寒，常吃容易损伤脾胃，食滞痰蕴促发咳喘。

（4）忌多食"发物"。此类食品指蘑菇、毛笋、虾米，以及瓜子、花生等炒货及油炸食品，中医认为他们性偏温燥，多吃容易灼津炼液成痰，故对性偏温燥，"发物"不宜常吃。

五、厌食

厌食是指小儿较长时间食欲低下、食量减少，甚则拒食的一种病证，但不包括消化道病变及其他器质性疾病引起的食欲不振。本病四季均可发生，但夏季暑湿当令之时症状更加明显。发病年龄多在1～6岁。患儿除食欲不振外，一般无其他不适，预后良好，但长期厌食可致气血生化不足，抵抗力下降，易罹患他病。本病相当于西医学的"消化功能紊乱"。

马老认为厌食的常见病因有喂养不当、先天禀赋不足、情志失调，其中喂养不当是主要原因。尤其是近年来随着生活水平提高，很多家长的养育观念却没有提升，容易出现溺爱子女的现象，导致其饮食失节或长期偏食。

厌食的病位在脾、胃，病机关键为脾胃失和，纳化失职。马老认为小儿厌食起病缓慢而病程较长，初起多精神活泼，嬉戏如常，久则面色少华，形体消瘦，鲜有积滞之实象，亦无疳证之羸状，临床多见舌苔薄白或薄少或花剥，即脾胃气阴不足为主。本病的治疗以运脾开胃为基本原则。

马老治疗厌食常用经验方如下。

开胃增食汤

（1）组成：明党参 9g，白茯苓 6g，炒白术 6g，生甘草 3g，陈皮 5g，炒山药 9g，乌梅肉 5g。

（2）功效：平补气阴，开胃增食。

（3）主治：小儿厌食气阴不足者。

（4）方义：本方明党参性平味甘，旨在平补气阴，佐乌梅、甘草酸甘化阴，养胃生津，开胃增食，配茯苓、炒白术、怀山药益气健脾，陈皮调和中土。本方补而不滞，滋而不腻，胃中津液充盈，脾气散精有源，则纳化如常，食欲渐增。

（5）运用法度

1）加减：若厌食而见舌质淡苔薄腻，大便溏薄，此以脾气虚为突出，方中明党参易党参，酌加生黄芪 9g，炒苍术 6g 甘温运脾，广木香 3g 苦温健脾。若厌食而见舌苔白厚腻为湿困食滞，脾运失司，去明党参加砂仁或蔻仁（后下）3g 芳化醒脾，炒谷麦芽各 9g，神曲 9g 助脾运滞。若厌食而见舌质红，苔光或剥，大便干燥，烦躁少眠等多为胃阴不足，加川石斛 9g，麦冬 6g，生谷芽 9g 以生津养胃助运。

2）厌食患儿不能强行进食，食物以清淡微酸为宜，少给油炸食物甘甜厚腻之品。通过耐心诱导与药物治疗相结合等方法，逐渐获得食欲之改善。

（6）临床应用：马老曾用本方治疗小儿厌食 84 例，服药 7 剂后，食欲恢复如同龄儿童者 29 例，有不同程度食欲增加者 47 例，无效 8 例，总有效率为 90.5%。

六、痢疾

痢疾是以腹痛腹泻、里急后重、利下赤白为主要表现的疾病。本病的主要病因是外感时邪疫毒，内伤饮食不洁。其病位在肠，与脾胃有密切的关系。其病机为湿热、疫毒、寒湿结于肠腑，气血壅滞，脂膜血络受损，化为脓血，大肠传道失司，发为痢疾。按照病程长短分为暴痢和久痢。依据临床症状分为热痢和寒痢。《景岳全书·痢疾》云："痢疾最当查虚实，辨寒热"。一般来说，暴痢多实，久痢多虚。痢疾的治疗，暴痢宜通，久痢宜涩，热痢宜清，寒痢宜温，寒热虚实夹杂者宜通涩兼施、温清并用。

马老治疗痢疾常用经验方如下。

加味白头翁汤

（1）组成：白头翁 6g，秦皮 6g，黄连 2g，黄柏 3g，马齿苋 9g，凤尾草 9g，木香 4g，槟榔 6g。

（2）功效：清肠解毒，凉血止痢，行气导滞。

（3）主治：小儿急性菌痢。

（4）方义：湿热邪毒蕴结肠间，由气伤及营血。白头翁苦寒凉血止痢，既清阳明之热又凉营血之热；秦皮苦寒凉肝兼固下焦；黄连清心肝之热；黄柏泻小肠与膀胱之热。白头翁汤清肠解毒之力强而行气不足，加木香、槟榔行气导滞以除里急后重；马齿苋、凤尾草能清热解毒，为治痢之良约，与白头翁汤配伍疗效倍增。

（5）运用法度

1）用法：上方加水浸泡 30 分钟，煎煮 2 次，药汁混合成 100～120ml，分 4～6 次饭前服。

2）本方用于细菌性痢疾，以泻下脓血黏液便为特征，里急后重，肛门灼热，舌红苔黄腻，脉滑数。大便镜检有脓球、红细胞、白细胞等。若见身热、无汗、恶寒等表邪未解者，加荆芥、防风、葛根清解表邪；若见舌苔黄腻或白厚腻为食积内停，加鸡内金、神曲、大黄等消积导滞。

3）马老认为痢疾多湿热蕴滞，通降失司，忌早用温补固涩，处方中应注意调气行血药之配伍，如木香、槟榔、枳壳、枳实、川朴等调气则后重可除；赤白芍、丹皮、地锦草等行血则便脓自愈。

【验案鉴赏】

徐某，7 岁，1989 年 11 月 9 日初诊。患儿发热、鼻塞伴腹痛、呕吐 2 日。当地卫生院诊为肠胃型感冒，予服小儿复方乙酰水杨酸片、乙酰螺旋霉素等药后汗出，鼻塞好转，热退而复升。今日腹痛加剧又见腹泻 2 次来诊。诊见腹痛阵作、胃纳不思，大便泻下 2 次，量少不畅，夹红白黏液，伴里急后重。检查：体温为 39.4℃，脘腹胀满压痛，舌质红苔黄厚腻，脉弦数。大便常规：红细胞为 8～10 个/HP，白细胞为 10～20 个/HP，脓球（＋），不消化食物（＋）。证属饮食失节，食滞内停，化湿生热，湿热蕴郁于肠胃，通降失司。治宜清肠泻热，通腑导滞。给予加味白头翁汤加减。

处方：白头翁 6g，秦皮 6g，黄柏 3g，马齿苋 9g，槟榔 6g，神曲 9g，木香 4g，黄连 2g，生大黄（后下）4g。2 剂，水煎 200ml，日服 2 次。

2 日后复诊：服药 1 剂后大便泻下 3 次，量多气秽，热退腹痛已减，里急后重亦除，今日尚未大便，胃纳稍思，舌苔白腻，脉滑，上方去大黄，加保和丸 10g，又服 3 剂，胃纳渐启。继以健脾化湿和胃药调理 1 周，大便 3 次，镜检为阴性，告愈。

七、遗尿

遗尿是指 3 岁以上小儿不能自主控制排尿，经常睡中小便自遗，醒后方觉。一般至 4 岁时仅 20% 的儿童有遗尿，10 岁时 5% 的儿童有遗尿，有少数患儿遗尿症状持续到成年期。遗尿的儿童中男孩是女孩的 2 倍，且有明显的家族遗传倾向。本病相当于西医学的"原发性单纯性夜遗尿"，分原发性遗尿和继发性遗尿。

遗尿与肺脾肾三脏对水液代谢的调节有关。其病因为肾气不固，肺脾气虚，肝经湿热；膀胱失约是其病机。马老认为肾气不固是遗尿的主要病因，由于先天禀赋不足，元气失充，肾阳不足，下元虚冷，不能温养膀胱，致膀胱闭藏失司，不能制约尿液而形成遗尿。本病治疗以温补下元、固涩膀胱为基本原则。马老认为小儿遗尿原发性者多为肾气不足，膀胱气化不力；继发者多见于重病、久病后肺脾虚损，气虚下陷无权约束水道。少数患儿因肝经湿热而发，当用清利湿热，通因通用之法。亦有小儿自幼缺少教育，没有养成夜间主动排尿的习惯，家长应帮助小儿形成正确的排尿习惯。

马老治疗遗尿常用经验方如下所述。

1. 升芪缩泉汤

（1）组成：升麻 3g，生黄芪 9g，益智仁 9g，桑螵蛸 9g，台乌药 6g，补骨脂 6g，覆盆子 6g，金樱子 9g，党参 6g，炒山药 9g，炒白术 9g，炙甘草 3g。

（2）功效：温补肾阳，固涩止遗。

（3）主治：小儿遗尿，肾气不固者。证见睡中遗尿，醒后方觉，小便清长，面色少华，舌苔薄净或薄白腻。

（4）方义：本方以升麻、黄芪补气升阳为主药，益智仁、桑螵蛸、乌药、补骨脂、覆盆子、金樱子温肾固尿，党参、山药、白术、甘草健脾益气。以后天补先天则生化无穷，诸药相伍，元阳充盈，气化如常则固涩有权。

（5）运用法度

1）用法：上方加水浸泡半小时后煎煮，沸腾后继续煎煮半小时，得药汁80ml左右上午服，二煎得药汁60ml左右，下午4时之前服。

2）本方适用于遗尿之气虚元阳不振者。

3）若见面色㿠白、尿清长而频、畏寒便溏、唇舌色淡等元阳虚寒之阳虚证，本方另加肉桂粉1～2g吞服以助温阳之力。肉桂辛温助阳生火，一般服5剂停5天为1个疗程，未愈再服1个疗程。

4）若酣睡不醒需强拽才起者为肾虚痰浊内蒙，去党参、山药、甘草加石菖蒲、姜半夏、郁金消痰醒脑。

（6）临床应用

马老曾用上方治疗遗尿39例，辨证属气虚元阳不振，其中3～7岁24例，7～12岁9例，12～14岁5例，22岁1例，经X线检查为骶椎隐裂的有24例。3周为1个疗程，痊愈29例，好转8例，无效2例，总有效率为94.9%，其中服药1周痊愈7例，服药2周痊愈14例，服药3周痊愈8例。无骶椎隐裂的15例均在服药2周内痊愈。

2. 八正散合龙胆泻肝汤加减

（1）组成：木通、瞿麦、萹蓄、车前子、滑石、大黄、龙胆草、黄芩、栀子、泽泻、当归、生地、柴胡、生甘草。

（2）功效：清热利湿。

（3）主治：肝经湿热。其症见睡中遗尿，尿频数短少，色黄混浊，气秽，性情急躁，舌红苔腻者。

八、夏季热

夏季热又称暑热症，是婴幼儿在暑天发生的特有的季节性疾病，以长期发热、口渴多饮、多尿、少汗或汗闭为特征。本病的发生与气候、地区密切相关，主要发生在我国东南、中南、西南等气候炎热地区，发病时间多集中于6～8月，气温愈高，发病率愈高，且随着气温升高而病情加重，秋凉以后症状多能自行消退，然来年仍会再发。随着生活和居住条件的改善，本病发病率明显下降。本病在诊断时应与疰夏、消渴、湿温及西医各种感染引起的发热性疾病进行鉴别。

本病的病因多为先天发育不健全或后天脾胃不足、营养不良或病后失调、气阴不足，导致小儿入夏后不能耐受暑热之气的熏蒸而患病。本病若暑伤肺胃者，治疗以清暑泻热、养胃生津为主；病久及肾、上盛下虚者，则宜温下清上。

马老治疗夏季热常用经验方如下所述。

1. 竹叶三梗汤

（1）组成：淡竹叶 6g，薄荷梗 6g，青蒿梗 6g，鲜荷梗 5g，北沙参 6g，麦冬 6g，鲜石斛 9g，知母 6g。

（2）功效：清暑泻热，益气养阴。

（3）主治：小儿夏季热暑伤肺胃型。证见身热持续不退，多饮多尿，汗少或汗闭。

（4）方义：本方用竹叶透气泻热，三梗辛凉清暑，北沙参、石斛、知母益气养阴生津。全方清补兼施，气阴兼顾。

（5）运用法度

1）用法：将上药用水浸泡 20 分钟，煎煮 15 分钟，得药液 200ml，每剂煎 2 次，每日 1 剂，将 2 次煎出药液混合共计 400ml，少量频服代茶饮。

2）本方用于夏季热初、中期，暑热伤津伤气，而出现肺胃气阴两伤之证。

3）若皮肤干燥、灼热无汗加香薷 3g，淡豆豉 6g 解肌退热；若微汗但高热不退，加生石膏（先煎）20g，天花粉 9g 清热生津；若烦躁不宁加生龙齿 15g，灯心草 2 束，胡黄连 2g 平肝安神；若大便溏薄去沙参、麦冬、知母滑润之药，加炒白术 6g，怀山药 9g，炒扁豆 9g 健脾益气助运；若高热持续，舌质红、苔少或光剥，北沙参易西洋参每天 3 ～ 6g 另燉代茶，煎煮后再加乌梅 3g，生甘草 3g 酸甘化阴。

【验案鉴赏】

验案一 郭某，女，3 岁，1989 年 8 月 19 日初诊。壮热无汗 20 余天，体温为 39.8℃（肛温），口渴引饮无度，终日烦躁叫闹不安，小便清长，每日 20 余次，经服退热药，抗生素等治疗半月余，症状无改善，壮热烦躁如故，胃纳不思，皮肤灼热，形体消瘦，大便干结，舌质红苔薄黄，脉细数。拟解肌泻热、清暑养阴为先。

处方：香薷 3g，淡豆豉 6g，淡竹叶 6g，薄荷梗 6g，青蒿梗 6g，鲜荷梗 15g，鲜石斛 9g，知母 6g，麦冬 6g，生龙齿（先煎）15g，天花粉 6g。7 剂，水煎 400ml，频服。另配银花露 200ml 代茶。

二诊：服药 7 剂后微汗，体温渐降，为 39.1℃（肛温），渴饮减少，小便每日减为 6～7 次，胃纳仍不思，大便略润。

处方：上方去香薷、淡豆豉，加西洋参 3g。7 剂，水煎 400ml，再加乌梅 3g，生甘草 3g，频服代茶饮。

三诊：体温正常，渴饮多尿均好转，皮肤微汗，胃纳稍增，大便干燥，舌红苔少，脉细弦。气阴未复，继以益气养阴。

处方：太子参 6g，麦冬 6g，五味子 3g，生黄芪 6g，乌梅 3g，生甘草 3g，川石斛 6g，炒山药 9g，生山药 6g，炒扁豆 9g，大生地 6g，枳壳 3g。7 剂后病愈。

验案二 陈某，男，4 岁，壮热无汗 20 余天。口渴引饮，皮肤干燥，终日烦躁哭闹不安，小便清长，日夜 20 多次。经注射青链霉素及内服退热药等治疗，但壮热烦躁如故，胃纳不振，大便干结，脉细数，苔薄黄。治宜清暑泻热、生津安神。

处方：陈香薷 4.5g，知母 6g，葛根 3g，天花粉 9g，白菊花 6g，茯神 4.5g，淡豆豉 6g，益元散 6g，西瓜翠衣 9g，龙齿 9.5g，水煎 400ml，频服代茶饮。另配银花露、青蒿露各 200g，5 剂，代茶饮。同时备用一大盆冷水放于草席上，水中放些玩具，令儿坐盆旁席上，任其玩水戏弄。

复诊：服上药 5 剂及玩水辅助治疗后，高热退，有微汗，烦躁渐安，小便次数亦减至每天 6～7 次，胃纳好转。于上方去香薷、淡豆豉，加麦冬 6g，山药 9g，继服 5 剂而告愈。

马老在药物治疗的同时，常使用一些辅助疗法。①温水疗法：以温水作浸浴，每日 2 次，每次 30 分钟，开始时水温应以患儿的体温为标准，然后逐渐降至 34～35℃，此法的作用，除直接降温外，还能使皮肤血管扩张，有助于蒸发散热。②凉水疗法：在室内放置一大盆冷水，下铺草席一条，在水盆中放些玩具，令患儿坐盆边席上，任其玩水戏弄。此法既可降低室温，又可降患儿体温，还能安抚患儿烦躁的情绪。③用青蒿露或银花露代茶饮，亦可用单方：蚕茧 10 个（未破壳者），红枣 10 个，乌梅 2 个，煎汤饮之，在患病初期与中期都有效。

2. 清暑保元汤

（1）组成：太子参 9g，生黄芪 9g，炒怀山药 9g，炙甘草 3g，肉桂粉（冲服）1g，淡附片（先煎）3g，生龙齿（先煎）15g，扁豆花9g。

（2）功效：温肾潜阳。

（3）主治：小儿夏季热日久脾肾阳气不足者。症见入夏后高热持续月余，日渐消瘦，精神萎靡，面色㿠白，纳呆，渴饮无度，小便量多色清，舌质淡，苔薄少，脉细弱。

（4）方义：方中附子、肉桂下温肾阳而化水，太子参、黄芪、炙甘草、怀山药益气健脾以升清阳，佐以生龙齿潜浮越之阳，扁豆花清暑生津。诸药配伍甘温以除热，升清以潜阳。

（5）运用法度

1）用法：淡附片、生龙齿加水先煮沸30分钟，后纳入其他药（除肉桂粉外），再煎煮20～30分钟，得药汁150ml，倒入放有肉桂粉的碗内，拌匀即可，每剂煎2次，肉桂粉分2次冲，每日1剂，少量频服为宜。

2）本方用于禀赋不足，脾肾阳虚患儿，入夏后不能耐受酷热，持续高热月余。虽发热而面色㿠白，小便频数清长量多，舌淡脉细是辨证要点。

3）加减：若见心烦舌红酌加黄连3g，莲子心3g，以清心除烦；小便量多难以自禁酌加菟丝子、桑螵蛸、缩泉丸等收敛小便以保阴液。

4）本型夏季热临床相对较少，但病属危重，只要辨证正确，甘温除热效如桴鼓。

【验案鉴赏】

验案一　朱某，男，2岁，1979年8月2日初诊。患儿发热1个月余，形体消瘦，面色苍白，皮肤干燥，口渴多饮，小便清长频数，1天达30余次，来诊时10分钟喝水1次，小便2次，清长如水，下肢不温，唇舌色淡。曾服清暑泻热竹叶石膏汤10多剂，抗生素半个月，病情未见改善，脉细软。治拟温补肾阳化水。

处方：太子参9g，生黄芪9g，炒山药9g，炙甘草3g，肉桂粉（冲服）1g，淡附片（先煎）3g，生龙齿（先煎）15g，扁豆花9g，桑螵蛸9g。7剂，水煎300ml，少量频服，日一剂。

复诊：体温显著下降，渴饮明显减少。上方去肉桂、附子加菟丝子、补骨脂各6g，石斛9g。又7剂而愈。

验案二　顾某，男，3岁，病已1个月余，发热无汗，口渴引饮，虚烦不安，形体消瘦，面色苍白，皮肤干燥，唇色淡红，小便清长，一昼夜达30次左右，经中医用清暑泻热竹叶石膏汤等剂，西医注射多种抗生素，病情未减，脉细软，舌苔薄白。治拟温肾化气，健脾安神。

处方：太子参 6g，白术 4.5g，黄芪 9g，肉桂粉（冲服）1g，附子片（先煎）3g，辰茯神 6g，生甘草 3g，扁豆花 6g，西瓜翠衣 9g，山药 6g，龙齿 9g。5 剂，水煎 300ml，少量频服，日 1 剂。

复诊：服上方 5 剂后，体温显著下降，虚烦亦安，小便每日减至 5 ～ 6 次，胃纳亦有好转，原方去辰茯神、龙齿，加入谷芽 9g，川石斛 6g，天花粉 6g 以养胃生津。继服 5 剂，诸症消失。

按：患儿面色苍白、唇色淡红、下肢不温、昼夜小便达 30 余次，未治时不到 10 分钟，解小便二次如水，可知此为热病日久，阴损及阳、由肺胃阴伤及脾肾之阳，故以温补肾阳而获效。

验案三 任某，男，5 岁，1963 年 8 月 2 日初诊。

主诉：发热 22 天。

病史摘要：患儿入夏发热已连续 3 年，早在 1960 年 6 月开始，先后发热 3 个多月，体温持续在 39.4 ～ 40.1℃（肛温），曾住浙医大附属儿童医院 2 次、杭州市第一医院 1 次，经过各系统检查，未发现任何阳性体征，诊断为小儿夏季热，用支持疗法、对症处理、抗生素等，疗效不显，至秋天气候转凉，热退病渐好转。1961 年 5 月发热又起，并见腹泻水样便，每天 4 ～ 5 次，口渴多饮，小便黄赤量少，按感冒、腹泻治疗，腹泻好转而发热持续，二次住院检查观察治疗，至同年 7 月底，渴饮多尿少汗诸症显露，即请中医治疗，服生脉饮加黄芪、石斛等调治月余而愈。如今诸病又起，家长照原方购来 5 剂服后效不显，体温最高达 40.2℃（肛温），又找去年中医再诊，处方为：陈香薷 3g，银花 6g，连翘 9g，生石膏 15g，天花粉 9g，知母 6g，石斛 6g，生甘草 3g，西洋参（另泡代茶）3g。服药后得微汗，但诸症如前，去香薷加淡竹叶 6g，麦冬 6g，五味子 3g，又 7 剂，仍不效，慕名找到马老诊治。

刻下：发热已近 1 个月，口渴多饮多尿，溲色清白，形体消瘦，面色苍黄，头发稀燥而黄，胃纳不思，大便溏薄，夜寐烦躁不宁，出汗、遗尿，舌质偏红，苔白腻，脉细数。治拟温补脾肾，清热潜阳。

处方：太子参 9g，生黄芪 9g，炒山药 9g，炙甘草 3g，淡附片（先煎）3g，生龙齿（先煎）3g，扁豆花 9g，炒川连 1.5g，桑螵蛸 9g。5 剂，水煎 300ml，少量频服，日 1 剂。

复诊：5 日后复诊，服药后体温开始下降，为 38.6 ～ 37.8℃（肛温），渴饮明显减少，夜间不遗尿，胃纳不思，大便仍溏薄不化，舌质红，苔白腻，脉细数。拟前方加减。

处方：党参 9g，生黄芪 9g，炒山药 9g，炙甘草 3g，淡附片（先煎）3g，炮姜炭 3g，炒川连 1.5g，扁豆花 9g，莲子心 3g。5 剂，水煎 300ml，少量频服，日 1 剂。

三诊：又 5 日后复诊，药后身热退而未净，渴饮减少，胃纳仍差，大便仍溏。此肾阳渐复，脾胃虚弱，中阳不足，气阴两虚。用淡附片、炒白芍、太子参、麦冬、淮小麦、生黄芪等脾胃双调、气阴并补。逐渐身热退尽，胃口增加，诸症消除，嗣年不再发生。

按：稚子娇弱，不耐炎夏酷暑，热聚阳明而身热不解。连续 3 年，病势缠绵，虚实并见，虚多实少，证系气阳不足、脾肾两虚，故以清暑益气养阴法不效。用清暑保元汤去肉桂加川连而获效。本方温肾化水、补脾升清、潜阳清热，真元来复，水液蒸化则热除渴消。

3. 预防与调护

（1）乌梅 2 个，红枣 5 枚煎汤代茶饮，炎热夏季可预防夏季热的发生。

（2）鲜藿香 6～9g 煎汤代茶饮，炎热夏季可预防夏季热的发生。

（3）体弱小儿在夏天应注意居室通风，保持凉爽。

（4）小儿断乳要避免在夏令时间。

（5）饮食宜忌：患儿口渴，可饮绿豆汤或西瓜汁，或青蒿露、银花露等。食物以清淡流质为宜如绿豆芽汤、藕粉、豆浆、冬瓜、番茄等。忌食辛辣油腻厚味及硬质不易消化物。

九、疰夏

疰夏是起病于春末夏初，至秋凉后逐渐好转的一种季节性疾病。临床以身热不扬（低热）或不发热，倦怠无力，食欲不振，大便不调为主要症状。随着生活和居住条件的改善，本病发病率明显下降。

本病临床上需与夏季热相鉴别。两者均为夏令季节性疾病，且病程较长，但疰夏起病一般较早，多在农历五月黄梅时节；而夏季热起病晚，常在夏至以后，伏天进入发病高峰期。两者病因均为患儿体质虚弱，但疰夏以脾胃气虚为主，又兼暑湿之困，故身热不扬、倦怠乏力；而夏季热是以肺胃气阴不足为主，兼暑热熏灼，故高热不解，无汗或者少汗，多饮多尿。治疗上两者皆需益气清暑，皆使用生黄芪、太子参益气，荷叶、苏梗、青梗、淡竹叶、藿香、佩兰等清暑，但疰夏需酌加砂仁、蔻仁、厚朴花、苍术等醒脾化湿之药；而夏季热则宜加用石斛、天花粉、麦冬、鲜芦根等养阴生津之药。

疰夏的病因为小儿素体脾胃虚弱，入夏后不耐暑湿之困，病机关键在脾胃。本病的治疗原则为健脾化湿。马老临床治疗本病时特别重视观察舌苔。舌淡苔薄白或腻是脾胃虚弱，气阳不运；舌苔白腻是暑湿困脾，气机被遏；舌苔白腻带黄，或苔腻而燥为暑湿郁久化热。

马老治疗疰夏常用经验方如下所述。

1. 六君子汤加减

（1）组成：党参、白术、茯苓、甘草、陈皮、半夏。

（2）功效：益气健脾。

（3）主治：疰夏脾胃虚弱、气阳不运证，舌质淡，苔薄白或腻者。

2. 藿朴夏苓汤加减

（1）组成：藿香、半夏、茯苓、杏仁、生薏苡仁、白蔻、猪苓、豆豉、泽泻、厚朴。

（2）功效：芳香化湿醒脾。

（3）主治：疰夏暑湿困脾、气机被遏证，舌苔白厚腻者。

3. 自拟蒿芩清胆汤加减

（1）组成：青蒿 6g，炒淡芩 6g，淡竹叶 6g，藿香 6g，佩兰 6g，清水豆卷 6g，连翘 6g，六一散 9g，扁豆衣 9g，生米仁 9g，茯苓 9g。

（2）功效：芳香清暑利湿。

（3）主治：疰夏暑湿郁久化热，舌苔白腻带黄，或苔厚而燥。

（4）方义：本方青蒿配黄芩既能清透少阳湿热，又能祛邪外出；藿香配佩兰，质轻味淡，解暑化湿，更加六一散增强清暑利湿之功；扁豆衣、生米仁、茯苓健脾化湿；加入一味清水豆卷透邪达表。全方芳香淡渗，降浊升清，力薄效宏。

十、蛔虫病

蛔虫病是指成虫寄生在小肠引起的小儿常见肠道寄生虫病，以腹部不适、阵发性脐周疼痛、饮食异常、大便下虫或粪便镜检有蛔虫卵为主要特征。成虫寄生劫夺水谷精微，妨碍正常的消化吸收，严重者影响儿童生长发育。本病多见于3～10岁的儿童，发病率农村高于城市，随着人们卫生意识的提高及卫生习惯的改善，发病率逐年下降。本病的治疗以驱蛔杀虫为基本原则。

马老治疗蛔虫病常用经验方如下。

使君驱蛔汤

（1）组成：使君子肉9g，花槟榔6g，乌梅6g，苦楝根皮9g，贯众9g，生甘草3g。

（2）功效：驱蛔杀虫。

（3）主治：肠道蛔虫症。

（4）方义：本方除甘草调和药性外，其余药物均有良好的驱虫作用，相互配合，增强驱虫药效。其中苦楝根皮、槟榔驱虫而兼有行气缓泻之功，帮助虫体排出，不必另服泻药。

（5）运用法度

1）用法：本方加水浸泡30分钟后煎煮，得药汁40～50ml，再煎1次，将两汁药液混合约80～100ml。晨起、睡前空腹各服1次，每次约40～50ml，连服2天。

2）本方适用于体质较强，腹痛缓解的蛔虫病患儿。本方用量为7～12岁患儿，年幼者剂量酌减。3岁以内不宜使用本方。

3）若体虚纳呆者宜先健脾扶运，胃纳开启后再服本方驱虫，驱虫后再调理脾胃。若腹痛剧烈时可先用乌梅安蛔丸20～30g，加白蜜30g滚开水冲后频频服之，约半小时可达缓急止痛的目的，连服3天，1周后再给予上方驱逐虫体以治本。

4）临床应用：马老曾用本方治疗小儿肠道蛔虫证26例，年龄为7～9周岁，每人2剂，服药后26人均有不同数量蛔虫排出，最少1条，最多11条。

【验案鉴赏】

张某，女，15个月，患儿断乳之后，即起腹泻，至今4个月余，喉音嘶哑，亦近1个月，所下大便色白如水，常有不消化食物，日夜六七次，最近1周内共便下蛔虫11条，腹部膨隆且坚硬，青筋满腹，时有腹痛，形瘦骨立，面色白，音哑哭声不扬，喜食香物，烦躁不安，两足浮肿。

辨证：马老分析此患儿是断乳之后，饮食无节，过食生冷油腻甘肥之物以致脾胃受伤。"脾者主腹而气行四肢"，脾受水气则腹大，四肢重。精气生于谷，谷气行于脾，脾湿不运，久郁生蛔，腹中扰动，是上述症状之由来。

诊断：蛔疳。

治法：杀虫化湿，益气健脾。

处方：焦白术 8g，神曲 6g，胡黄连 4.5g，山楂 9g，谷麦芽各 9g，茯苓 9g，党参 9g，黄芪 9g，使君子肉 6g，川楝片（空腹吞服）4 片，砂仁（冲服）2g，陈皮 3g，鸡内金 3g。7 剂，水煎 100ml，日服 2 次。

复诊：用上药加减治疗，先后 7 次，共计 21 天，便出蛔虫 18 条，继则哭声响亮，烦躁亦安，大便次数减少，色亦转黄，渐趋正常，面垸红润，精神也振作而痊愈。

按：*患儿断乳后腹泻日久，致脾虚又感染虫卵，虫积气滞致疳。蛔疳之证虚实夹杂，治以消补兼施，杀虫以除其积，扶脾以助其运。虽然形瘦骨立，面色白，哭声不扬，两足浮肿虚象明显，但虫积不去，正气难复，故仍以消补并用而获愈。*

十一、痄腮

痄腮是由腮腺炎时邪引起的急性时行疾病，以发热、耳下腮部肿胀疼痛为特征。一般病情较轻，年长儿发病可出现睾丸肿痛、少腹疼痛；病情严重者可见神昏、抽搐，甚至危及生命。本病多见于学龄及学龄前期儿童，四季均有流行，以冬、春季常见。感染后可获得持久免疫。本病相当于西医学的"流行性腮腺炎"。

中医认为本病为风温邪毒壅滞足少阳经脉所致。治疗以清热解毒、消肿散结为基本原则。

马老治疗痄腮常用经验方如下。

痄腮清解汤

（1）组成：银花 9g，蝉衣 3g，炒牛蒡子 6g，薄荷 4.5g，夏枯草 9g，浙贝 6g，蒲公英 9g，制天虫 6g，玄参 6g，柴胡 6g，黄芩 6g，板蓝根 9g。

（2）功效：疏风清热，散结消肿。

（3）主治：流行性腮腺炎风温热毒蕴结而未出现并发症者。

（4）方义：痄腮乃风温邪毒自口鼻而入，壅阻少阳经脉，郁结不散所致。

浙江中医临床名家·马莲湘

足少阳胆经绕耳而行，故耳下腮部漫肿疼痛。柴胡和解少阳为胆经主药，既能助蝉衣、薄荷、牛蒡子、银花、黄芩外解表邪，内清邪热，又能协夏枯草、浙贝、蒲公英、玄参、制天虫散结消肿，实为本方配伍之旨。

（5）运用法度

1）用法：上方用水浸泡 30 分钟后煎煮 15 分钟，每次得药液 80～100ml，1 天内分次服完。

2）内服同时配以外用药，青黛 10g 醋调或如意金黄散合茶水调敷患处，每天 5～6 次。

3）临床应用：马老应用本方治疗流行性腮腺炎 67 例，皆有不同程度发热、均为两侧腮肿，治疗后 3 天内全部达到退热，其中服药 1 天热退者 19 例，服药 2 天热退者 37 例，服药 3 天热退者 11 例，平均退热时间为 2.4 天。腮肿消退时间为 5～9 天，平均 7.2 天。西药对照组 20 例，平均退热时间为 4.9 天，腮肿消退时间为 10.8 天。

十二、奶癣

奶癣又名胎癣，是婴幼儿期最常见的皮肤病之一，以皮肤红斑、粟状丘疹、丘疱疹或水疱、疱破后出现点状糜烂、渗液、结痂并伴有剧烈瘙痒为主要特征。本病皮疹多见于两颊、前额、头皮，后可蔓延至颈、肩、臂甚至四肢及全身。发病无明显季节性，过敏性体质患儿较为常见，易反复发作，常始发于 1～3 个月的婴儿，多数在 2 岁以内逐渐减轻至自愈。本病相当于西医学的"婴儿湿疹"，以及一部分婴儿期的"异位性皮炎"。

中医认为奶癣的发生多为先天胎热内扰或孕母恣意饮食遗热于胎儿，又或因小儿饮食不节伤及脾胃，湿热内蕴，复感风邪，内外相搏所致。本病的病机为风、湿、热邪相互搏结，发于皮肤。本病治疗应内服与外治相结合，以祛风除湿为基本法则。马老在临床中多用清热利湿，养血祛风的治法。

马老治疗奶癣常用经验方如下所述。

1. 奶癣经验方

（1）组成：野菊花 6g，银花 6g，车前草 9g，生甘草 5g，地肤子 9g，白鲜皮 6g，米仁 9g，茯苓皮 9g，苍术 6g，川柏 4g，生首乌 9g，干蟾皮 4g。

（2）功效：清热解毒，利湿抗敏。

（3）主治：婴儿湿疹头面部为甚，以水泡、糜烂、渗液为著，瘙痒不宁。

（4）方义：本方以银花、野菊花、干蟾皮、生甘草清热解毒；茯苓皮、车前草、地肤子、白鲜皮、米仁淡渗利湿，苍术、黄柏燥湿。

（5）用法：本方加水浸泡 30 分钟后煎煮得药汁 40 ～ 50ml，再煎 1 次，将两汁药液混合为 80 ～ 100ml。早晚各服 1 次。

2. 顽固性湿疹经验方

（1）组成：生首乌 15 ～ 30g，徐长卿 9g，干蟾皮 6g，金银花 6g，野菊花 9g，苦参 6g，生甘草 5g，地肤子 9g，白鲜皮 6g，生米仁 9g，茯苓皮 9g。

（2）功效：养血祛风，清热解毒。

（3）主治：顽固性湿疹。

（4）方义：本方重用生首乌 15 ～ 30g 养血，血行风自灭，为方中关键药物。干蟾皮、徐长卿加强解毒祛风之效，有抗过敏之功，余药清热利湿止痒。

（5）运用法度

1）湿型可加用苍术 6g，川柏 4g，豨莶草 9g 燥湿祛风。

2）内治配合外治疗效更佳，干燥型可用野菊花 9g，金银花 9g，蛇床子 9g，生甘草 6g 浓煎湿敷患处，每天 2 ～ 3 次。湿型用此方清洗患处后，外涂黄柏软膏（黄柏粉 3g，煅石膏 9g，枯矾 4.5g，青黛 3g 加菜油适量），每天 3 ～ 4 次。

3）备注：生首乌一味马老用于治疗婴儿奶癣，临床效显，但应注意肝肾功能。

【验案鉴赏】

诸某，男，10 个月。头面眉间频发湿疹 8 月余，近月来加剧，烦躁不宁，瘙痒流脂水，并已蔓延至项颈，头面部红色斑丘疹夹水泡、脂水、干痂，几无健康皮肤，经中西医治疗未见好转，纳便正常，舌苔薄黄，指纹淡紫。治拟养血祛风，解毒清热。

处方：生首乌 15g，干蟾皮 6g，徐长卿 9g，野菊花 9g，地肤子 9g，白鲜皮 6g，生米仁 9g，茯苓皮 9g，苍术 6g，豨莶草 9g，川柏 5g，生甘草 5g。7 剂，水煎 100ml，日服 2 次。

另配银花 9g，野菊 9g，蛇床子 9g，生甘草 6g，煎水外洗后用黄柏软膏涂于局部，日3次。

复诊：7日后湿疹多数结痂，蔓延停止，脂水已减，患部缩小，仍予原方7剂，内服外用相结合，药尽而愈。

第二节　推陈出新治专病

马老对肾炎、肾病、血尿、紫癜、汗证的中医治疗形成了独特的学术思想，临床效果甚好。

一、急性肾炎

急性肾炎全称为急性肾小球肾炎，指一组病因不一，临床表现为急性起病，多有前驱感染史，以血尿为主，伴有不同程度蛋白尿，可有水肿、高血压或者肾功能不全等特点的肾小球疾病。1982年全国105所医院的调查结果显示急性肾小球肾炎患儿占同期泌尿系统疾病的53.7%。本病属于中医"水肿"一病，因其起病急，变化快，水肿明显且多自头面而起，故归为"阳水"范畴。

马老所处年代急性肾炎发病率高，他对本病的中医治疗颇有心得。马老认为治疗急性肾炎必须辨病与辨证相结合。急性肾炎病程大致分两期：一为浮肿少尿期，二为恢复期。浮肿少尿期多在4周内，病机以实证为多，依据病因可分为外感风邪型（或称风水相搏型）和湿毒浸淫型（或称湿热内侵型）。恢复期多在4周后，病机以虚为主或虚实夹杂，其本质为正虚邪恋。

马老常用经验方如下所述。

1. 麻黄连翘赤小豆汤加减

（1）组成：生麻黄3g，赤小豆30g，连翘9g，桑白皮9g，杏仁9g，生甘草3g，桔梗3g，泽泻9g，车前子（包）9g，白茅根30g。

（2）功效：宣肺利尿。

（3）主治：外感风邪型急性肾炎，临床表现为少尿、眼睑及全身浮肿，可兼见发热、咳嗽、咽红等外感风热或者风寒的症状。

（4）方义：本方以麻黄连翘赤小豆汤疏风宣肺，利水消肿为主。加用桔梗以增强提壶揭盖之功，肺气宣发，水道通调，小便自利，再加泽泻、车前子、白茅根以加强清热利水退肿之功。

（5）加减：若咽红肿痛者为热偏重，加银花 9g，黄芩 3g，射干 6g 清热利咽；若鼻流清涕、身热无汗、形寒，为风寒偏重加桂枝 3g，苏叶 6g，生姜皮 6g 解表散寒；若气急咳逆者加炒苏子 6g，炒葶苈子 6g，大腹皮 9g 泻肺利水。

【验案鉴赏】

严某，男，6 岁，发热浮肿 4 天，西医诊断为急性肾炎。其症见咽痛，咳嗽气急，少而赤。舌红苔薄黄，脉浮数。尿镜检：红细胞（++++），蛋白（++）。证属风热犯肺、风水相搏。治宜宣肺清热利水。

处方：生麻黄 2.4g，连翘 6g，赤小豆 9g，杏仁 9g，桑白皮 9g，桔梗 3g，生甘草 3g，茯苓皮 9g，泽泻 9g。3 剂，水煎 200ml，日服 2 次。

二诊：热退，咳减，气急已平，小便通，浮肿渐消，舌质红，苔薄腻，脉浮滑。肺气初宣，风热水湿未净，继续清宣利水。

处方：生麻黄 1.5g，杏仁 9g，连翘 6g，赤小豆 9g，桑叶 9g，淡竹叶 9g，桔梗 3g，生甘草 3g，茯苓皮 12g，白茅根 30g，车前草 10g。3 剂，水煎 200ml，日服 2 次。

三诊：浮肿已退，咳喘均平，小便增多，胃纳欠振，尿检红细胞（+），蛋白微量，舌质红，苔薄少，脉细弦。此热去阴络失养。治拟养阴凉血佐以清利。

处方：生地 9g，玄参 6g，淡竹叶 6g，白茅根 30g，丹皮 6g，大小蓟各 9g，墨旱莲 9g，地骨皮 6g，生山楂 9g。

上方加减 16 剂而愈。

2. 五味消毒饮加减

（1）组成：金银花、野菊花、蒲公英、车前草、紫花地丁、土茯苓、连翘、黄芩、白茅根。

（2）功效：清热解毒利湿。

（3）主治：湿毒浸淫型急性肾炎，临床表现为皮肤湿疹脓疮邪毒，血尿，浮肿可不甚明显，伴有烦热口渴、头身困重、舌红苔黄。

（4）方义：本方以五味消毒饮清热解毒利湿为主。加用土茯苓、连翘、黄芩增强清热解毒之功，黄芩亦可燥湿、止血。再加白茅根以助清热利水消肿。

（5）加减：皮疹瘙痒明显加地肤子 6g，白鲜皮 6g 祛风止痒，亦可酌加用浮萍；疮疡溃烂加苦参 6g，黄柏 3g 清热燥湿。结合实验室检查，酌情可加用药物：尿中红细胞出现可酌加大小蓟、藕节、荠菜花、沙氏鹿茸草、地骨皮、淡豆豉、紫草、生地、连翘、仙鹤草等；尿中有蛋白可酌加蝉衣、苏叶、石韦、生山楂、泽泻、米仁根；尿中有白细胞可酌加鸭跖草、萹蓄、瞿麦；尿中有脓球细胞可酌加黄柏、白花蛇舌草；血压增高可酌选夏枯草、益母草、钩藤、白菊花、生石决明、珍珠母、怀牛膝等。

3. 马老经验方

（1）组成：苍术、白术、茯苓、山药、石韦、泽泻、生山楂、玉米须、白茅根。

（2）功效：健脾佐清利。

（3）主治：急性肾炎恢复期。其症见浮肿消退，尿量正常，自觉症状好转或无，但实验室检查仍有蛋白尿及血尿。其正虚以脾气虚或肺肾阴虚为主，其邪恋主要是湿热未尽。以蛋白尿为主者，为脾虚湿热内蕴。

（4）加减：恢复期尿检红细胞可加用北沙参、麦冬、生地、怀山药、茯苓、泽泻、淡竹叶、墨旱莲、大小蓟、丹皮、白茅根、玉米须。马老认为白茅根和玉米须甘淡滋润，利湿而不伤阴，对急性肾炎恢复期无论何型均适用，也可单味煎汤代茶，每天服用，具有健脾利湿、养阴生津、巩固疗效、预防复发的良好作用。如用鲜白茅根、鲜玉米须则效果更佳。

4. 外治方

用车前草、马蹄金等鲜草捣烂敷脐部，拉拉藤捣烂敷囟门或剑突下，敷药后小便呈草绿色，尿量增加，对治急性肾炎利尿消肿疗效较好，慢性肾炎水肿期也起到辅助作用。

二、慢性肾炎及肾病综合征

慢性肾炎是指蛋白尿、血尿、高血压、水肿为基本临床表现，病情迁延，进展缓慢，可伴有不同程度的肾功能减退，最终有可能发展为慢性肾衰竭的一组肾小球疾病。据统计，仅 15% ～ 20% 是由急性肾炎发展所致，绝大多数病因尚不明确，可能与细菌、病毒或原虫感染引起的免疫介导性炎症有关。肾病综合征是一组由多种原因引起的肾小球滤过膜通透性增加，导致大量血浆蛋白从尿中丢失的临床综合征，临床常以大量蛋白尿、低蛋白血症、高脂血症和不同程度的水肿为特征。这两种疾病皆属于中医"水肿"一病，大多归于"阴水"，临床常表现为水肿明显，病程较长，且反复发作。

慢性肾炎及肾病综合征病因复杂，临床表现多样。马老对其的疾病机理和中医治疗、调护有深入的研究，曾发表《慢性肾炎的认识和治疗》《慢性肾炎辨证施治与免疫关系的探讨》《消除蛋白尿既重脾肾又重专方》《水肿的调护和治疗撷要》等文章，为慢性肾炎及肾病综合征的中医诊治提供思路。

慢性肾炎日久不愈及肾病综合征多属中医学"阴水"范畴。其病机为脾肾两虚，气不化水，水湿内停；脾失升清，肾失封藏，固摄无权，大量精微从尿外泄而形成蛋白尿，为本虚标实之候。

马老在临床上将其分为脾肾不足、肝肾阴虚、阴阳两虚、虚实夹杂等型，常用健脾补肾、温肾固精健脾、健脾益阴等治法。

（一）马老经验方

益肾健脾汤

（1）组成：黄芪 12g，党参 9g，炒白术 9g，炒山药 9g，甘草 4g，茯苓 9g，泽泻 9g，石韦 9g，野山楂 9g，丹参 9g，制萸肉 9g。

（2）功效：益肾健脾，利湿消肿。

（3）主治：慢性肾炎及肾病综合征，属脾肾气虚者。

（4）方义：本方以四君子加黄芪补气为主，行气化水，益气摄精；山药、萸肉甘平健脾，益肾摄精；泽泻、石韦利水通络；水病日久必及血，丹参、山楂活血行瘀，以达活血通络行水之功。全方益气扶正以治本，活血行水以治标，共奏益肾健脾、利湿消肿之效。现代药理研究表明参、芪、山药、萸肉均有消除蛋白尿之功能。

（5）运用法度

1）用法：每日 1 剂，分 2 次煎服，每次约 200ml。

2）本方用于慢性肾炎，肾病综合征辨证属于脾肾气虚、湿瘀内阻者。乏力浮肿，舌淡或淡紫苔白腻，脉沉细，尿镜检以蛋白为主者为辨证要点。

3）加减：本方重用黄芪、党参以治疗脾肾气虚为主。若见面色㿠白，四肢不温，夜尿频频，属肾阳偏虚，选用淫羊藿 9g，巴戟肉 9g，淡附片 3g 以温补肾阳，也可选择补骨脂、菟丝子、山萸肉；若见头晕目眩，咽干，舌红少苔，为肾阴偏亏，选用女贞子 9g，墨旱莲 15g，枸杞子 9g，生熟地各 10g 以滋补肾阴；若蛋白尿较多，酌加米仁根 30g，玉米须 30g 甘平健脾利湿。

浙江中医临床名家·马莲湘

（二）阴水常用经验药

（1）脾肾两虚，脾虚为主：党参、白术、黄芪、茯苓、山药、芡实、米仁、熟地、萸肉、川断、巴戟肉、菟丝子、杜仲。

（2）脾肾两虚，肾阳虚为主：鹿角霜、补骨脂、胡芦巴、肉桂、附子、党参、黄芪、白术、熟地、茯苓、山药、甘草、紫河车粉。

（3）脾肾两虚，肾阴虚为主：生地、龟板、麦冬、萸肉、杜仲、党参、白术、黄芪、茯苓、山药。

（4）加减：水肿较剧者，可加冬瓜皮、大腹皮、泽泻、车前草；腹大者，加陈葫芦壳；血压偏高者，加夏枯草、益母草、玉米须；尿检红细胞多者，加墨旱莲、大小蓟、藕节、仙鹤草；脉沉涩，舌有瘀点，腰有刺痛感者，加活血化瘀药如丹参、当归、川芎等。

【验案鉴赏】

验案一　叶某，男，49岁，机关干部。1973年11月2日初诊。患者患慢性肾炎已2年余，面目浮肿，面色灰暗，腰酸，神疲肢乏，胃纳不振，小便量少，尿常规检查经常有蛋白（++～+++）、脓球（+～++）、红细胞（+++）、精子（+）。舌苔薄黄，脉细濡。证系脾肾两亏，精气不能内守，拟补肾健脾固精为主。

处方：太子参12g，炒白术9g，金樱子15g，熟地黄12g，玉米须30g，泽泻9g，夏枯草12g，益母草12g，楤木5g，炒扶筋9g，补骨脂9g。7剂，水煎200ml，日服2次。

11月9日二诊：胃纳好转，面目浮肿已退，小便量增多，尿检：蛋白微量、红细胞（+）、脓球（+），余如前。仍以前法出入。

处方：太子参12g，大生地12g，泽泻9g，夏枯草12g，荠菜12g，大小蓟各12g，益母草12g，野菊花12g，墨旱莲12g，生米仁12g，车前草12g。7剂，水煎200ml，日服2次。

11月16日三诊：面目尚有虚浮，舌苔薄白，脉细濡。尿检：蛋白痕迹，红细胞5～8个/HP、脓球消失、白细胞少许、颗粒管型少许。拟脾肾双扶。

处方：太子参12g，生熟地各9g，炒白术9g，泽泻9g，夏枯草15g，车前草12g，荠菜12g，大小蓟各12g，炒扶筋9g，玉米须30g，忍冬藤9g。7剂，水煎200ml，日服2次。

上方连服后，疗效巩固，病情稳定，已2个月无变化。

1974年1月11日四诊：上旬因感冒后，又见面目浮肿，现咳嗽流涕已愈。证见面目浮肿，胃纳差，舌苔薄白，脉细软。小便检查：蛋白（++）、红细胞（+）。拟补肾健脾为主。

处方：太子参12g，炒白术9g，黄芪12g，茯苓皮12g，生熟地各9g，猪苓9g，益母草12g，鸭跖草12g，小青草12g，炒扶筋12g，玉米须30g，樗木12g。7剂，水煎200ml，日服2次。

1974年1月19日五诊：面目浮肿已退，胃纳好转，小便检查：蛋白痕迹、红细胞少许，脉象、舌苔如前。因逢春节予以原方10剂续服，以后病情稳定无反复，嘱服杞菊地黄丸、知柏地黄丸共3个月，体格逐渐壮健，无腰痛、疲乏感，而停药观察。

1974年10月18日来院复诊，于浙江大学医学院附属医院化验的肾功能各种指标均在正常范围，尿检除仍有蛋白痕迹外，余均消失。其面色好转，体已壮实，无浮肿现象，精神愉快，食欲良好，因此继续停药至今已1年余，未见复发。（此例病人，自服中药起，西药完全停服。）

验案二 王某，男，13岁，学生。1973年7月23日初诊。肾炎迁延已2年余，面色灰滞浮肿，胃纳不振，腰酸神倦，小便检查：蛋白（+）、红细胞（++）。舌苔薄白，脉象细软。证系脾虚不能统血，肾亏气化不利，拟补肾健脾摄血。

处方：太子参9g，黄精12g，墨旱莲12g，生熟地各9g，藕节12g，野山楂12g，茯苓皮9g，泽泻9g，防己6g，车前草12g，大小蓟各9g。7剂，水煎200ml，日服2次。

7月30日二诊：面目浮肿已退，胃纳好转，尿检：蛋白少量、红细胞0～1个/HP。脉象、舌苔如前，仍处原方续服7剂。

12月1日三诊：上方有效，连续服用，症状已稳定3个月，精神、食欲均逐步好转，浮肿全消。尿检：蛋白痕迹、白细胞0～1个/HP，红细胞0～1个/HP。苔薄脉细，拟以补肾健脾，以资巩固。

处方：太子参9g，生熟地各9g，茯苓皮9g，墨旱莲9g，泽泻19g，野山楂12g，樗木15g，黄芪9g，防己6g，益母草9g，猪苓12g，炒白术9g。7剂，水煎200ml，日服2次。

后因受寒感冒，恐复发又来复诊1次，病情稳定，至今已有2年未复发。

验案三 张某，男，36岁，工人。1974年7月16日初诊。患者系慢性肾炎急性发作，头面、四肢凹陷性水肿，阴囊肿似大水泡，面色萎黄，胃纳不振，腰痛乏力。小便化验：蛋白（+++）、红细胞（++）。生化检验：总蛋白35g/L、白蛋白18g/L、球蛋白17g/L、非蛋白氮29.1mmol/L、胆固醇14.07mmol/L。舌苔白腻，脉细软。此系脾肾两虚，水湿内盛，拟先健脾利水。

处方：炒白术9g，冬瓜皮9g，茯苓皮9g，泽泻9g，车前子9g，猪苓9g，夏枯草9g，地骷髅12g，大腹皮（包）9g，淡竹叶9g，连翘6g，野菊花9g，玉米须50g（煎汤代水饮）。3剂，水煎200ml，日服2次。

7月20日二诊：患者头面、下肢及阴囊水肿均已好转，尿量亦增多，脉、苔如前。尿检：蛋白（+）、红细胞0～2个/HP、白细胞1～2个/HP、脓球3～5个/HP、透明管型少许。前方效显，仍继服3剂。

7月23日三诊：全身浮肿已消退，咳嗽未净，大便干，舌苔薄黄，脉细数。小便检查：蛋白痕迹、红细胞1～3个/HP、白细胞2～5个/HP。拟以清热宣肺利湿。

处方：鲜芦根30g，冬瓜皮9g，甘菊花9g，夏枯草9g，猪苓6g，泽泻9g，淡竹叶9g，前胡6g，车前草9g，淡芩3g，连翘9g。5剂，水煎200ml，日服2次。

7月31日四诊：外感症状已除，浮肿退净，胃纳好转，略有腰酸肢乏，苔薄脉细。处方用济生肾气丸半斤每日煎服15g，以巩固疗效。

验案四　顾某，女，19岁，学生。1974年7月12日初诊。患慢性肾炎已2年余，近因感冒引起急性发作。面部浮肿，面色黄，胃纳差，头痛腰酸，疲乏无力，低热，自汗，小便量少，大便正常，血压为13.33/11.31kPa（1mmHg≈0.133kPa），尿检：蛋白（++++）、红细胞（+++）、脓球少许、上皮细胞（+++）。舌苔薄腻，脉细数。此系脾肾两虚，复感外邪，为慢性肾炎急性发作之证，拟以清解治标为先。

处方：甘菊花9g，冬桑叶9g，连翘9g，牛蒡子9g，夏枯草12g，茯苓皮12g，党参9g，大小蓟各9g，车前草15g，生米仁12g，芡实9g，碧玉散（包）9g，5剂，水煎200ml，日服2次。

7月17日二诊：面部浮肿已退，小便量增多，仍有面黄纳呆，头痛腰酸，神疲乏力，低热未净。尿检：蛋白痕迹、上皮细胞（+++）、红细胞、脓球已消失。舌苔薄腻、脉细数。外邪已解、当扶正，拟补肾健脾以治本。

处方：党参6g，炒白术9g，茯苓皮12g，生米仁12g，芡实9g，夏枯草12g，淡竹叶9g，生熟地各9g，萸肉9g，黄芪9g，炒山药12g，连翘9g。5剂，水煎 200ml，日服 2 次。

按：此例的治法是先治标后治本，先祛邪后扶正，所以见效甚捷。若先用参、术、芪治本之剂，必致外邪羁留，使病情迁延。

验案五 诸某，女，12 岁，学生。1973 年 6 月 14 日初诊。患儿西医诊断为过敏性紫癜并发肾炎，曾住院治疗，经用泼尼松、复合维生素、钙剂、氯苯那敏、止血药、维生素 B$_1$ 等药，血尿始终未除。现症见两下肢满布紫癜，色紫红，尿如浓茶，形体壮实，面色红润，大便每日 1 次，饮食尚佳。尿检：红细胞（++++）。舌苔薄黄，脉象弦数，此属血热型，风热之邪与气血相搏，邪留血分，脉络被血热所伤，血不循经，故见紫癜、血尿。治宜清热凉血止血。

处方：鲜生地 15g，丹皮 6g，紫草 9g，大小蓟各 9g，连翘 9g，白茅根 30g，红枣 30g，生米仁 15g，赤小豆 30g。5 剂，水煎取汁，上下午各服 1 煎。

6 月 21 日二诊：紫癜已逐渐消退，未见新斑出现，一般情况佳。尿检：蛋白（+）、红细胞（++）。拟原方加减。

处方：生地 15g，白茅根 30g，连翘 9g，旱莲草 12g，乌梅炭 6g，荠菜花 12g，猪苓 9g，泽泻 9g，阿胶（烊冲）9g。5 剂，水煎 200ml，日服 2 次。

6 月 26 日三诊：诸症好转，紫癜消失。尿检：红细胞 6～7 个/HP、蛋白微量、白细胞 1～2 个/HP。以原方继服 3 剂。

7 月 4 日四诊：紫癜未再发作，尿检：红细胞（+）、蛋白（+）。拟前方出入。

处方：生地 9g，白茅根 30g，大小蓟各 9g，藕节炭 9g，泽泻 9g，野山楂 9g，茯苓 9g，荠菜花 12g，墨旱莲 12g。7 剂，水煎 200ml，日服 2 次。

7 月 12 日五诊：胃纳佳，舌苔薄，脉缓。尿检：蛋白微量、红细胞 5～7 个/HP。拟前方继服 7 剂。

7 月 20 日六诊：紫癜未复见，食欲旺盛，尿检：蛋白痕迹、红细胞 3～5 个/HP，舌苔薄，脉缓和。以知柏地黄丸，每日早晚各服 6g，连服 1 个月后尿蛋白阴性、红细胞阴性。随访 10 个月，小便正常，紫癜未复发。

验案六 高某，女，20 岁。1977 年 5 月 17 日初诊。患者患有慢性肾炎多年，尿蛋白始终在（+～+++），红细胞少许，颗粒管型少许，水肿不明显，血压偏高，面色萎黄，倦怠乏力，苔薄，脉细软。拟健脾补肾。

处方：潞党参 9g，炒白术 9g，怀山药 9g，生地 9g，旱莲草 9g，炒扶筋 9g，茯苓 12g，乌梅炭 3g。7 剂，水煎 200ml，日服 2 次。

5 月 26 日二诊：服药后自觉症状好转，尿蛋白微量，红细胞（+）。

处方：潞党参 9g，炒白术 9g，炙黄芪 9g，怀山药 9g，制狗脊 9g，女贞子 9g，旱莲草 9g，生地炭 9g，大小蓟各 9g，藕节炭 9g，茯苓 12g，乌梅炭 3g。7 剂，水煎 200ml，日服 2 次。

上方加减连续治疗 1 个月，蛋白尿转为阴性，病情稳定。

验案七 范某，女，50 岁。1977 年 4 月 5 日初诊。慢性肾炎肾功能不全，坐轮椅来就诊。面色萎黄，脸部浮肿，胸闷，呕逆恶心，神疲肢乏，不能行走，指爪色白，重度贫血，苔薄腻，脉细弦数。拟以补肾健脾养血为主。

处方：党参 12g，黄芪 12g，益母草 12g，代赭石 15g，丹参 15g，炒白术 9g，茯苓 9g，赤白芍各 9g，生熟地各 9g，陈皮 6g，姜半夏 6g，炙甘草 6g。7 剂，水煎 200ml，日服 2 次。

4 月 28 日二诊：恶心、呕吐已除，胃纳好转，小便量少。拟前方出入。

处方：黄芪 12g，太子参 12g，益母草 12g，炒白术 9g，茯苓 9g，泽泻 9g，野山楂 9g，炒白芍 9g，丹参 15g，炙甘草 6g。10 剂，水煎 200ml，日服 2 次。

7 月 4 日三诊：呕逆已除，胃纳好转，症情改善，脉苔如前。仍以前方出入。

处方：党参 12g，黄芪 12g，炒山药 12g，生米仁 9g，丹参 9g，炒白术 9g，茯苓 9g，生熟地各 9g，淫羊藿 9g，野山楂 9 g，蔻仁（研冲）3g。7 剂，水煎 200ml，日服 2 次。

按：慢性肾炎肾功能不全临床治疗比较棘手。本例属于比较成功的一例。该病人来就诊时，极度衰弱不能行走，辨证为脾肾两虚，浊阴上逆，而突出症状是呕恶及严重贫血。故在健脾补肾养血的基础上，重用降浊和胃之品。二诊时呕吐已除，小便量少，故去代赭石等降浊之品，加利尿之茯苓、泽泻。三诊时，病情基本好转，病人已能自己行走，故用健脾益气、阴阳两补之品以期根治。

验案八 陈某，女，21 岁。1977 年 7 月 23 日初诊。患者患有慢性肾炎六年，经常自觉头晕，耳鸣，腰酸乏力，寐时多梦，手心热，舌质红，脉细。1977 年 7 月血化验示：非蛋白氮为 21.3mmol/L，肌酐为 159.1mmol/L，PSA 为 30%。辨证为肝肾阴虚，治宜调补肝肾。

处方：生地 9g，枸杞子 9g，泽泻 9g，丹皮 9g，地骨皮 9g，麦冬 9g，甘菊 9g，楤木 9g，夜交藤 9g，茯苓 12g，鸭跖草 15g，乌梅炭 3g。7 剂，水煎 200ml，日服 2 次。

8月12日二诊：服药后自觉症状好转，尿蛋白阴性，舌红苔少，脉细。治宜益肾扶脾。

处方：生地9g，枸杞子9g，旱莲草9g，女贞子9g，怀山药9g，党参9g，白术9g，茯苓12g，车前草12g，鸭跖草15g，米仁30g。7剂，水煎200ml，日服2次。

服后精神显著好转，夜梦减少，腰酸乏力亦减，又服7剂。尿蛋白微量，胃纳增加，舌苔转润，舌质正常。又以健脾补肾法调治2个月，至1977年11月3日，尿蛋白阴性后未复发。

验案九 钟某，女，15岁。1977年7月20日初诊。患儿1年前因"颜面浮肿两三个月"去医院诊治，尿蛋白（+），红细胞（+）、白细胞少许，颗粒管型少许，诊断为急性肾炎，经治后好转。日前新感，发热咽痛，咳嗽痰多，尿蛋白（++++），红细胞（++），舌苔薄黄，脉滑数。拟清利。

处方：黄芩9g，黄柏9g，忍冬藤9g，大小蓟各9g，知母6g，蝉衣3g，生甘草6g，茯苓12g。7剂，水煎200ml，日服2次。

7月29日二诊：尿蛋白（+），红细胞少许，其他无殊，病情有所好转。治以原方加减：黄芩9g，黄柏9g，忍冬藤9g，茯苓9g，蝉衣3g，知母6g，生甘草5g。7剂，水煎200ml，日服2次。

8月7日三诊：咽痛已无，尿蛋白痕迹。患者有遗尿史，再进健脾补肾之品治之，随防3年，每周小便复查，尿蛋白阴性或痕迹。

验案十 李某，男，17岁，患肾炎近3年，肾功能轻度不全，尿蛋白经常在（++～+++），形体消瘦，但无腰酸乏力等症，始用健脾补肾药治疗1个半月，病情如故，血压为17.33/11.31kPa。1977年9月6日来马老处就诊后，改用活血祛瘀法治疗。

处方：当归9g，赤芍9g，川芎9g，广郁金9g，怀牛膝9g，桃仁3g，丹参12g。7剂，水煎200ml，日服2次。

服后尿蛋白减少到痕迹，再用活血祛瘀，佐以扶脾治疗。

处方：当归9g，赤芍9g，怀牛膝9g，党参9g，炒白术9g，广郁金9g，川芎5g，桃仁5g，丹参12g。7剂，水煎200ml，日服2次。

患者服药14剂，尿蛋白痕迹，血压为16/10.66kPa，仍坚持服药2个月，尿蛋白波动在微量与阴性之间，病情稳定。

验案十一 应某，女，19岁。幼时患过急性肾炎，发育良好，高中毕业体检时发现蛋白尿（++），辗转治疗1年余尿蛋白始终在（+～++）。

1981年5月来诊时诉说咽喉干燥不舒，晨起有时面部胀感，余无其他不适，二便如常，脉舌正常。体检：咽喉轻度充血，扁桃体已切除。

处方：黄芪15g，山药15g，生米仁15g，萸肉9g，茯苓9g，石韦9g，蝉衣9g，玄参9g，玉米须（煎汤代水）30g，乌梅炭（研粉吞）3g。7剂，水煎200ml，日服2次。

服上方后尿蛋白微量，继服21剂，尿蛋白消失，续服原方3月余巩固疗效，此后尿蛋白一直为阴性。

验案十二 梁某，男，28岁。工人，未婚，患有慢性肾炎5年。1982年初劳累后全身浮肿，尿蛋白（++++），入某院住院治疗，诊断慢性肾炎肾病型，经激素、环磷酰胺、利尿剂及五苓散、五皮饮等治疗后，浮肿消退未尽，尿蛋白仍在（++～+++），出院后于1982年4月16日来诊。当时每天服泼尼松40mg，尿蛋白（+++），颗粒管型（++），血胆固醇为11.65mmol/L，血压为150/96mmHg。其症见满月脸、面色灰暗、两颧红赤、夜寐不安、情绪激动等激素副作用，并见腰酸乏力、眩晕、耳鸣、口苦、尿黄而少。舌尖红、边有齿印、苔黄腻带灰，脉弦滑、重按无力。辨证属肝肾阴虚，内蕴湿热。治拟滋肝补肾，清利湿热。

处方：生地15g，生米仁15g，萸肉12g，山药12g，茯苓12g，泽泻9g，怀牛膝9g，女贞子9g，知母9g，玉米须（煎汤代水）30g，楤木10g，乌梅炭（研吞）3g。14剂，水煎200ml，日服2次。

服上方14剂后，尿蛋白降为（++），颗粒管型偶见，尿量增多，色微黄。再服14剂，泼尼松减为每天30mg，并逐渐减量，尿蛋白痕迹，精神好转，夜寐渐安，舌苔薄腻，脉弦细，原方去泽泻、生地，加黄芪15g，炙龟板10g。续服21剂后尿蛋白转为阴性，以后连续4周尿蛋白均为阴性。

验案十三 陈某，男，4岁。1985年10月6日初诊。肾病综合征激素治疗8个月余，咳嗽及尿蛋白增多1天。患儿为肾病综合征，面目四肢浮肿，腹大，昨起感冒咳嗽，尿蛋白（++～+++），食欲不振，激素治疗近8个月，现减量隔日服泼尼松10mg。近因感冒，尿蛋白增多，面色少华，舌质偏淡，苔薄白，脉细滑，拟补肾清肺并施。

处方：藿香9g，太子参6g，怀山药9g，连翘9g，茯苓皮9g，车前草9g，石韦9g，蝉衣5g，甘草5g，野菊9g。7剂，水煎200ml，日服2次。

10月15日复诊：外感咳嗽已愈，浮肿未退，尿蛋白（+），白细胞少许，胃纳好转。仍拟前法出入。

处方：太子参 6g，炒白术 6g，黄芪 9g，车前草 9g，石韦 9g，茯苓皮 9g，泽泻 6g，冬瓜皮 9g，连翘 6g，蝉衣 6g，玉米须（煎汤代水）30g。7 剂，水煎 200ml，日服 2 次。

验案十四 任某，男，4 岁。1974 年 7 月 11 日初诊。患儿面色萎黄，腹部膨大，胃纳不振，浮肿，腰痛，手足心热，尿量少，大便正常。儿童保健院诊断为肾病综合征。尿检：蛋白（+++），红细胞（+），脓球（++）。血压为 80/50mmHg。苔薄白，脉细涩。本证为脾虚不能制水，水湿困脾。拟健脾利水为主。

处方：茯苓皮 6g，大腹皮 6g，苍术 6g，冬瓜皮 9g，夏枯草 9g，野菊花 9g，车前草 9g，生米仁 12g，白茅根 15g，玉米须 30g。7 剂，水煎 200ml，日服 2 次。

7 月 18 日二诊：前方连服 7 剂后，腹部膨大已缩小，症状改善。尿检：蛋白阴性，红细胞 0～2 个 /HP。因患儿有肝大，予以前方加广郁金 6g，蒲公英 9g 以疏肝消肿。

按： 本例尿检有脓球，似难以用肾病综合征来解释。但以中医辨证，本例当为脾虚不制、湿困中焦，治以健脾利水。根据尿检脓球（++），又加用夏枯草、野菊花、车前草清热解毒，用 7 剂而取得良效。

验案十五 苏某，女，37 岁，职员。1974 年 5 月 17 日初诊。慢性肾炎已 10 余年，面黄腰酸，头晕乏力，下肢浮肿，胃纳一般，大便尚调。尿检：蛋白（+++）、红细胞少许、白细胞少许。舌苔薄白，脉象细软。本病系脾肾两虚，脾虚则生化之源不足，脾主四肢，虚则面黄肢乏，又因气不化水，导致下肢浮肿，肾虚则致腰酸头晕，摄纳无权，不能固精，尿蛋白（+++）。治宜脾肾双补为主。

处方：党参 9g，炒白术 9g，黄芪 9g，大熟地 12g，泽泻 9g，芡实 9g，茯苓皮 12g，楤木 12g，车前草 9g，乌梅炭（研冲）3g。5 剂，水煎 200ml，日服 2 次。

5 月 22 日二诊：浮肿已消退，一般情况好转，头晕腰酸减轻，尿检：蛋白（+）、红细胞 0～3 个 /HP、白细胞 1～4 个 /HP，舌苔薄、脉细软，按上方去车前草，加墨旱莲，继服 5 剂。

5 月 27 日三诊：胃纳转香，体力增加，头晕好转，腰酸已除，脉象如前，尿检：蛋白痕迹、红细胞、白细胞均消失，症状已见愈。处方以济生肾气丸继续服用，以资巩固疗效。

三、血尿

血尿是儿科泌尿系统疾病最常见的症状之一，引起血尿的病因很多，包括单纯性血尿、紫癜性肾炎、IgA肾病、乙肝病毒相关性肾炎等，属于中医学"尿血""血证"范畴。中医认为血尿多为下焦热盛所致，有虚实之分，实证宜清热化湿，凉血止血；虚证有中气下陷、气虚不摄之分，治宜补中益气，摄血止血。

【验案鉴赏】

徐某，女，5岁。1985年5月15日初诊。

主诉：反复血尿1年余。患儿3岁半时入幼儿园体检发现镜下血尿。自幼体质薄弱，经常感冒咳嗽，胃纳欠振，夜间偶有遗尿，睡前常尿频，经西医治疗无效来诊。诊时尿镜检红细胞（++），鼻流涕，咽红不痛，清晨咳嗽少痰，舌苔薄白根腻，脉细。此为肺阴不足，脾湿内困，治以清润养阴、健脾利湿。

处方：南沙参6g，北沙参6g，冬桑叶6g，玄参6g，白茅根30g，淡竹叶6g，茯苓9g，炒白芍6g，炒白术6g，藕节9g，车前草10g，玉米须30g。7剂，水煎200ml，日服2次。

5月22日复诊：服药后尿检红细胞（+），尿频已无，清晨咳嗽亦少，胃纳增加，前方加旱莲草9g，7剂。后又原方续服21剂。

6月21日三诊：尿检红细胞0～1个/HP，1个多月来未见感冒，胃纳欠振，大便正常，舌苔薄腻，脉细。素体脾肺两虚，治拟益肺健脾以善后。

处方：生黄芪6g，太子参9g，茯苓9g，炒白术6g，生甘草3g，陈皮5g，炒谷麦芽各9g，炒山楂6g，白茅根30g，玉米须30g。

月余而安，随访至今身体健康，每月检查小便一次均正常。

按：患儿血尿1年余，经西药及中药凉血止血之剂不效。经分析病史，四诊合参，辨证为肺脾两虚。肺阴不足，脾气虚弱，湿滞下焦，以南北沙参、冬桑叶、白茅根、淡竹叶、炒白芍等清养肺金；玉米须、茯苓、车前草淡渗利湿，炒白术健脾燥湿，仅以藕节、旱莲草止血。全方药物清淡和平，无碍胃气。连服月余，血尿渐止，因其肺阴充润，脾运得复，统摄有权，则下焦固矣。

四、紫癜

紫癜，又称为"葡萄疫""肌衄"，表现为皮肤紫红色瘀点、瘀斑，压之不褪色。本病包括西医的过敏性紫癜和免疫性血小板减少症。过敏性紫癜的血小板计数正常甚至升高，出血和凝血时间正常，血块退缩试验正常；紫癜多见于下肢伸侧、关节周围及臀部，呈两侧对称，高于皮肤表面，压之不褪色；可伴有腹痛、呕吐、便血、关节肿痛、血尿、蛋白尿。免疫性血小板减少症血小板计数往往减少，出血时间延长，凝血时间正常，血块退缩不良；紫癜多见于四肢，压之褪色；可伴有鼻衄、齿衄、血尿甚至颅内出血。

（一）病因病机再认识

马老认为本病病因大致可分为三类：一为感受风热或湿热之邪；二为脏腑气血亏损，主要为脾虚不能摄血；三为热毒内伏伤阴化热动血。当机体抵抗力减弱时，忽感风热之邪或湿热之邪，外邪与气血相搏，伤及脉络，血溢于肌肤而出现紫癜。感受湿热之邪为主者可使疾病反复发作，迁延日久。若是热毒内伏，以致化火动血，迫血妄行，灼伤脉络，溢出肌肤发为紫癜；上壅清道，血随火升，从清窍而出则鼻衄；热毒内盛，灼伤脾胃血络则可吐血、便血；或下注肾与膀胱，灼伤膀胱血络则见尿血。急性起病者可伴有面赤烦躁、发热口渴、舌红、脉象滑数等症。若热邪盛，血热内伤心神，可见烦躁不安、神志昏迷；若失血过多，可见面色惨白，大汗淋漓，四肢厥冷等虚脱之症。若疾病反复发作，脏腑气血亏损，致脾不统血或阴虚火旺均可发生紫癜。疾病的早期属热属实为多，疾病迁延、反复发作属气虚、阴虚为多，实证和虚证虽各有不同的病因病理，但在疾病发展过程中是可以转化的。

（二）常用经验方

1. 银翘败毒散加减

（1）组成：黑荆芥、炒防风、牛蒡子、银花、连翘、丹皮、赤芍、生地、蝉衣。

（2）功效：疏风清热，凉血止血。

（3）主治：风热型紫癜。其症见发热微恶寒，面部微浮，紫癜下肢为甚，伴有痒感，舌苔薄黄，脉浮数，可伴有关节肿痛或腹痛便血。

（4）加减：若皮肤瘙痒甚者酌加地肤子、赤小豆等；若伴有关节肿痛酌加防己、车前子等；若腹痛便血酌加地榆炭、广木香等。

【验案鉴赏】

姚某，男，2岁，1975年4月2日初诊。患儿近3日发热咳嗽，最高体温为39.5℃，下肢紫斑较多，伴有鼻衄，舌苔薄黄，指纹紫。血小板计数为$22×10^9/L$。治宜疏风清热、凉血止血。

处方：冬桑叶6g，甘菊6g，连翘6g，焦山栀6g，丹皮6g，蝉衣3g，金银花9g，大力子9g，鲜芦根30g。3剂，水煎200ml，日服2次。

4月5日二诊：发热渐退，体温38℃，下肢紫斑减少，略有鼻衄，咳嗽亦轻，面色不华，舌质红苔薄，指纹紫。血小板计数为$55×10^9/L$。

处方：银花6g，连翘6g，生白芍6g，紫草6g，大生地15g，牡蛎12g，丹皮3g，红枣5枚。3剂，水煎200ml，日服2次。

4月8日三诊：发热咳嗽已无，鼻衄亦止，未见新的紫斑，面色转华，胃纳欠佳，苔薄质淡红，指纹淡红。血小板计数为$80×10^9/L$，治宜扶脾助运。

处方：太子参15g，羊蹄根15g，焦白术10g，仙鹤草10g，谷麦芽各10g，炒白芍6g，炙甘草3g，红枣10枚。7剂，水煎200ml，日服2次。

4月15日四诊：患儿面色已华，食欲亦佳，舌苔薄润。血小板计数上升至$120×10^9/L$。拟用归脾汤加减巩固治疗数月。随诊得知以后血小板数目一直正常。

2. 导赤散加减

（1）组成：生地、竹叶、木通、滑石（包）、白茅根、黄柏。

（2）功效：清热化湿。

（3）主治：湿热型紫癜。证见紫癜以四肢为多，肢酸乏力，小便色赤而短，舌苔薄腻或微黄。

（4）加减：若湿热渐清，紫癜消失，唯有镜检血尿，可选用生地黄、鲜茅根、大小蓟、茯苓、旱莲草、藕节炭、连翘、淡豆豉等凉血止血药；若病久脾气已虚，见面黄、乏力等症，宜扶脾止血，可选用孩儿参、白术、怀山药、荠菜花、仙鹤草、红枣。

3. 犀角地黄汤加减

（1）组成：犀角（水牛角代）、生地、白芍、丹皮、玄参、黄阿胶、紫草。

（2）功效：清热凉血解毒。

（3）主治：热毒型紫癜。证见发病急骤，壮热不退，皮肤瘀点或瘀斑成片，颜色深紫，可伴有衄血，尿血，腹痛、便血，面赤心烦，舌质红，苔黄腻，脉滑数。

（4）加减：热重酌加银花、连翘；鼻衄加鲜茅根、柏侧叶；腹痛便血酌加蒲黄炭、煨木香、地榆炭、荆芥炭；血尿酌加大小蓟、旱莲草；如兼见口渴喜冷饮，脉洪大者属胃热亢盛，可加用白虎汤；如见烦躁便秘，舌苔黄燥，脉沉实者属阳明腑实证，可选用生大黄、黄连、黄芩之辈。

【验案鉴赏】

验案一 赵某，男，4岁半，1969年3月12日初诊。

主诉：皮肤紫斑伴便血2天。患者2天前出现下肢暗红褐色紫斑，腹痛剧烈，呈阵发性发作，大便下血，外院诊断过敏性紫癜。患儿卧床不能转动，不能进食，病情危急，医院要施腹内手术止血，家属要求中医协同治疗。舌苔中黄边白，脉沉弱无力。

处方：阿胶（烊冲）9g，丹参9g，生白芍9g，白及9g，蒲黄炭（包）9g，五灵脂9g，生地黄12g，侧柏炭12g，地榆炭12g，紫草15g，赤小豆30g，白茅根30g，牡蛎（先煎）90g。3剂，水煎200ml，日服2次。

3月15日二诊：上方服后，腹痛已止，大便下血减少，紫斑已消失，病情好转，能进半流质饮食。仍以上方去五灵脂、蒲黄炭、白茅根，加党参、白术、怀山药，连服10余剂治愈。

按：患儿患过敏性紫癜，表现为双下肢暗红色紫斑伴腹痛、便血等消化症状，病情危重，腹痛剧烈而阵发又见舌苔中黄边白，属热证。又因失血过多，气虚血弱，故脉沉弱无力。急投凉血止血之剂，马老选用犀角地黄汤加减凉血安络，又添加蒲黄炭、五灵脂、地榆炭、侧柏炭等药以助止血。二诊时患儿便血减少，紫斑消失，故减少止血药物，改用党参、白术、怀山药以健脾益气，以达到摄血止血的目的。

验案二 诸某，女，12岁，1973年6月14日初诊。患儿形体壮实，面色红润，两下肢满布紫色瘀点、瘀斑，食欲尚佳，尿如浓茶，尿检：红细胞（++++），大便每日1次，舌苔薄黄，脉象弦数。西医诊断为过敏性紫癜并发肾炎。此属风热之邪与气血相搏，邪留血分，脉络被血热所伤，血不循经，故见紫癜、血尿。治宜清热凉血止血。

处方：鲜生地 15g，丹皮 6g，紫草 10g，大蓟 10g，小蓟 10g，白茅根 30g，连翘 10g，红枣 30g，生米仁 10g，赤小豆 30g。5 剂，水煎 200ml，日服 2 次。

6 月 21 日二诊：服药 5 剂，紫癜已逐渐消退，未见新斑出现，尿检：蛋白（+）、红细胞（++），一般情况尚佳，拟原方化裁。

处方：细生地 15g，白茅根 30g，连翘 10g，旱莲草 12g，乌梅炭 6g，荠菜花 12g，猪苓 10g，泽泻 10g，阿胶（烊冲）10g。5 剂，水煎 200ml，日服 2 次。

6 月 26 日三诊：服药 5 剂，诸症好转，紫癜消失。尿检：红细胞 6～7 个 /HP、蛋白微量，以原方继服 3 剂。

7 月 4 日四诊：紫癜未再发作，尿检：红细胞（+）、蛋白（+）。拟前方加减出入。

处方：生地 10g，白茅根 30g，大蓟 10g，小蓟 10g，藕节炭 10g，泽泻 10g，野山楂 10g，茯苓 10g，荠菜花 12g，旱莲草 12g。7 剂，水煎 200ml，日服 2 次。

7 月 12 日五诊：服药 7 剂，胃纳佳，舌苔薄，脉缓。尿检：蛋白微量、红细胞 5～7 个 /HP。拟前方继服 7 剂。

7 月 20 日六诊：食欲旺盛，紫癜未复发，尿检：蛋白痕迹、红细胞 3～5 个 /HP，舌苔薄，脉缓和。拟服成药知柏地黄丸每日早晚各服 6g，连服 1 个月后尿蛋白（-），红细胞（-），随访 10 个月，小便正常，紫癜未复发。

按： 本例为紫癜并发肾炎。紫癜系风热邪气与气血相搏，邪留血分，脉络被血热所伤，血不循经而致。故治以清热凉血止血为主，方用荆防败毒散加减。用生地、丹皮、连翘清血分实热；紫草、大小蓟、白茅根等均有凉血止血之效；赤小豆、生米仁淡渗利尿；红枣补血以止血。诸药相合，恰中病情，五诊基本痊愈，改用知柏地黄丸养阴补肾善后。

4. 归脾汤加减

（1）组成：潞党参、炒白术、熟地、炙黄芪、当归、炒白芍、旱莲草、甘草。

（2）功效：补气摄血。

（3）主治：气血亏损型紫癜。证见紫癜反复发作，瘀点或瘀斑色较淡，病程较长，面色不华，神疲乏力，头晕心悸，或腹隐痛，大便隐血试验阳性，唇舌淡红，脉象细软。

（4）加减：若有血尿者加阿胶、乌梅炭、血余炭；若便血者酌加煨木香、地榆炭，重者酌加云南白药；如病程日久，紫斑色淡，面色㿠白，肢冷便溏，舌质淡胖，脉沉细无力者，为脾肾虚寒，酌加肉苁蓉、附子等温肾之药。

【验案鉴赏】

宋某，女，15岁，1978年3月21日初诊。血小板计数为$16×10^9$/L。面色萎黄，形体瘦弱，近来下肢紫斑多处出现，有鼻衄，胃纳不振，舌苔薄白，脉细软。拟健脾补血，益气摄血。

处方：炒白术9g，炒白芍9g，生熟地9g，茯苓9g，仙鹤草9g，阿胶9g，当归9g，黄肉9g，川芎6g，炙甘草6g，党参12g。7剂，水煎200ml，日服2次。

4月5日二诊：上方服后，血小板计数升至$24×10^9$/L，仍有紫斑出现，脉舌如前，仍拟健脾补气摄血为主。

处方：潞党参12g，山药12g，丹参12g，仙鹤草12g，生熟地各9g，炒白芍9g，黄肉9g，白术9g，当归9g，龟甲胶（后下）9g，甘草6g。7剂，水煎200ml，日服2次。

4月14日三诊：血小板计数为$45×10^9$/L，下肢紫斑已消退，食欲增，舌苔薄黄，脉象细滑，仍宗前法。

处方：潞党参12g，丹参12g，生苡仁12g，炒怀山药12g，生熟地各9g，炒白术9g，茯苓9g，黄肉9g，炒白芍9g，当归9g，仙鹤草各9g，炙甘草6g，红枣30g。3剂，水煎200ml，日服2次。

5月16日四诊：紫癜及鼻衄均未出现，精神面色均见好转，苔薄，脉细滑。血小板计数为$46×10^9$/L。仍宗前法。

处方：炒白术9g，当归9g，丹参9g，怀山药9g，生地9g，紫草9g，旱莲草9g，仙鹤草12g，炙甘草6g，红枣30g。7剂。水煎200ml，日服2次。

服7剂后，血小板计数升至$60×10^9$/L，诸症消失，仍宗原法巩固治疗。

5. 大补阴丸加减

（1）组成：生地、熟地、制首乌、知母、龟板、麦冬、茜草炭、黄柏、阿胶。

（2）功效：滋阴降火，凉血止血。

（3）主治：阴虚火旺型紫癜。其症见患儿皮肤紫癜时发时止，伴头晕耳鸣、低热盗汗、手足心热、颧红、舌红少津、脉细数。

（4）加减：盗汗酌加牡蛎、红枣；低热、手足心热者酌加地骨皮、茵陈、胡黄连、银柴胡、炙鳖甲；头晕重者酌加珍珠母、熟女贞、旱莲草。

6. 失笑散合犀角地黄汤加减

（1）组成：蒲黄炭、五灵脂、生地、芍药、丹皮。

（2）功效：活血化瘀，凉血止痛。

（3）主治：气滞血瘀型紫癜。其症见紫癜色暗紫，腹痛剧烈，恶心呕吐或关节肿痛，舌有瘀点，脉弦细。

（4）加减：腹痛剧烈者酌加炙乳香、没药；关节肿痛酌加牛膝、防己。本症出血后，瘀血内阻，症见瘀斑或血肿严重，舌色瘀紫，且出血难止者，可选用三七粉或云南白药或酌加桃仁、红花等活血祛瘀之品。

五、汗证

汗证是指小儿在正常环境中及安静状态下，周身或局部无故出汗过多，甚则大汗淋漓的一种病证。小儿体属纯阳，加之肌肤薄，藩篱疏，阳气易于蒸腾，故在入睡、吮乳或嬉戏时常有微汗出，此为生理。若汗出过多则为病理。小儿的汗证较成人多，特别是 2～6 岁体质虚弱的儿童更为多见，多是由于小儿脏腑气血失调，卫阳不能外固，营阴不能内守而致的内伤出汗。临床所见汗证，亦需考虑温热病、亡阳等其他疾病引起的出汗。

汗证分为自汗、盗汗。不分寤寐，无故出汗者为自汗；睡中出汗、醒时汗止者为盗汗。马老认为小儿自汗的病因有卫虚不固、营卫失和、肝阴不足。盗汗的病因有气阴两虚（尤其是心肺气阴不足）、阴虚火旺。本病病机关键在于阴阳失调，腠理开阖失司。马老认为本病治疗当调整阴阳，以平为期，不能见汗止汗，亦不能拘泥"阳虚自汗""阴虚盗汗"之说，当明其证审其因而施治。

（一）自汗

1. 肺脾两虚

（1）病机：小儿自汗主要是卫虚不固。卫气是人体阳气的一部分，无论何脏虚弱均可导致卫气虚弱，临床最常见的是肺脾气虚。

（2）辨证：肺气虚则患儿面色㿠白，鼻梁青筋显露，气短懒言，咳嗽无力。脾胃虚损则患儿面色萎黄，神疲乏力，纳少便溏。

（3）治疗：肺气虚为主者当益气固卫，马老常用生脉散合玉屏风散使肺卫两固。脾胃虚损者当益气固表，马老常用异功散合玉屏风散或黄芪建中汤温中益气固表。肺气得充，脾运得健，卫阳自固，汗自止。

2. 营卫失和

（1）病机：小儿急慢性疾病后，病邪虽去，正元未复而导致营卫失和，卫气不能外固，营阴不能内守，津液无以固敛而自汗出。

（2）辨证：营卫失和则患儿汗出周身，微恶风畏风，精神疲乏，胃纳不振，舌苔薄润，脉缓。本证多见于小儿因外感高热不退，过用发汗药，热虽退而汗不止。

（3）治疗：营卫不和者当调和营卫，马老常用黄芪桂枝五物汤加浮小麦、煅牡蛎，使卫固营守，营卫得和而自汗止。

3. 脾胃积热

（1）病机：小儿脾胃薄弱，饮食不知自节，若过食肥甘厚味，积滞不化，郁而发热，积热蒸腾迫津外泄而自汗不已。

（2）辨证：脾胃积热则患儿自汗以四肢、头额为多，并兼见口臭纳呆，脘腹不舒，口渴欲饮而饮不多，大便或溏或秘，粗糙气秽，舌苔薄黄或黄腻，脉滑或指纹紫滞。

（3）治疗：脾胃积热当消积导滞为先。马老常用保和丸加减，积去热清，运化得健，脾胃调和，自汗亦止。

4. 肝阴不足

（1）病机：张介宾《景岳全书·汗论》指出："自汗亦有阴虚。"小儿纯阳之体，肝常有余。肝主疏泄，体阴而用阳。临床见素体脾虚肝旺之小儿或患热病后肝阴不足，肝阳偏亢，疏泄太过而自汗不已。

（2）辨证：肝阴不足则少眠易惊，夜寐啼哭，两目多眵，大便干燥，舌红苔少或花剥。

（3）治疗：肝阴不足当益阴柔肝敛汗，马老常用一贯煎加减。

（二）盗汗

1. 气阴两虚

（1）病机：小儿气阴两虚，尤其是心肺气阴不足，肺主气而属卫，心主血而属营，气虚不能敛阴，营阴难以自守，寐时卫气入里，阳加于阴，阴液被扰而外泄。

（2）辨证：盗汗伴自汗，形体消瘦，萎靡不振，嗜睡不易叫醒，唇红咽干，舌淡红苔少或剥，脉细数，指纹偏淡。

（3）治疗：益气养阴，方用生脉散加黄芪、柏子仁、浮小麦、煅牡蛎等。

2. 阴虚火旺

（1）病机：小儿素体阴虚，热病后更伤阴液，或久服温补致阴液亏损，三焦火旺。

（2）辨证：盗汗而颧红，烦躁易怒，夜寐不宁，唇燥口干，舌尖红起刺，苔光或剥，脉数等营阴不足，虚火上炎之象。

（3）治疗：治当大补阴液，通泻三焦虚火，选东垣当归六黄汤。

3. 阳虚盗汗

（1）病机：阳虚之体，卫气亦弱，寐时卫气入于里，则卫表更虚，腠理开而营液外泄，醒时卫气出于表，腠理阖，汗液即收。

（2）辨证：小儿夜间盗汗，面色㿠白，神疲乏力，便溏尿清，形寒怕冷，舌淡苔润，脉细弱或指纹淡。

（3）治疗：常选用参附龙牡汤加浮小麦。

（三）常用经验方

龙牡敛汗汤

（1）组成：生黄芪9g，炒白术6g，怀山药9g，生甘草4g，浮小麦9g，稽豆衣9g，糯稻根9g，瘪桃干9g，煅龙牡各9g。

（2）功效：益气养阴，固涩敛汗。

（3）主治：小儿自汗盗汗。

（4）方义：小儿为稚阴稚阳之体，肺常虚，卫外不固，脾常不足，中焦失司，脾肺气虚则多汗，故用黄芪、白术、怀山药、生甘草补益脾肺之气；汗为心之液，配以浮小麦、稽豆衣、瘪桃干、糯稻根、煅龙牡养心敛汗，全方共奏益气养阴、固涩敛汗之功。

（5）运用法度

1）用法：上方加水浸泡 30 分钟后煎煮，沸腾后煎煮 30 分钟左右得药液 100ml 左右，每剂煎 2 次，1 天服完，饭前或饭后 1 小时服。

2）本方适用于小儿气阴两虚之自汗盗汗，临床检查无器质性病变之功能性出汗。面色少华，舌苔薄净，脉细为辨证要点。

3）本方从小儿生理病理出发，以心、肺、脾立论治汗，不仅能益气养阴止汗，且心、肺、脾一同调补，能增强体质、预防感冒，对轻中度佝偻病患儿，见多汗者也颇适合。胃纳不思可酌加乌梅酸甘化阴，开胃进食，苔白腻者去瘪桃干加米仁。

【验案鉴赏】

盛某，男，5 岁，1989 年 11 月 25 日初诊。夜寐盗汗 3 个月余，每夜换内衣 1 次，面色少华，易反复感冒，胃纳欠振，曾服中药有好转，但停药又如故，舌质淡红，苔薄白，脉细弦。此脾肺两虚，气阴不足，治宜益气养阴敛汗。

处方：生黄芪 9g，炒白术 6g，怀山药 9g，生甘草 4g，浮小麦 9g，稆豆衣 9g，糯稻根 9g，瘪桃干 9g，煅龙牡各 9g。7 剂，水煎 200ml，日服 2 次。

7 剂则汗止，再服 7 剂停药后未再出汗，胃纳正常，面色好转，告愈。

第三节　妙手回春治顽疾

马老医术高明又勤于学习钻研，对许多疑难杂症或顽疾的中医治疗有独特的见解，常被其他医院邀去会诊，临床往往验之。

一、百日咳

百日咳，古称"顿咳""天哮呛""疫咳"等，是由于感染百日咳杆菌引起的急性呼吸道传染病。临床以阵发性痉挛性咳嗽，咳嗽终止时伴有鸡鸣样吸气吼声为特征，持续 2～3 个月。对于有明确咳嗽患者接触史、出现阵发性咳嗽、外周血白细胞升高并以淋巴细胞升高为主的新生儿需警惕百日咳可能。小儿出生后接种百白破三联疫苗可帮助预防本病。

马老治疗本病的经验方如下。

顿咳百龙汤

（1）组成：炙百部 9g，广地龙 6g，南北沙参各 6g，天麦冬各 6g，瓜蒌皮 6g，鹅不食草 6g，炙紫菀 6g，化橘红 6g，浙贝母 9g，姜竹茹 6g。

（2）功效：清润化痰，降逆镇咳。

（3）主治：百日咳痉咳期。以阵发性痉挛性咳嗽，咳必伴呕吐及鸡鸣样回声，舌质红苔黄燥或少苔为辨证要点。

（4）方义：百日咳痉咳期，痰火互结，不仅气机升降受阻，而且肺阴日渐暗耗，本方中炙百部、天麦冬、南北沙参养阴润肺、止咳化痰，地龙性寒味咸，清热解痉、镇咳化痰；瓜蒌皮、浙贝清肺化痰；炙紫菀止咳化痰。痰随气而升降，气壅则痰聚，气顺则痰消，方中鹅不食草宣畅肺窍，化橘红降逆化痰，姜竹茹和胃降逆，三者合用气顺痰消，此所谓"善治痰者，不治痰而治气，气顺则一身津液亦随气而顺矣"。

（5）运用法度

1）用法：每日 1 剂，煎取头汁、二汁，和匀成 150～200ml 药液，分 4～5 次服。

2）本方用于百日咳痉咳期，痰火胶结，肺阴暗耗。

3）加减：痉咳而伴气逆较甚加炙桑白皮、炒葶苈子泻肺涤痰；呕吐较剧加代赭石降逆和胃；咳甚目睛出血、鼻衄者加生地、生山栀、白茅根养阴凉血清肝；痉咳后期咳而有痰，黏稠不易咳出者，加竹沥半夏、天竺黄清肺化痰。

（6）临床应用：马老根据本方治疗百日咳有完整记录的病案 87 例，服药 3 日后痉咳缓解（痉咳次数及时间减少 2/3 以上）6 例，服药 7 日后痉咳缓解 21 例，10 日后缓解 27 例，14 日后缓解 21 例，17 日后缓解 12 例。经治疗 14 日后痊愈者（咳嗽停止，血象恢复正常）47 例，显效（痉咳次数减少 2/3 以上，但痉咳时间仍较长）者 28 例，好转（痉咳缓解）12 例，有效率为 100%。

【验案鉴赏】

吴某，男，3 岁。1979 年 10 月 26 日初诊。咳嗽不爽 1 月余，近 1 周来加剧，日夜阵咳 7～8 次，咳毕有鸡鸣样回声，面红口干，烦躁不安，眼睑浮肿，巩膜出血，昨日见鼻衄 2 次，舌质红，苔黄，指纹色紫。拟清热润肺，化痰降逆。

处方：百部 9g，天冬 9g，麦冬 9g，浙贝 9g，车前草 9g，白茅根 9g，地龙 6g，炙紫菀 6g，鹅不食草 6g，姜竹茹 6g，橘红 6g，生山栀 6g。7 剂，水煎 200ml，分 4 ～ 5 次服。

二诊：白天痉咳已止，夜间减至 2 ～ 3 次，阵咳时间缩短，痰黏稠，不易咳出，巩膜出血减轻，鼻衄未见，烦躁亦减，舌质红，苔薄黄。

前方去生山栀，加南沙参、竹沥、半夏、生地各 6g，又服 7 剂，痉咳缓解。

按：患儿系百日咳痉咳期，咳久损伤肺络，鼻衄及巩膜出血，用顿咳百龙汤去南沙参、瓜蒌皮，加白茅根凉血止血，生山栀清热止血。患儿兼有烦躁不安，面红口干等肝火偏旺之证，用生山栀既能止血又能清肝。生山栀苦寒虽能清肝止血，但苦又能助燥劫津，7 剂后鼻衄未见，烦躁已减，故去之。加用生地、南沙参滋阴润肺止咳，竹沥半夏清热祛痰，前后 14 剂，月余诸恙得除。

二、便秘

便秘是指粪便干燥坚硬，秘结不通，排便周期延长，或虽有便意，但排出不畅的一种病症。便秘可发生于任何年龄，由于排便不畅，部分患儿可出现食欲不振，睡眠不安，或出现肛裂、脱肛、痔疮。本病相当于西医学的"功能性便秘"。

【验案鉴赏】

吴某，男，7 岁，1982 年 3 月 11 日初诊。主诉：便秘 2 年。患儿 5 岁时急性阑尾炎手术后大便失调，经常 1 周不通，开塞露导下方解，以致腹痛反复，近 1 周来腹痛阵作，大便未行，呕吐不食，急诊导大便而量不多，仍腹痛腹胀，进食即吐，西医诊断为"肠梗阻"，需手术治疗。家长害怕手术，慕名前来马老处诊治。诊时面色青灰，四末不温，腹按之胀满而实，舌质淡胖有齿印，苔白腻而润。此 2 年前手术后气血亏损，久病伤阳，阳虚寒实里结，急宜温之、通之。急投温脾汤加减。

处方：淡附块 3g，炮姜 3g，当归 6g，党参 9g，生大黄（后下）4.5g，玄明粉（冲）6g，肉桂粉（冲）1.5g，厚朴 6g，清甘草 3g。2 剂，水煎 200ml，日服 2 次。

二诊：1 剂后便下，量不多，腹痛稍减，呕吐渐平。2 剂后大便通利 3 次，不吐，进少量稀粥，面色好转。继以益气健脾，温阳助运调理月余，便秘彻底治愈。

按：本例患儿术后便秘 2 年而成肠梗阻。其腹痛肢冷，面色青灰为辨证

浙江中医临床名家·马莲湘

要点，从气虚阳虚，寒实里结立法，温脾汤加味，效若桴鼓。

三、麻疹合并肺炎

麻疹是感受麻疹时邪引起的急性出疹性时行疾病，以发热、咳嗽、流涕、目赤胞肿、眼泪汪汪、口腔黏膜出现麻疹黏膜斑、周身布发红色斑丘疹为主要临床特征。本病传染性很强，人群普遍易感，发病以6个月～5岁小儿多见，以冬春季多见，常易引起流行。我国普及麻疹减毒活疫苗预防接种后，麻疹发病率明显下降。麻疹若能及时治疗，合理调护，则预后良好，但麻疹重症可合并肺炎、脑炎、喉炎，病情危重可危及生命。

【验案鉴赏】

1959年4月12日马老应邀至杭州某院会诊。吕某，男，18个月。麻疹回疹后5天，出疹时四肢末端未出透，收回又太速，以致疹毒内陷，症见身热不退、咳嗽、气促、痰鸣、鼻翼煽动、哭亦无泪、目呆如停，已用过青霉素、红霉素、地塞米松、金霉素、尼可刹米等，病情仍危急。舌质红绛，苔干燥，脉滑数，指纹青紫透命关。拟麻杏石甘汤加减。

处方：生麻黄3g，杏仁6g，生石膏（先煎）30g，生甘草4g，银花9g，连翘9g，天竺黄6g，炒葶苈子（包煎）6g，玄参6g，1剂。另予万氏牛黄清心丸2粒，早晚各1粒吞服。

4月13日下午二诊：药后病势减轻，指纹由命关退至气关，面红仍有鼻煽，哭无泪，项稍强，大便泻下4次，质黏稠，苔薄黄，脉滑数，仍以清肺解毒为主。

处方：炙麻黄6g，生石膏（先煎）30g，杏仁6g，生甘草4g，银花9g，天竺黄6g，炒葶苈子（包煎）6g，僵蚕6g，石决明（先煎）20g，1剂。另予万氏牛黄清心丸2粒，早晚各1粒吞服。

4月14日上午三诊：今日精神转活泼，面色转常，鼻煽已无，指纹隐至气关，大便日3次，项强已软，已脱险境，舌苔薄，脉数。

予前方去石决明加麦冬，停服万氏牛黄清心丸，2剂。

4月17日上午四诊：精神活泼，诸症已瘥，舌苔白腻，脉滑细。西医检查示体温正常，两肺透视清晰，血白细胞偏高。治拟清肺养阴，清解余毒。

处方：银花9g，连翘9g，玄参6g，麦冬6g，粉沙参6g，杏仁6g，生甘草3g，瓜蒌皮6g，桑白皮6g，川贝粉（分吞）2g，2剂。

服药2剂后痊愈出院。

按：患儿因出疹未达四末，收没又太速，致麻毒不得外泄，内闭于肺而合并肺炎。肺络郁闭，清肃失司，故咳喘气促痰鸣鼻煽；热盛化火入营，火灼津亏，故哭亦无泪，舌红绛，苔干燥，目呆视，病情危笃。但时值麻疹回疹后 5 天，故治疗不宜再透疹。肺闭是疾病的主要矛盾，马老当机立断用清热解毒、泻肺豁痰为法以宣开肺气之郁闭。麻黄、石膏与葶苈子、天竺黄配伍应用，一宣一降，促使肺气通畅为关键所在，且麻黄用量为石膏的 1/10，取小量麻黄开肺平喘，辛寒大于辛温，使之仍不失辛凉宣肺，清热豁痰之效。特别是加用万氏牛黄清心丸，不必拘泥热入心包，但见热痰俱盛便可及早投入。药后患儿大便泻下黏稠 4 次为肺移热于大肠，内陷之麻毒得以下泄，热毒清，泻自止，喘递亦平。

四、慢性非特异性淋巴细胞增多症

慢性非特异性淋巴细胞增多症又称小儿低热综合征，低热多发生于上呼吸道感染以后，体检常发现咽部充血、扁桃体肿大、颈部淋巴结轻度肿大，心肺多无殊，白细胞总数正常或偏低，淋巴细胞占 60%～80%。抗生素治疗多无效。

本病中医学属"湿温病"范畴。马老认为其外因为感受湿热之邪，内因为脾虚湿困，病机关键为湿遏热伏。治疗当以芳化清利之品舒畅三焦气机，使湿热之邪从上中下分消，中州斡旋则低热可除。常用方有藿朴夏苓汤、三仁汤、连朴饮等。

【**验案鉴赏**】

郭某，男，6 岁，1991 年 10 月 17 日初诊。

主诉：低热 36 天。

现病史：患儿自 1991 年 9 月 2 日起发热，体温为 39.8℃，伴咽痛、咳嗽，西医诊断上呼吸道感染，治疗 1 周后诸证好转，但低热至今未尽。早晨体温正常，中午 12 时至下午 4 时许，体温在 37.6～38.1℃，不咳，无恶心，无吐泻，抽搐，夜不盗汗，以低热待查入院治疗。入院体检：体温为 37.9℃，脉搏为 98 次/分，呼吸为 34 次/分，血压为 12.0/7.8kPa，神志清醒，面色萎黄，呼吸平稳，咽红，扁桃体Ⅱ°肿大，枕骨后颈部及腹股沟各有 2 个淋巴结如绿豆大，活动无压痛，两肺呼吸音清，心律齐、无杂音，腹软、肝脾肋下未触及，神经系统无异。实验室检查：血常规示血红蛋白为 10.2g/dl、白细胞计数为 6.6g/L、淋巴细胞占比 73%、中性粒细胞占比 27%，二便无殊，肝肾功能正常，乙肝三系阴性，红细胞沉降率为 7mm/h，抗 "O" 为 256U，CRP（-）、PPD、OT 试验均为阴性，肥达反应阴性，胸部 X 线检查正常，血培养为阴性。家长拒进行骨髓检查。住院期间主要给予青霉素钠针，共 16 天，体温仍在 37.4～37.7℃，予以出院。

刻下患儿低热 36 天，午后为甚，体温为 37.4～37.7℃，时有干咳，面黄形瘦，神疲乏力，烦躁易怒，胸闷喜叹息，脘胀不舒，胃纳不思，常诉腹痛，大便偏干，小便量少色浑，舌苔白厚腻，脉濡数。

根据病史及四诊分析，辨证为湿热蕴伏，食滞中焦。治拟芳化清利，健脾运滞。

处方：藿香 6g，杏仁 6g，炒米仁 12g，蔻仁（后下）3g，滑石（包煎）9g，淡竹叶 9g，泽泻 6g，茯苓 9g，姜半夏 9g，通草 3g，炙内金 6g，淡豆豉 6g。7 剂，水煎 200ml，日服 2 次。

上方加减服药 21 剂，低热净，胃纳开。

按：患儿受凉后感受外邪，经西药治疗感冒好转而低热未净，经检查除血淋巴细胞偏高外无其他阳性体征，诊断为慢性非特异性淋巴细胞增多症。追溯病史，患儿素体脾虚，长期胃纳欠振，入夏后贪凉饮冷更伤脾胃，至秋凉后脾运难复，湿蕴食滞不化，复加外感，湿食化热，湿热蕴结则低热旷久。其内因、主因为脾湿，湿不去则热难尽，故不能因发热而重剂解表伤卫阳，也不能一味苦寒清里更伤脾阳，只宜选用轻灵活泼之品，以芳化清利的藿朴夏苓汤合三仁汤加减，使三焦气机宣畅，湿热之邪从上中下分消，中州斡旋则低热自除。

五、病毒性心肌炎后遗之期前收缩

期前收缩是病毒性心肌炎较常见的后遗症之一，马老在治疗中体会到气血不足是期前收缩的关键。小儿脏腑本属娇嫩，气血阴阳未臻完善，感邪后更趋不足，日久气虚不运，血虚不濡，气血亏损，心脉失养而出现心悸、胸闷、乏力、脉结代等一系列症状与脉象。病毒性心肌炎之后的期前收缩往往病程较长，应鼓励患儿及家长树立信心，积极配合，坚持治疗，多能获得康复。

益气养血是本病的基本治则。党参、黄芪、当归、万年青、丹参、五味子等为常用之品，它们多具有调节机体免疫功能的作用，实验及实践均证明参、芪等补气药具有改善心脏左心室功能，增加心肌血流量，降低心肌耗氧量，提高供氧量的作用。其中丹参、当归等养血活血药具有扩张冠状动脉、改善血供的作用。生脉散、万年青等有明显强心作用。在辨病过程中再针对脏腑之虚弱，病邪之轻重予以辨证治疗，如肺卫不足者佐以固卫，脾虚者佐以健脾，外邪者当先攘邪，痰湿者先予芳化，最终仍以益气养血法收功。

【验案鉴赏】

验案一　郭某，女，7岁，1978年7月13日初诊。病毒性心肌炎后9个月，心电图检查频发室性期前收缩。患儿面色㿠白，自汗，神疲乏力，夜寐不宁，近日外感，身微热，咳嗽不爽，心悸胸闷，T：37.8℃，咽红疼痛，乳蛾肿大，期前收缩较多，11次/分，舌质偏淡，凸苔薄白腻，脉数而结代少力。实验室检查：白细胞计数为$4.7×10^9/L$，中性粒细胞为69%，淋巴细胞为30%，嗜酸性粒细胞为10%，血红蛋白为8.5g/dl。西医诊断：病毒性心肌炎后遗症伴上呼吸道感染。中医辨证：心肺气虚为本，外感风热为标。治拟疏散风热为先。

处方：银花6g，连翘6g，炒牛蒡子6g，蝉衣3g，薄荷4.5g，淡豆豉6g，丹参9g，前胡5g，化橘红5g，杏仁6g，鲜荷叶9g。3剂，水煎200ml，日服2次。

复诊：3剂后身热已净，咳嗽亦瘥，咽红痛已除，但心悸胸闷、期前收缩未减，面神疲惫，自汗频频，纳呆，舌质偏淡，苔薄白腻，脉细结代无力。

此乃外邪已除，心肺气虚，心血不足故也。治拟益气养血，补肺固卫。

处方：生黄芪9g，炒白术9g，防风5g，党参9g，当归6g，丹参9g，炙甘草6g，炒白芍6g，大枣5枚，煅龙骨15g，万年青9g。7剂，水煎200ml，日服2次。

7剂后精神好转，胃纳渐增，期前收缩减至每分钟3～4次，心悸胸闷亦瘥，前方加减继服21剂后期前收缩消失，心电图恢复正常，面色好转，血红蛋白上升为10.5g/dl。后一直随访，期前收缩未再出现。

按：患儿病毒性感冒后致心肌炎后遗有期前收缩已有9个月。"心主身之血脉""肺主一身之气""气主煦之""血主濡之"，心肺气虚为病之本。患儿平日自汗，反复感冒，可知其肺气素虚，卫表不固；心悸胸闷，夜寐不宁，面色㿠白，脉细结代乃心气不足，日久心血亏损，心失所养。但因复感风热之邪，故当急则治标先祛其邪，以银翘散加减治之。外邪一除，即补其虚，在益气养血基础上加入玉屏风散以固表实卫，使肺气固卫增强，心气旺盛，

浙江中医临床名家·马莲湘

心血充盈，心有所养则病渐趋愈。

验案二 俞某，女，14岁，学生。1980年4月30日初诊。病毒性心肌炎后遗留期前收缩2年余。心悸胸闷，头重乏力，面色萎黄，胃纳不振，脘腹胀满，日渐肥胖，大便偏溏，1～2次/日，舌质淡，边有齿印，苔白厚腻。西医诊断：病毒性心肌炎后遗症。中医辨证：久病耗气，脾虚失运，痰湿内蕴。治拟健脾祛痰，芳香化湿为先。

处方：姜半夏9g，茯苓9g，陈皮5g，清甘草3g，朴花5g，炒白术9g，藿香9g，郁金9g，丹参10g，砂仁（后下）1.5g，万年青9g。7剂，水煎200ml，日服2次。

二诊：服药后脘胀减，胃纳渐增，苔厚腻渐化，但期前收缩未除，于前方去砂仁、朴花，加党参9g，生黄芪9g，桂枝5g以益气养心通阳化湿，迭进42剂后期前收缩消失，精神好转，大便成形，胃纳增加，心电图复查正常。至今发育健康，体形中等，期前收缩未再出现。

按：脾主运化，为上下升降出入之枢，脾虚失运，湿自内生，痰湿内蕴，升降失常，气滞湿郁，阻滞血脉之畅行，以致心脉失养。脾虚气弱为病之本，痰湿内停为病之标，故以藿朴二陈加味，芳化燥湿为先，继以参芪等益气健脾助运，脾运得司，升降恢复，气血充盈，心有所养，期前收缩亦除。

验案三 杜某，男，11岁，学生。1984年10月9日初诊。病毒性心肌炎后遗留心悸一年余，经用抗心律失常药效不显，运动后加剧，心悸乏力，手心微热，口干咽燥而痛，夜寐盗汗，大便偏干，舌尖红边齿印，苔薄少，脉细数结代。心电图检查：窦性心动过速，频发室性期前收缩。心率为112次/分，心律不齐，期前收缩每分10次以上。西医诊断：病毒性心肌炎后遗症。中医辨证：气阴两虚，虚火上扰。治拟益气养阴，佐以清热。

处方：太子参9g，麦冬9g，五味子6g，生地9g，丹参9g，知母6g，黄柏3g，万年青9g，辰灯心2束，瓜蒌皮6g，白芍6g。5剂，水煎200ml，日服2次。

二诊：服药后咽痛已除，大便转润，寐汗减少，心率为97次/分，期前收缩次数为7～8次/分，原方再进7剂。

三诊：手心微热已除，口干亦瘥，期前收缩明显减少，心悸胸闷仅在上楼及运动后出现，原方去知母、黄柏，加生黄芪9g，当归9g，玉竹9g。前后加减共服38剂告愈。

按：气虚则营血亏损，阴虚则内热偏重，气阴两虚，营血运行不利，心失所养则脉结代，投生脉散加味益气养阴，知柏以清内热，内热除后加用芪、归、玉竹以调养气血，滋补营阴。

六、惊风

惊风是小儿常见的一种急重病症，临床以神昏、抽搐为主要症状。惊风的证候可分为四证八候，四证即痰、热、惊、风，八候指搐、搦、颤、掣、反、引、窜、视。惊风发作时八候不一定全部出现，且急、慢、强、弱程度各有不同。惊风相当于西医儿科学中如热性惊厥、中毒性细菌性痢疾、乙型脑炎、脑膜炎、脑瘫、抽动障碍等多种疾病。本病一年四季皆可发生，多见于 1～5 岁儿童。

（一）急惊风

急惊风起病急暴，八候表现急速强劲，病性属实属阳属热，常痰、热、惊、风四证具备，以高热、抽风、昏迷为主。

【验案鉴赏】

刘某，男，5 岁。发热 2 天，有汗不解，呕吐后突然抽搐，神志不清，两目直视，颈项强直，头向后仰，呈角弓反张之势，舌质红，苔黄燥，脉弦数。辨证为外感温邪化热化火，引动肝风。治以清热息风，镇痉开窍。

处方：银花 6g，连翘 6g，钩藤（后下）6g，石决明（先煎）18g，石菖蒲 3g，生石膏 12g，鲜芦根 30g，黄芩 3g，川连 1.5g，全蝎 5 只，地龙 6g。2 剂，水煎 200ml，日服 2 次。另紫雪散（吞服）1.5g，万氏牛黄清心丸（研冲）1 粒。

复诊：服药 2 剂，体温已退，神志渐清，抽搐已停，口渴喜饮，大便干结，苔仍黄燥，舌质红，脉细数。治拟养阴平肝，清解余邪。

处方：银花 6g，连翘 6g，鲜芦根 30g，钩藤（后入）6g，麦冬 6g，知母 4.5g，鲜石斛 9g，玄参 6g，生甘草 3g，丝瓜络 9g，瓜蒌皮 6g。5 剂，水煎 200ml，日服 2 次。万氏牛黄清心丸（研冲）1 粒。

二诊：服药 5 剂后便下燥屎，神志清楚，胃纳渐思，四肢活动自如，继进养阴调胃之剂告愈。

按：此病西医诊断为流行性脑炎，因反复抽搐、高热不退 2 日，请马老会诊。辨证系气营两燔，热极动风。按叶天士"入营犹透热转气"，治疗重在清气泻热，银花、连翘、石膏、黄芩、黄连是也，全蝎、地龙、石菖蒲息风镇痉，紫雪散清热凉营开窍，万氏牛黄清心丸清热解毒，药专力宏，2剂则搐止。

（二）慢惊风

慢惊风起病缓慢，症候表现为迟缓无力，病性属虚属阴属寒，抽搐无力，反复难愈，常伴昏迷、瘫痪等症。

【验案鉴赏】

马老前往某医院会诊。刘某，男，2岁。患儿系早产乏乳，喂养不当，呕吐腹泻，大便清稀，昏睡露睛，四肢厥冷，抽搐无力，时作时止，囟门及目眶凹陷，舌质淡，苔薄白，指纹青淡不显，脉沉细无力。此系脾阳虚衰损及肾阳，虚风内动。治拟回阳救逆，温补脾肾。

处方：别直参（炖服）3g，炒白术3g，茯苓6g，生甘草3g，生黄芪9g，淡附子（先煎）6g，肉桂粉（冲）1.5g，炒山药9g，炮姜炭2.4g，僵蚕3g，钩藤（后下）6g。3剂，水煎200ml，日服2次。

二诊：3剂后吐泻好转，大便溏薄，日3次，四肢转温，睡能合眼，疲惫无力，四肢时有震颤，指纹色淡红，脉沉细。脾阳渐复，拟前方出入。

处方：党参6g，炒白术3g，茯苓6g，生甘草3g，生黄芪9g，桂枝3g，炮姜炭3g，僵蚕4.5g，钩藤（后入）6g，炒白芍6g，明天麻4.5g。5剂，水煎200ml，日服2次。

三诊：5剂后精神食欲好转，大便渐成形，日2～3次，手足震颤已除，继以四君子汤加炒山药、陈皮、焦山楂、炒谷麦芽，调理月余，随访至5岁，生长发育已跟上同龄儿童。

按：患儿先天不足，后天失养，久泻不止，元气受伤，脾胃虚弱，不能生金约木，滋肾涵肝，以致肝木无制、虚风内动，出现慢惊风。选用固真汤温补脾肾，此时必用别直参大补元气，配以淡附子温中回阳，参附同用，力专效宏，不必顾忌附子辛热。复诊时阳气回复即去附子用桂枝。正如张景岳所云："但能确得其本而撮取之，则一药可愈。"

七、臌胀

臌胀是指腹部胀大如鼓的一类病证，临床以腹大胀满、绷急如鼓、皮色苍黄、脉络显露为特征，故名臌胀。本病病因比较复杂，有酒食不节、情志刺激、虫毒感染、他病后继发四个方面。病机主要在于肝脾肾受损，气滞血结，水停腹中。本病相当于西医学中的"肝硬化腹水"，包括病毒性肝炎、血吸虫病、胆汁淤积性肝病、脂肪性肝病等多种疾病导致的肝硬化腹水。

【验案鉴赏】

李某，男，7岁。1974年10月6日初诊。

主诉：反复腹痛腹胀1年余，腹部鼓大半年。患儿一年前因急性坏死性肠炎合并腹膜炎急症手术，术后经常腹胀腹痛，腹部逐渐鼓大，需再次住院，因家贫而拒。诊时腹部剧痛，膨大如鼓，皮色光亮，青筋显露，直至心窝部，下肢浮肿，按之凹陷，面呈极度痛苦，肌肤消瘦，神疲乏力，不能坐起，小便短赤，舌质红边有瘀点，舌苔黄燥，脉细弦。治拟活血化瘀，消肿利水为先。

处方：紫丹参9g，蒲公英12g，赤芍6g，当归尾9g，红花6g，炙鳖甲12g，大生地12g，茯苓12g，车前子（包煎）9g，半枝莲15g，延胡索9g，五灵脂（包煎）9g，蒲黄9g。3剂，水煎200ml，日服2次。

二诊：服上药后腹痛已除，小便增多，腹胀好转，腹围由84cm减为73cm，效不更方，再进3剂。

三诊：下肢浮肿消退，能进一碗稀饭，精神好转，面有笑容，腹软不鼓，腹围正常，舌淡红偏暗，苔薄腻。予前方去延胡索、五灵脂、蒲黄、加泽泻9g，白术6g，进5剂。

四诊：胃纳正常，已能起床活动，面色少华，肌肤瘦弱。拟益气健脾养血调理月余而安。

按：患儿居于浙江余杭山区，父亲精神失常，全靠母亲抚养，上有一姐11岁，因手术负债，无力再入院，适值马老下乡医疗，绝处逢生。本症虚实夹杂，初诊时腹膨如鼓伴剧烈疼痛，急则治标，当先去实。取当归尾、赤芍、丹参、红花、蒲黄、五灵脂，活血散瘀；半枝莲、车前子、蒲公英清热利水；鳖甲、生地养阴和血；延胡索行气止痛。全方有活血化瘀，消肿利水之功。瘀祛水消，络脉通畅则腹痛亦除，继以调理脾胃、益气养血收功。

八、便血

凡血从肛门排出体外，无论在大便前、大便后下血，或单纯下血，或与粪便混杂而下，均称为便血。

【验案鉴赏】

吕某，女，6 岁，东阳龙游村人，1979 年 12 月 17 日初诊。

主诉：患儿大便夹鲜血 3 月余，当地医院迭经治疗未效，来浙江省儿童医院诊治，嘱住院检查，因经济不力，故转中医治疗。诊见面色萎黄，形体瘦小，胃纳不思，大便每天 1～2 次夹有鲜血，通畅成形而软，无黏冻，无里急后重，无腹痛，无痔疮及肛裂，夜寐烦热不宁，晨起口臭，舌质淡，苔黄，脉细软。治拟健脾止血凉血。

处方：炒白术 9g，怀山药 9g，炒麦芽 9g，龙芽草 12g，仙鹤草 9g，藕节 9g，侧柏炭 9g，地榆炭 9g，炒槐米 9g，血余炭 6g，煨诃子 3.5g。5 剂，水煎 200ml，日服 2 次。

二诊：上方服第一剂后，大便下血增多，服第二剂后一直未见便血，胃纳渐增，舌淡苔薄黄，脉细软转滑。拟养血凉血。

处方：上方去藕节、血余炭、煨诃子，加生地 12g，炒白芍 9g，又进 5 剂。

三诊：大便一直未出血，面色渐华，胃纳增加，又以归脾汤调理 5 剂。追访 5 年未发，生长发育健康。

按： 患儿便血 3 月余，西医未明确诊断，观察面黄形瘦、纳呆乏力、舌淡脉细软。中医辨证属脾虚无疑，但夜寐烦热、苔黄乃虚中夹实之象，此虚实夹杂之证在临床上并不少见。故不用参、芪益脾气，选山药、白术补脾胃养气阴，龙芽草又名脱力草补气而不燥热，佐以仙鹤草、藕节、侧柏炭等止血及凉血之品，只 5 剂便血即止。

九、癫痫

癫痫又称"痫证"，其特征为猝然仆倒，昏不知人，两目上视，口吐涎沫，四肢抽搐，角弓反张，或口中如作猪羊声，移时苏醒，醒后如常人。轻者转瞬即逝，发作次数较少，重者每次发作持续时间较长且频繁发作，或持续发作，病情危殆，甚则延及生命。现代医学认为癫痫的发病机制比较复杂，目前尚未完全阐明，认为异常神经元高度同步化放电是癫痫发作的特征，口服抗癫痫药物治疗是目前多采用的治疗方法。

中医认为痫证之形成，多由七情失调，先天因素，脑部外伤，饮食不节，劳累太过，或患其他病之后造成脏腑功能失调，痰浊阻滞，气机逆乱，风阳内动所致，尤其与痰邪关系密切。其中痰浊内阻，脏气不平，阴阳偏胜，神机受累，元神失控是病机关键所在。

马老治疗本病的经验方为蚤休定痫汤。

（1）组成：蚤休 9g，明天麻 6g，地龙 6g，僵蚕 6g，陈胆星 6g，石菖蒲 6g，代赭石（先煎）15g，白金丸（吞服）3g。

（2）功效：息风定痫，涤痰开窍。

（3）主治：小儿癫痫休止期。

（4）方义：癫痫为风痰上涌，邪阻心窍，外乱经络，内闭神明，神志怫郁而突然发作。本方蚤休、天麻、地龙息风定痫，胆星、天虫、菖蒲涤痰开窍，代赭石色赤质重入心肝镇静安神。全方诸药合用可息风定痫，涤痰开窍。白金丸为古治癫之良方，由白矾和郁金组成，白矾祛痰，郁金化瘀，与汤药配合运用相得益彰。

（5）运用法度

1）用法：上药代赭石先煎 15 分钟后入诸药，煮沸 30 分钟左右，每剂煎 2 次，每次得药汁 100ml 左右，分 2 次 1 天服完。3 个月为 1 个疗程。服药期间可见发作次数明显减少，发作程度减轻，渐至痊愈。若急性发作抽搐时间较长，可用紫金锭 1～3g 即研灌服，本品荡涤攻逐，通利迅疾，能即刻奏效使之苏醒。

2）本方主要用于癫痫休止期。若形体肥胖睡时鼾声响加天竺黄、竹沥半夏清热涤痰；大便干结、舌红苔黄加生大黄、枳实通腑泻热；体虚纳呆，面色少华加茯苓、白术、淮小麦、百合健脾养心。

（6）临床应用：1984～1986 年用本方治疗小儿大发作型癫痫 11 例，年龄为 7～14 岁，均为经西医确诊，并用西药治疗 3 年以上未控制发作者。加服本方 1 个月后西药减半，服本方第 2 个月后停西药，服本方 3 个月后改成中成药紫金锭每天 2 次，每次 1～2g，巩固治疗 3 个月停药，随访 2 年，治愈 3 例，显效 5 例，有效 2 例，无效 1 例，总有效率为 91%。

十、病毒性脑炎后遗症

病毒性脑炎是中枢神经系统感染性疾病，而病毒性脑炎后遗症是指病毒性脑炎治疗后遗留的神经、精神等方面的症状。中医认为本病多由外感温热之邪而发病，病邪蒙蔽脑窍则神昏，久病脾胃受伤，纳运失职，气血化源不足，脑窍失养则面色苍白、神疲；病久及肾，脾肾阳虚则大便溏薄、小便清长；病久耗伤阴液，肝失所养则虚风内动；肾阴亏损、肝血不足、筋脉失养则颈项强直。

【验案鉴赏】

俞某，男，4 岁。1985 年 3 月 13 日初诊。

主诉：下肢僵直 1 年余。患儿一年前患病毒性脑炎，治疗后抽搐停止，神志已清，但留有下肢僵硬强直，不能屈伸行走的后遗症。触之有痛觉，面色少华，胃纳不佳，舌苔薄黄，脉细软。拟益气健脾，活血通络。

处方：生黄芪 12g，炒白术 9g，生米仁 12g，桑寄生 9g，鸡血藤 9g，伸筋草 9g，当归 6g，赤芍 6g，红花 5g，怀牛膝 9g，忍冬藤 9g，丝瓜络 9g，地龙 9g。7 剂，水煎 200ml，日服 2 次。

二诊：1985 年 3 月 27 日来信改方。诉上方 14 剂后疗效显著，下肢已能屈伸站立，但不能行走，左足有些外翻，胃纳欠佳，二便如常。仍按前方加减。

处方：生黄芪 12g，鸡血藤 9g，赤芍 6g，当归 6g，红花 5g，怀牛膝 9g，生米仁 12g，地龙 9g，炒白术 12g，野菊花 9g。7 剂，水煎 200ml，日服 2 次。

三诊：1985 年 4 月 11 日。上方又服 14 剂，已能行走，来杭面诊，见其嬉戏活泼如常人，来回奔走自如，胃纳、精神好转，左足外翻纠正，舌苔薄腻，脉细滑。拟补益气血，疏通经络以巩固之。

处方：生黄芪 12g，炒白术 9g，红花 5g，当归 6g，赤芍 6g，鸡血藤 9g，怀山药 9g，怀牛膝 9g，伸筋草 9g，生米仁 9g，丝瓜络 9g。7 剂，水煎 200ml，日服 2 次。

按：患儿患病毒性脑炎后遗留下肢强直性瘫痪 1 年余。久病脾肾亏损，但湿毒内蕴，脉络瘀阻，治以补阳还五汤为主方，益气活血化瘀。加白术、米仁健脾除湿，野菊花、忍冬藤、丝瓜络、伸筋草、鸡血藤等解毒通络，桑寄生、怀牛膝补益肝肾。全方扶正祛邪并施，药轻而效捷，服药 28 剂，下肢恢复如常。正如《景岳全书·小儿则》谓："其脏腑清灵，随拨随应，但能确得其本而撮取之，则一药可愈。"

十一、乙脑后遗失语症

乙脑后遗症的产生主要由于急性期病情危重，经治疗后邪毒虽退而脏腑气血伤损严重，机体功能不能及时恢复所致。也有因失治、误治、调护失宜、触犯禁忌等原因，使邪气如暑热余邪、虚风、痰浊等留着，久恋不去变生诸证者。临床表现虽然复杂，但一般以神志异常或运动、语言功能障碍为主，而这些症状的产生又不外乎正气伤损或邪气留恋这两种因素。

【验案鉴赏】

验案一 陆某，男，5岁，1972年9月17日初诊。主诉：失语1月余。患儿乙型脑炎，高热、昏迷、抽搐，经中西医综合治疗诸症消失，但语不能言已1个月，精神、食欲均已正常，舌苔薄黄，脉来细弦。拟开窍，活血祛瘀佐以养阴。

处方：大生地12g，制首乌12g，石菖蒲6g，广郁金6g，赤芍6g，归尾6g，炒川芎6g，红花6g，丹参9g，蚤休6g，灵磁石（先煎）15g，远志6g。7剂，水煎200ml，日服2次。

9月24日复诊：服上方7剂后已能讲简短语句，其他均如常。前方续服7剂以固疗效。

按： 患儿因乙脑高热、抽搐而筋脉失养，喉间络脉瘀滞不畅以致失语哑言，经祛瘀活血，开窍养阴之治，使经络通畅，喉间气血阻滞解除，失语顿开。家长感激万分。

验案二 傅某，女，14岁，1975年1月23日初诊。主诉：头痛5年。患儿5年前患乙型脑炎，后遗头痛症，历经中西药治疗未见效。伴手足心热，舌质有小密点，脉细弦，苔薄黄。拟平肝，祛风活血。

处方：滁菊12g，藁本10g，夏枯草12g，炒川芎5g，白芷5g，钩藤（后下）10g，珍珠母60g，制首乌12g，赤白芍各10g，蚤休10g，大青叶10g，连翘10g。7剂，水煎200ml，日服2次。

复诊：服7剂后头痛已除，手足心热亦退，上方去大青叶、连翘，加忍冬藤10g，归尾10g。后未见复发。

按： 本病患儿系乙脑后遗头痛症5年，初诊手足心热，视其舌质有小瘀点，脑炎高热灼伤阴血，余毒羁留未清，导致气血瘀滞、经络受阻，不通则痛。故以蚤休、大青叶清解余毒，川芎、赤白芍、归尾活血祛瘀、宣通络脉，菊花、钩藤、白芷、藁本、珍珠母、夏枯草平肝祛风，白芍、制首乌养血滋阴。故服药7剂后，患儿头痛、手足心热等症均愈。

十二、痿证

痿证是指肢体萎弱无力，不能随意运动的一类病症。其病因有外感与内伤两大类。外感多由温热毒邪或湿热浸淫耗伤肺胃津液而致。内伤多因饮食或久病劳倦等因素损及脏腑，导致脾胃虚弱、肝肾亏损所致。本病以虚为本或见虚实错杂。

【验案鉴赏】

孙某，男，4岁，1973年1月29日初诊。患儿下肢瘫软无力，无知觉，不能立行。X线片诊断示隐性椎裂。拟补肾强筋骨。

处方：龟板15g，川断10g，狗脊10g，怀牛膝10g，桑寄生10g，鸡血藤10g，补骨脂10g，鹿角片10g，生米仁12g，黄芪12g，独活6g，金匮肾气丸（包煎）30g。5剂，水煎200ml，日服2次。

二诊：服5剂后，站立已稳，已能自己行走，自诉右腿上部出现痛感。上方加入红花10g，生熟地各10g，赤芍10g，当归10g，5剂。

三诊：右腿痛消失，步行更稳健有力，前方继服5剂而愈。

按：本例患儿下肢瘫软无力，不能立行，审证求因为肝肾精血不足而致筋骨失养，肢弱不用。肝藏血主筋，为罢极之本；肾藏精主骨，为作强之官。精血充盛，则筋骨坚强，活动正常。如精虚则不能灌溉，血虚则不能营养，筋骨经脉因失濡养而成本病。治宜填精益血，强筋壮骨，遂用"鹿角胶丸"加减治疗，以鹿角、龟板、补骨脂、金匮肾气丸等补肝肾壮阳，川断、牛膝、独活等强筋骨，黄芪益气，米仁渗湿。疗效堪称满意，5剂后患儿即能站立行走，右腿原无知觉转为有痛感，均为病情向愈之兆，复诊佐入活血通瘀之品。1年后随访未复发。

十三、小儿麻痹症后遗症

小儿麻痹症即脊髓灰质炎，是由脊髓灰质炎病毒引起的严重危害儿童健康的急性传染病，脊髓灰质炎病毒为噬神经病毒，主要侵犯中枢神经系统的运动神经细胞，以脊髓前角运动神经元损害为主。其后遗症主要分布为不规则和轻重不等的迟缓性瘫痪。口服脊灰减毒活疫苗推广后，全球消灭脊灰行动取得了令人瞩目的成绩。

【验案鉴赏】

程某，女，3岁，1984年10月10日初诊。

主诉：左足行走不利2个月余。患儿于2个月前外感后出现身热、咽痛、咳嗽、持续高热3日不退，第4日体温下降，3日后热度又上升，次日发现左足软弱无力，不能站立，哭吵不安，经治疗热退，但左脚不能行走至今2个月余，虽多方治疗仍未见好转，胃纳、二便尚可，精神活泼，舌苔白腻，脉濡缓。治拟清利湿热，活血通络。

处方：炒川柏4g，银花6g，连翘6g，生米仁12g，怀牛膝9g，桑寄生6g，丝瓜络9g，全当归9g，苍术6g，车前草9g，陈青蒿6g。5剂，水煎200ml，日服2次。

10月15日二诊：药后左脚已能站立，但步行无力，不能走路，脉舌同前，拟前方加减。

处方：炒川柏4g，桑寄生6g，怀牛膝6g，炒苍术6g，生米仁12g，丝瓜络9g，当归6g，忍冬藤6g，茯苓皮9g，车前草9g，生黄芪9g。5剂，水煎200ml，日服2次。

三诊：上方服后自己能站立行走，并能跑步，再以前方5剂而完全恢复正常。

2个月后因感冒发热，父母恐其下肢受损又来诊，当时检查左下肢完全正常，站立行走自如，处方清解药3剂而愈，至今健康活泼。

按：时值八月，冒受暑热，兼夹湿邪，暑湿内蕴，疫毒入注经络，流窜肢体，以致左下肢络脉痹阻，气血运行不畅，渐而成瘫，但病尚二月，正气未亏，湿热瘀血之邪实仍为主要矛盾，故治以祛邪为主。苍术、黄柏、牛膝三药为君药清热除湿，银花、连翘、青蒿清解余热，丝瓜络、车前草、米仁除湿通络，佐以当归、桑寄生养血活络，不日而愈。

学术成就

第一节　四诊合参重望触

《医宗金鉴》中有云："四论要诀，实该望、闻、问、切之道。……望以目察，闻以耳占，问以言审，切以指参。明斯诊道，识病根源，能合色脉，可以方全。于中医而言，唯有四诊合参，方能明辨真假，明确诊断，从而对证论治。"

而于小儿言，与成人有别。因小儿"气血未充难据脉，神识未开不知言"，故儿科被称作"哑科"，儿科之难，难于诊断。婴儿口不能言，幼儿词难达意，年长儿也难以准确表达，难以取信，而家长代述又往往不够全面和确切，故问诊的可靠性和确切性大大降低。就诊时小儿身有不适，又往往恐医啼哭，难以配合，脉象气息不稳，切脉难行。因此在四诊之中，马老尤其重视望诊和触诊。

一、望诊

《医宗金鉴》中有云："色生于脏，各命其部。神藏于心，外候在目。光晦神短，了了神足，单失久病，双失即故"，指出望神色在判断病情轻重中具有重要的地位。神指小儿的精神状态，色指面部气色。通过对小儿目光、神态、表情、反应等方面的综合观察，可了解小儿五脏精气盛衰和病情轻重及预后。凡精神振作，二目有神，表情活泼，面色红润，呼吸调匀，反应敏锐，均为气血调和、神气充沛的表现，是健康或病情轻浅之象。反之，若精神委顿，二目无神，面色晦暗，表情呆滞，呼吸不匀，反应迟钝，均为体弱有病或病情较重之象。而小儿患病后往往传变迅速，变化多端，表现出"易虚易实，易寒易热"的病理特点，甚至在短瞬间出现神昏、抽搐等危急症候，故观神色以判断患儿病情的轻重，简便且重要。马老曾言肺炎喘嗽之于小儿是常见病，也可为危重病。若小儿面目红赤，高热，喘息急促，喉间痰鸣，但能哭且有泪，则虽重可治；但若是小儿面色苍白、四肢厥冷、神昏、无泪，则多是肺病及心，心阳虚衰，即为病危，急需极力抢救。

马老曾言望诊对于判断小儿体质也有着重要的意义。何者谓禀赋壮实，无病少病？若小儿天庭饱满，地角丰隆，面色红黄隐隐，唇色红润，发黑润泽，目睛灵活，此类小儿体质壮实，无病少病，即便有病，也可自愈或一药而愈。何者谓休弱多病？若小儿额角前突，面削无肉，下巴尖细，头颈细弱，青筋外露，皮肤不润，发稀枯黄，白睛浑浊，此类小儿多为先天不足，后天失调，往往体弱多病，显示疳积之兆。

马老结合前人经验加之自身多年临床经验，于望诊上颇有独到之处，往往幼儿一进诊室，抬眼数望，心中便已对病情有了几分判断，兼详细问诊、闻诊、切诊，四诊合参，明确诊断。若小儿面色㿠白，青筋显露于鼻梁，多为肌腠疏松，肺卫不固，反复感冒，咳喘难愈；若小儿面目浮肿，兼有恶寒发热，咽痛咽红者，多为急性肾炎；若小儿双眼浮肿，白睛红赤，多为顿咳日久；若小儿面色萎黄，多为脾虚失运，积滞日久；若小儿面黄但鼻两旁色白，多为脾虚湿困；若小儿口唇四周苍白，多为脾阳不振；两目红赤，泪水汪汪，畏光羞明，神烦哭闹，则需警惕麻疹。

马老虽广学前人著作，却也不全尽信，于小儿指纹望诊上有着自己的独到见解。陈复正在《幼幼集成》中将望指纹的辨证纲领归纳为"浮沉分表里、红紫辨寒热、淡滞定虚实、三关测轻重。"并以"透关射甲"提示病情危重，但马老认为对应于临床也有偏差，需结合纹色来判断。若推之指纹色泽红润，说明气血流畅，正气尚充，虽达三关病亦轻。甚至于某些健康的小儿也可见指纹红润却达三关。若指纹色泽暗紫，推之滞行而透达三关，方为病重，乃气滞血瘀，正不敌邪，此类指纹需引起医者重视。

马老重视望诊，在望诊之中尤其重视望舌苔。舌苔由胃气所生，而五脏六腑皆禀气于胃。小儿脾常不足，又常因饮食不洁或不节，损伤脾胃，发生呕吐、泄泻、积滞、疳积、便秘等脾系疾病。马老曾言对于小儿诊病来说，望舌苔相对脉诊具有更重要的意义。例如，疰夏之症，好发于夏季，是一种季节性疾病。临床上以身热不扬或不发热，倦怠无力，食欲不振，大便不调为主要症状。病因责之小儿素体脾胃虚弱，加之夏季暑湿重。病机关键在于暑湿困于脾胃。临床多见于三种证型。一为脾胃虚弱、阳气不振，舌苔多见于薄白或腻，治以益气健脾为主，方用六君子汤加减。二为暑湿困脾，气机被遏，舌苔多见白厚腻者，治以芳化醒脾为主，方用藿朴夏苓汤加减；三为暑湿郁久化热，舌苔多见于白腻带黄，或苔腻而燥为主，治以芳化清暑利湿为主，方用自拟蒿芩清暑化湿汤。方药为青蒿、炒淡芩、淡竹叶、藿香、佩兰、清水豆卷、连翘各6g，六一散、扁豆衣、生米仁、茯苓各9g组成。本方质轻味淡，芳香淡渗，降浊升清，力薄效宏。在诊断疰夏此病时，望舌苔可以有效帮助医者辨别证型，明确治则，从而选方用药。

二、触诊

马老也非常善于触诊。遇小儿外感发热，先触按其额头及四肢。若是额头及四肢均热，此时邪尚在表，一两剂中药即可缓解；若是额头热而四肢凉，则表邪有入里趋势，当防其变；若是额头热，四肢凉，指趾冷者，提示邪已入里，病情危重，当防其变。

对于小儿的危重病症——闭证，马老常以触按中冲穴进行急救并判断预后。中冲穴位于手中指末节尖端中央，是手厥阴心包经的井穴，具有苏厥开窍、清心泻热的功效，为常用穴之一。"中"，与"外"相对，指中冲穴内物质来自体内心包经。冲，冲射之状也。该穴名意指体内心包经的高热之气由此冲出体表。若是掐按后，患儿头目四肢微动，"哇"地哭出声，大多转危为安，预后良好。马老曾风趣地笑言"儿哭儿医笑也"。若是掐按之后，丝毫无反应，则预后不良。马老曾回忆道某年仲夏午夜时分，天气异常炎热，睡梦间忽闻邻居呼救，敲门如雷，马老忽从梦中惊醒，开门见邻居正怀抱着神志昏迷的小儿，奔来求治。马老接过小儿，发现患儿牙关紧闭，面色青紫，气粗，口出热气，两手握固，触之额头热盛，然手足厥冷过肘膝，呼之不应，马老立即诊断为暑闭。急掐中冲穴，数秒后，患儿"哇"的一声哭了出来，马老笑对邻居道，此子已无生命之忧。邻居将信将疑，欲带患儿去医院再次就诊，尚未出院门，小儿手足已转温，面色由青转红，神志清醒，能唤父母。邻居见此喜极而泣，立返马老家，发觉马老着睡衣而坐，正在书写药方，顿时自觉惭愧。马老予祛暑化湿药方一张，二日后即愈。

第二节 斡旋中土治儿病

中土即为脾胃，脾为后天之本，主运化水谷精微，为气血生化之源，小儿生长发育迅速，生长旺盛，对营养精微需求较大，但小儿脾胃尚弱，且不知饮食自节，稍有不慎即易损伤脾胃引起运化功能失调出现呕吐、积滞、泄泻、厌食等病证。马老在治疗脾胃系疾病上有自己独特的见解，善用健脾、补脾、消积等法治疗小儿脾胃系疾病。

一、小儿泄泻

小儿泄泻是以大便次数增多，粪质稀薄或如水样为特征的一种小儿常见病。西医称婴幼儿腹泻病，以 2 岁以下的小儿最为多见。本病一年四季均可发生，但以夏秋季节发病率为高，常因细菌感染引起，秋冬季节发生的泄泻，常因病毒感染引起，其中以轮状病毒为多，容易引起流行。小儿脏腑娇嫩，形气未充，在其生长发育过程中，除阳光、空气以外，主要依靠脾胃不断吸收饮食营养而资之以为生。"脾胃为后天之本"对小儿来说显得更为重要。小儿生机蓬勃，发育迅速，对水谷精微的需求量相对较成人更为迫切，然小儿脾常不足，脾胃的运化功能尚未健全，这就形成了营养需求大而相对脾胃常不足的内在矛盾。小儿饮食不知自节，寒温不能自调，无论外感、内伤均容易造成脾胃功能紊乱而引起泄泻，故有"泄泻之本无不由于脾胃"之说。

泄泻是小儿最常见的脾胃病之一，若不及时调治，迁延日久，常易引起如营养不良、生长发育迟缓、疳证、慢惊风等诸多疾患。因此积极防治泄泻不仅是促进小儿健康成长的关键，也是预防小儿其他疾病的关键。中医学在小儿泄泻的治疗上已有悠久的历史，并积累了丰富的经验。早在二千多年前的《黄帝内经》《难经》《巢氏病源》等医籍里就有了比较详细的记载。宋代医家钱乙的我国第一部儿科专著《小儿药证直诀》就提出运用益黄散、白术散等对小儿泄泻进行治疗。明代医家李中梓曾综合历代医家之说，在《医宗必读》中提出治泄泻的九个原则，即为淡渗、升提、清凉、疏利、甘缓、酸收、燥脾、温肾、固涩。历代文献对泄泻的证因脉治不仅在理论上详细阐述，还记载了大量临床验案加以佐证，是近代医家治疗小儿泄泻的重要理论基础。

（一）小儿泄泻治疗七法

马老在学习运用前人治泻经验的基础上，根据中医学整体观念及辨证论治的法则，从小儿有别于成人的生理病理特点出发，以辨证求因、审因论治为基点，将小儿泄泻的治疗归纳为泄泻七法，分别为利湿法、清热法、消积法、补脾法、升清法、固涩法和调和肝脾法。马老于临床辨证论治，适用于相应的证型，屡获奇效。

1. 利湿法

利湿即所谓分利、利小便。此法适用于病机为湿邪偏盛，湿聚为水，水走肠间而致的泄泻。《医宗必读》中有云："使湿由小便而去，如农人治涝，导其下流，虽处卑隘，不忧巨浸。经曰治泻不利小便非其治也。又云，在下者引而竭之是也。"

湿是致泻的主要病邪，湿邪困脾。湿可为外感，由表而入。湿亦可因小儿饮食不洁，过食生冷之物，脾阳被伤，运化失施，湿邪内生。湿可伤阳，湿性黏腻而重浊，脾胃居中，为上下升降之枢纽，若脾为湿困，则气机阻遏，升降失司，不能运化水谷精微，湿聚为水，水谷难分，并走大肠，导致泄泻，因此有"湿胜则濡泻""湿多成五泄"之说。《幼幼集成·泄泻证治》中有云："夫泄泻之本，无不由于脾胃。盖胃为水谷之海，而脾主运化，使脾健胃和，则水谷腐化而为气血以行荣卫。若饮食失节，寒温不调，以致脾胃受伤，则水反为湿，谷反为滞，精华之气不能输化，乃致合污而下降，而泄泻作矣。"

湿邪既是脾失健运的病理产物，又是困脾碍运导致泄泻的致病因素。泄泻多因于湿，所以除湿在泄泻的治疗上就有很重要的地位。而脾喜燥而恶湿，因此治湿多用燥法，如治湿的主要方剂就是燥湿健脾的平胃散，但燥法只能治湿，若已聚而为水，则燥法有所不足，必须用淡渗分利的药物，使水湿之邪从小便而去。《素问·至真要大论》曰："湿淫于内，治以苦热，佑以酸淡，以苦燥之，以淡泄之"。张景岳曾指出："泄泻之病多见小水不利，水谷分则泻自止。"然湿为无着之邪，必依附于物而后行，往往外感之湿与风寒并见，内生之湿又兼寒热，临床因兼挟之邪性质不同，患儿自身体质之异，多分为寒湿和湿热。湿从阴者为寒湿，寒邪客于肠胃，寒凝气滞，中阳被困，运化失职，故见大便清稀，粪多泡沫，臭气不甚。风寒郁阻，气机不得畅通，故见肠鸣腹痛。湿从阳者为湿热，湿热之邪，蕴结脾胃，下注肠道，传化失司，故泻下稀薄如水样，量多次频。湿性黏腻，热性急迫，湿热交蒸，壅阻胃肠气机，故泻下急迫，色黄而臭，或见少许黏液，腹痛时作，烦闹不安。湿困脾胃，故食欲不振，甚或呕恶，神疲之力。从季节来看，一般冬春多为风寒（湿）致泻，夏秋多暑湿（热）致泻。小儿暴泻以湿热泻最为多见。

清代名医叶天士在总结前人治湿经验的基础上从祛湿大法到用药原则和宜忌均作了全面阐述，叶天士在《临证指南》有云："祛湿当分三焦，注意用药宜忌。"例如"湿阻上焦者，用开肺气，佐淡渗、通膀胱，是以启上闸，开支河，导水湿下行之理……湿阻中焦者，用术朴姜夏之属以温运之，以苓泽腹皮滑石等渗泄之……用药总以苦辛寒治湿热，以苦辛温治寒湿，概以淡渗佐之，或再加风药。甘酸腻浊在所不用"。这为后世利湿法的发展做出了较大的贡献。茯苓、泽泻、车前、米仁等是临床常用的淡渗利湿药，淡渗利水的四苓散、五苓散与平胃散相合的胃苓汤是临床治疗湿泻疗效颇佳的常用方。

马老在临床上遇到症见大便水样，日数次，小便不利，脘闷纳呆，肢体困倦，舌苔白腻，指纹淡紫而滞或脉濡缓等此类湿为重的婴幼儿泄泻，常选用茯苓、泽泻、苍白术、川朴花、煨木香、炒荠菜花、薏苡仁等药物组成基本方进行治疗。其中茯苓、泽泻淡渗利湿为主药，使水湿之邪从小便而去，也即"利小便实大便之意"，佐以苍白术、朴花、陈皮、木香燥湿运脾，使中阳得运，湿无以困脾，又以薏苡仁利水渗湿、健脾，炒荠菜花化湿热。全方立足分利水湿，健运脾土，湿去脾运，水谷分利，清升浊降。若湿而兼见风寒表证者酌加苏叶、藿香、防风、蝉衣等药；若水泻量多次频而尿少者，酌加车前子、通草等药；胃纳不振，乳食不运者酌加谷麦芽、焦曲、焦山楂等药。

【验案鉴赏】

虞某，女，9个月。1981年8月2日初诊。

主诉：泄泻2天，加重伴发热半天。

患儿2日前出现排便次数增多，发热，热峰为39.0℃，鼻塞流清涕，今凌晨2～9时排便10余次，大便水样夹少量乳片，色淡黄带酸臭，小便量少，胃纳不思，口渴不欲饮，肛门无红赤，舌苔白腻，指纹淡紫。曾于当地医院予西药对症治疗，现热已退而泄泻未止。

辅检：大便常规示白细胞、黏液少许。

马老分析此系患儿因喂养不当湿邪内蕴，又外感风寒，致寒湿困脾、脾运失健、升降失司而致泄泻，治拟利湿分运，疏风散寒。

处方：泽泻 6g，茯苓 9g，车前子（包煎）6g，苍术 5g，白术 5g，朴花 5g，陈皮 5g，煨木香 3g，炒荠菜花 5g，炒谷芽 6g，炒麦芽 6g，苏叶 6g，藿香 5g。3 剂，水煎服，日服 2 次。

二诊：3 日后复诊，泄泻好转，每天排便 2～3 次，为溏薄稀便，尿量较前增多，但胃纳差，不思饮食，舌苔根白腻。

处方：泽泻 6g，茯苓 9g，苍术 5g，白术 5g，厚朴花 5g，陈皮 5g，煨木香 3g，炒荠菜花 5g，炒谷芽 6g，炒麦芽 6g，藿香 5g，炒米仁 9g，焦六曲 6g。3 剂，水煎服，日服 2 次。

三诊：3 日后复诊，大便成形，每天 1 次，胃纳欠佳，舌苔薄白腻。

处方：太子参 5g，白术 5g，茯苓 9g，陈皮 5g，广木香 3g，炒米仁 9g，炒谷芽 6g，炒麦芽 6g，焦六曲 6g，藿香 5g。5 剂，水煎服，日服 2 次。

同年 11 月 18 日信访，患儿出院后泄泻未作，只是胃纳欠振，舌苔白腻，马老分析患儿素体脾虚湿困，寄上健脾化湿扶运处方 5 剂。

2. 清热法

清热法即为清解大肠湿热之邪之法。此法适用于病机为火热偏盛，湿热交阻，内迫大肠而致的泄泻。《医宗必读》谓："热淫所至，暴注下迫，苦寒诸剂，用涤燔蒸，犹当溽暑伊郁之时，而商飙飒然倏动，则炎燠如失矣，所谓热者清之是也。"

夏秋之际，热邪、暑邪易犯人体，既可侵犯皮毛肺卫致病，又可由表入里使脾胃升降失司，抑或直接损伤脾胃致运化失常，清浊不分而引起泄泻。小儿为纯阳之体，阳常有余，阴常不足，"六气之邪，皆从火化，饮食停留，郁蒸化热，惊恐内迫，五志动极皆阳。"因此无论外感，抑或是患儿饥饱不知，进食生冷肥甘，乳食积滞内伤皆易从热化。盛夏炎热之季，暑热之邪鲜有不兼湿者，幼儿脾胃虚弱，受邪易感，故临床所见热泻、暑泻往往挟湿者居多，湿热交阻，内迫大肠而致泄泻。此类证型的泄泻多见于暴注下迫，或便下不畅，泻下水样或蛋花样便夹有黏液，色黄褐，气秽臭，口渴喜饮，且常伴有肠鸣腹痛，烦哭不安，小便短赤，肛门灼热红痛，舌质红苔黄腻，指纹色紫或脉滑数。

马老在临床上治疗此类泄泻，多清热为主，佐以淡渗利湿，常选用葛根芩连汤加减治疗，药用葛根、黄芩、黄连、甘草、炒白芍、木香、滑石等。

方中以葛根、黄芩，黄连为主药。葛根能升发脾胃清阳，鼓舞脾胃清阳之气上升而奏止泄之功。黄芩性味苦寒，燥湿清热，善清肺、胃、胆及大肠之湿热，尤长于清中上焦之湿热。黄连大苦大寒，善于清中焦湿热，治湿热中阻、气机不畅。诸药相合，清热利湿，对症而愈。若是小儿泄泻不止，兼见小便量少，哭闹无泪，前囟、眼眶凹陷，皮肤干燥无泽，唇红舌绛苔光证见亡阴者，则予天水散加怀山药、乌梅、黄连、芍药、甘草、西洋参益气养阴生津，同时需配合西医静脉补液治疗。

【验案鉴赏】

贺某，男，5个月。1981年8月11日初诊。

主诉：发热、咳嗽伴泄泻5人。

患儿5日前因受凉发热，热峰为39.0℃，咳嗽气急，伴呕吐、泄泻。遂于8月6日门诊拟"急性支气管炎、急性肠炎伴轻度脱水"入院。入院后经抗生素、输液等治疗后，咳嗽较前好转，热已退，但大便次数仍多，每天10余次，泻下黄褐黏稠水样便，秽臭难闻。患儿精神萎弱，面色欠华，囟门微陷，烦哭不安，口渴欲饮，小便短赤，肛门红赤疼痛，苔黄腻，指纹色紫。

辅检：大便常规示白细胞、脂肪滴少许。

马老分析此证属邪热入里，蕴郁肠道，与湿邪相搏，下迫大肠而致泄泻。急拟清热止利，尚须顾护气津。

处方：黄芩6g，黄连3g，葛根9g，炒白芍5g，煨木香3g，扁豆衣9g，滑石9g，清炙草4g，生谷芽9g，佩兰叶5g。2剂，水煎服，日服2次。

二诊：2日后复诊，药后当晚夜寐转安，小便渐增，大便昨日转4～5次/日，水样色深黄如药汁，气仍秽，苔黄腻略化。患儿症状较前明显好转，守方。

处方：黄芩6g，黄连3g，葛根9g，炒白芍5g，煨木香3g，扁豆衣9g，滑石5g，清炙草4g，生谷芽9g，佩兰叶5g。3剂，水煎服，日服2次。

三诊：3日后复诊，患儿服药3日后，大便每日2～3次，糊状色深黄，小便渐增，精神可，苔薄白。

处方：西洋参（另炖服）6g，茯苓9g，炒白术5g，怀山药9g，炒扁豆衣9g，陈皮5g，炙甘草4g，生谷芽6g，炒谷芽6g，炒山楂6g，乌梅3g。7剂，水煎服，日服2次。

同年11月信访，患儿出院后未再泄泻，身体逐渐恢复健康。

3. 消积法

消积法属八法中"消法"范畴，"消"含有消散、消削之意，"坚者削之""结者散之"即包含消积之法。消积法适用于小儿乳食无度，中焦壅滞，清浊不分所引起的泄泻。《医学心悟》有云："消者去其壅也，脏腑经络肌肉之间，本无此物而忽有之，必为消散，乃得其平。"明代李中梓将其归属于疏利法。曰："痰凝，气滞，食积，水停，皆令人泻，随证祛逐，勿使稽留，经云，实者泻之，又云，通因通用是也。"

小儿脏腑娇嫩，脾胃本属脆弱，加之饮食不知自节，若喂养不当，乳食杂进，恣意食用生冷之物，不加节制，必伤脾胃，胃伤则不能纳谷，脾伤则不能消谷，乳食壅塞，脾胃宿食不化，陈腐之物宛积于肠胃之中，便见泄泻。小儿以乳食积滞为常见，临床表现为大便溏泄酸臭如败卵或夹乳片食物残渣，泻前哭吵不安，矢气频而臭秽，脘腹胀满，嗳腐吞酸，不思纳谷，舌苔厚腻或垢浊，指纹紫滞或脉滑数。

马老曾言对于乳食积滞引起的泄泻，消积是一个最主要的方法。小儿脏气清灵，自然修复能力较强，若乳食积滞轻者，泄泻本身就是机体排除病邪的一种自然疗法，具有较大的自趋痊愈倾向，故临床上单纯的伤乳、食泄一般不需要过于复杂的药物治疗，轻者只需要用"损之"之法，所谓"损之"即停止患儿饮食，使其自运，即"伤之轻者，损谷则愈。"

但小儿易寒易热，食滞中焦又可随患儿体质而热化、寒化，也可与湿热与寒湿之邪相兼为患，临床病情复杂变化多端，但初起总以邪实为主，根据"客者除之"的原则，马老总以消积导滞之品去除乳食积滞而恢复脾胃的运化功能，临床以保和丸为代表方加减治疗，方中常用消积导滞药物，如山楂、神曲、谷芽、麦芽、鸡内金。如若食积较甚，大便泻下秽臭不爽，单纯消食导滞药难以奏效，应当抓住时机，配合大黄、槟榔等泻下药，代表方如枳实导滞丸。又小儿脾常不足，素体脾虚湿困者，最易乳食积滞而泻，单纯消积更伤脾胃，脾运不复，积滞难除，治当消积运脾兼顾。马老临床运用多年的"止泻散"对于小儿脾虚湿困而乳食积滞之泄泻收效最速。止泻散由生熟大黄各30g，制川乌30g，杏仁45g，羌活120g，苍术180g，甘草30g组成。7味药共研细末，储瓶备用。3岁以下每次0.5～1g，3岁以上每次1～3g，每日2次，3日为1个疗程，未愈者再服3日，一般1～3日积去泻止。本方出自清代文人李汝珍所著的长篇章回小说《镜花缘》，原名"治水泻赤白痢方"是一张治疗泄泻、痢疾的验方，江苏已故名医章次公先生发掘古粹，撮取为用，朱良春老中医年轻时得章氏之传，将此方制为散剂，改名"痢泻散"，曾经历年试用，证明治疗泻、痢的效果良好，且具有使用方便、价格低廉的特点，马老早年悬壶时从《验方新编》中得此方，觉得其药物选择配伍别具一格，于是试用于临床，疗效明显，以后改其量制成散剂取名"止泻散"。

【验案鉴赏】

田某，男，10个月。1980年10月11日初诊。

主诉：泄泻6日。

患儿6日前出现排便次数增多，每日排便次数少则2次，多则7次，大便糊状，臭秽难闻，量少，口中酸臭难闻，常有嗳气，不思饮食，每次泻前哭闹不休。曾服用复方新诺明及中成药，未见明显好转。舌苔黄腻而厚，指纹偏紫。

马老分析此证属乳食不节，损伤脾胃，脾失运化，胃失和降，乳食积滞中焦，治拟运脾导滞为先。

处方：止泻散6g，服用3天，每次1g，每天2次。

复诊：3天后复诊，患儿服止泻散后第2天泄泻量多，秽臭难闻，第3天解1次，较前成形。今晨尚未大便，胃纳增，哭闹减少，舌淡红舌苔白腻，指纹淡紫。治拟健脾助运。

处方：党参5g，白术5g，茯苓9g，陈皮5g，炙甘草5g，藿香5g，焦六曲6g，焦山楂6g，怀山药9g。3剂，水煎服，日服2次。

药后痊愈，随诊1个月患儿健康无恙。

4. 补脾法

补脾法属八法中"补法"范畴。程钟龄谓："补者、补其虚也"。自《黄帝内经》和《神农本草经》为补法奠定了理论基础后，汉代张仲景氏的《伤寒论》及《金匮要略》创制了补益方剂，使补法逐渐形成。宋代钱乙首先把补法与脏腑联系起来，提出以五脏为纲的儿科辨证方法，创制了五脏补泻诸方，如补益脾胃的益黄散。金元四大家之一的李东垣在学术上重视脾胃，指出内伤疾病的形成是脾胃受损，耗伤元气的结果，在治疗上重视健脾益气，形成了补法中的"补土法"，被后世称为补土派。

脾居中土，执中央以运四旁。故脏腑皆赖脾胃之气以为生。谷入于胃，洒陈于六腑而气至，和调于五脏而血生，而人资之以为生，故脾胃为后天之本，气血生化之源。"四季脾旺不受邪"然小儿"脾未用事，其气尚弱"，若喂养不当，冷暖失宜或寒凉之药攻伐太过或病后失于调养，皆可导致脾胃虚弱而泄泻。

补脾法适用于脾胃功能虚弱，运化无力，而使精微不能正常输化，糟粕不能正常排泄，以致清浊相混并走大肠之泄泻。《医宗必读》谓："仓廪得职，水谷善分，虚而不培，湿淫转甚，经云，虚者补之是也。"补脾法广而言之有阴阳气血之分，然补脾以治泻则重在补益脾气和温运脾阳。小儿正处于长气血，生精神，益智慧的生长发育阶段，这是稚阴稚阳相互为用的表现，特别是稚阳乃小儿生长发育的原动力更应加以培植。但小儿的稚阴稚阳之气必赖脾胃水谷精微以供养，而脾胃水谷精微又借稚阳之气的输布，是故补益脾气、温运脾阳成为补脾治泻、促进生化之源的关键。脾气虚和脾阳虚在发病机制上既有联系又有区别，气虚乃阳虚之渐，阳虚乃气虚之甚，气虚者未必阳虚，而阳虚者其气必虚，因此临床有轻重之别轻则为脾气虚，重则为脾阳虚。

脾气虚弱所致的泄泻临床常见大便溏薄不化久延，色淡黄，气不甚臭，每于食后即便，伴面色萎黄，形体瘦弱，舌质淡苔薄，脉细弱或指纹色淡。若脾阳虚所致泄泻者则大便稀溏，或见脱肛、面色㿠白、四肢欠温等表现。对此型泄泻马老临床常用异功散加味治疗，药用党参、茯苓、白术、炙甘草、陈皮、黄芪、煨木香等。温运脾阳常用附子理中汤加味，可用上方加炮姜炭、淡附块等。若久泻不止，精神疲惫，四肢不温，舌淡苔净者为脾肾阳虚，又宜合四神丸温补肾阳或适当佐以固涩之品。此类泄泻日久最易亡阳，若见面色苍白，四肢厥冷，便稀如水不禁，舌淡，脉微细欲绝或指纹青紫者急投附子理中汤合桂枝龙骨牡蛎汤回阳救逆。唯患儿正虚，非数剂可愈，愈后亦宜继续调治脾胃，节制饮食以善后。

【验案鉴赏】

俞某，女，6个半月。1981年8月26日初诊。

主诉：反复泄泻5个月余。

患儿5个月来反复泄泻，每日排便4～6次，常食后即便，色淡黄溏薄不化夹有不消化食物，时有呕恶，胃纳少，小便清长，形体消瘦，精神疲惫，腹满按之软，舌淡苔薄腻，指纹色淡。

马老分析认为患儿年幼，脾尚未发育成熟，加之人工喂养不当，运化无力而致泄泻，泄泻日久又进一步加重脾虚致中阳不运，清阳不升，精微不布，生化乏源，治拟益气温运健脾。

处方：党参 5g，焦白术 5g，茯苓 9g，炙甘草 4g，陈皮 5g，煨诃子 4g，煨木香 2g，焦六神曲 6g，炒荠菜花 5g，姜半夏 5g。3 剂，水煎服，日服 2 次。

二诊：3 日后复诊，患儿每日排便 3～4 次，大便仍稀溏，无呕恶。胃纳同前。马老言此脾虚中寒未复，前方去姜半夏加炮姜炭 3 克，再进 4 剂。

处方：党参 5g，焦白术 5g，茯苓 9g，炙甘草 4g，陈皮 5g，煨诃子 4g，煨木香 2g，焦六神曲 6g，炒荠菜花 5g，炮姜炭 3g。4 剂，水煎服，日服 2 次。

三诊：4 日后再次复诊，患儿每日排便减至 2 次，时成形时稀溏，胃纳增加。马老言此为中寒渐除而脾气尚衰，治拟益气健脾以冀全功。方用参苓白术散加减调理数月而愈。1982 年春节随访，在其祖母精心调护之下，药后大便基本正常，每天 1 次，胃纳增加，面色渐渐红润，体重亦有增加。

5. 升清法

升即升提、升举；清指清气，泛指水谷精微之气。"下者举之"为升清法奠定了理论基础。宋代钱乙的"白术散"即依升清止泻法所研制。金元时期李东垣的"内伤脾胃，百病由生"及主张升补脾阳的学术见解更为后世升清法治泄泻提供了重要的理论依据。李东垣根据《黄帝内经》升降出入之论认为脾胃为人身气机升降之枢纽，脾主升，把水谷精微之气上输心肺化生气血，营养全身，胃主降，使糟粕浊阴从下而泄，一升一降，使人之气机生生不息。他主张升清降浊以调理脾胃，而升清与降浊，关键在升清，认为泄泻之发生乃与清阳之气不升密切相关，故治疗上强调升补脾阳，创立了不少升阳为主的方剂，如补中益气汤、升阳除湿汤、升阳益胃汤等。这些方剂的组方特点是补气药配合升提药。补气药如黄芪、党参、甘草等，特别是黄芪这味药，对气虚、阳虚宜升宜提者最为适用。升提药如升麻、柴胡、防风、羌活、葛根等，多数为风药，风药对脾胃有鼓旋之能，对湿邪有运化之功，对补药有升动之效，故而与补气药配伍能达到升清止泻的目的。李中梓有云："地上淖泽，风之即干，故风药多燥，且湿为土病，风药为木，木可胜土，风亦胜湿，"尤在泾有云："湿病用风药者，是助升浮之气，以行沉滞之湿。"

"清气在下则生飧泄"就是指脾虚清阳下陷之泄泻，这种泄泻的特点是先有饮食减少、食则腹胀、肢冷便溏、面黄倦怠、气短懒言、舌淡苔薄等脾虚证，继则泻下完谷不化、脱肛不收等清阳下陷之象。此类泄泻常用升清法，治拟益气升清举陷、补中益气汤为补气升提的代表方剂，后人在此基础上又研制了许多新方剂，如张景岳的举元煎（党参、黄芪、升麻、白术），近代

浙江中医临床名家·马莲湘

张锡纯的升陷汤（黄芪、柴胡、知母、桔梗、升麻）等。

升清法正适用于这种脾肾虚弱、清阳下陷之泄泻。小儿泄泻日久，必定会伤及中焦阳气，寒者温之，虚者补之，本是常法，然有频繁温补而泻仍不止者，宜升清以举陷。《医宗必读》谓："气属于阳，性本上升，胃气注迫，辄尔下陷，升柴羌葛之类，鼓舞胃气上腾，则注下自止……所谓下者举之是也。"

马老认为小儿脏腑娇嫩，脾常不足，一经泄泻，虽时日不久，亦可迅速引起脾气下陷。特别是素体脾弱，消化不良的患儿，更应及早应用升清法，以免滑脱不禁引起亡阳之变。对于脾虚挟湿、挟热患儿，亦可随证使用升提药。脾虚挟湿者用之可助升阳燥湿，脾虚挟热者用之可助升清散热，故升清药与利湿、清热、补虚、温中等药均能配伍运用，并不违背泄泻的各种治则。用之得当能协助扶正祛邪，加速泄泻治愈，若遇虚实兼见，寒热错杂之证，需用补脾升清法时，应当补消兼顾，寒热并用，抓住重点，随证用药。

【验案鉴赏】

乐某，男，6个月。1981年8月11日初诊。

主诉：反复泄泻5月余，加重3日。

患儿5月余前出现泄泻，每日3～4次，粪质稀薄如水。曾当地住院治疗2次，每次均好转后出院。但5个月余以来症状仍反复，每日排便次数仍在3～4次，便溏色淡黄，夹有不消化食物，泻时常有脱肛。3日前患儿因洗澡受凉不慎感染风寒，泄泻较前加重，每日20～30次，泻下粪质稀薄如水，小便量少色清，睡时露睛，鼻塞流涕，胃纳差，夜寐欠安。查体：体温为38.0℃，面色萎黄，头小而尖，形体消瘦，精神萎弱，舌质淡，苔薄腻，指纹色淡。辅检：大便化验示白细胞、黏液、脂肪球各少许，大便培养阴性。

马老分析患儿久泻伤脾，清阳不升，又复感风寒，阳气中伤，致泄泻加剧。治拟益气升阳，佐以疏风散寒。

处方：黄芪9g，焦白术5g，防风6g，太子参6g，茯苓9g，苏叶4g，羌活4g，藿香5g，炒扁豆衣9g，炒荠菜花5g。3剂，水煎服，分2次服。

另配以伤湿止痛膏贴脐中外用治疗。伤湿止痛膏性辛温芳香，贴脐中能通窍行气，又能保暖避风寒。内服汤药配合外治敷贴，简便易行，增加疗效。

二诊：3日后复诊，患儿热退表解，大便泄泻减至每日10余次，粪质仍稀薄，精神稍有好转，胃纳欠佳，夜寐转安，舌质淡，苔薄腻，指纹色淡。

处方：黄芪9g，焦白术5g，防风6g，太子参6g，茯苓9g，藿香5g，炒扁豆衣 9g，炒荠菜花 5g，升麻 1.5g，煨木香 2g，炮姜炭 3g，煨诃子 4g。
3 剂，水煎服，分 2 次服。

三诊：3 日后又复诊，患儿大便每天 6～7 次，淡黄溏薄便，余症好转。
守方。

处方：黄芪 9g，焦白术 5g，防风 6g，太子参 6g，茯苓 9g，藿香 5g，
炒扁豆衣 9g，炒荠菜花 5g，升麻 1.5g，煨木香 2g，炮姜炭 3g，煨诃子 4g。
4 剂，水煎服，分 2 次服。

四诊：患儿大便基本成形，每天 2～3 次，精神活泼，胃纳增，后以七
味白术散去藿香加黄芪 9g，怀山药 9g，焦山楂 6g，调理半月余。

同年 11 月 16 日信访，患儿大便基本成形，每天 1～2 次，胃纳正常，
体重增加。

6. 固涩法

固涩即收涩，止涩。固涩法是治疗精气耗散，滑脱不收的一种方法。《素
问·至真要大论》有云："散者收之"。这一治则适用于自汗盗汗、久咳虚喘、
久痢久泻、小儿失禁等病症。对于婴幼儿久泄不止、滑脱不禁，服温补剂效
果不明显时，临床必须使用涩肠固脱药物以止泻，防止小儿因久泻而亡阴亡
阳或是变为慢惊风。《医宗必读》谓："注泄日久，幽门道滑，虽投温补，
未见奏功，须行涩剂……所谓滑者涩之是也。"

婴幼儿泄泻用固涩法的一般原则是滑泄日久，稀薄不臭，邪衰正虚者。
朱丹溪曰："世俗类用涩药治痢与泻，若积久而虚者，或可行之，而初得之者，
恐必变他疾，为祸不小矣。"张景岳曰："虚者可固，实者不可固，久者可固，
暴者不可固。"提示了涩法的适应证。若涩之过早，唯恐积滞未净，留邪不
去，久而生变。但小儿稚阴稚阳，一旦患病，变化迅速，往往泄泻虽时日不
久而因次数频繁极易导致损阴损阳，若不敢早投固涩剂，未成久泻，患儿已
阴竭阳脱。因此，马老认为治疗婴幼儿泄泻使用固涩药不宜过迟，不必局限
于时间的久暂，不必待滑泄虚脱之际，只要便行畅利，便下不甚秽臭，腹软，
苔净即可选择与病证相符的固涩药。如煨诃子、煨肉果、石榴皮、乌梅等
涩肠止泻药，用之恰当不仅无弊，且可缩短疗程提高疗效。唯罂粟壳一味，
虽为涩肠止泻之良药，但因该药含吗啡、可待因、罂粟碱、蒂巴因、那可
汀等生物碱类物质，不可滥用。古人有关此药经验甚多，如《儒门事亲》
记载："暴注泻水不已，慎不可骤用罂粟壳……纵泻止则肠胃不通，转生

他疾。"李东垣曰："其治病之功虽急，然杀人如剑，宜深戒之。"说明凡泄泻初起邪盛者不宜本品，即使久泻正虚者用之，亦须视年龄大小适可而止，不应过量或久服，否则有害无益，这是罂粟壳与诃子，肉果等涩肠药的不同之处，故而对于稚阴稚阳的小儿几乎不选用罂粟壳涩肠止泻，以免产生不良后果。

马老认为固涩法并不是涩药的简单累加，它和其他治则一样，是建立在辨证的基础之上，通过灵活配伍，达到标本兼治之目的。故涩肠止泻药不仅常与健脾、温中、补肾等互相配伍用于正虚邪之久泻，如真人养脏汤中补气健脾之参术草与收敛固涩之肉豆蔻、诃子、罂粟壳同用；四神丸中温补肾阳之补骨脂、吴茱萸与收敛止泻之肉豆蔻，五味子同用。而且也可与清热、淡渗、芳香、消导、行气等药互相配伍用于正虚邪恋之久泻。临床屡遇湿热食滞泄泻久治不效而稍佐固肠止泻药而获转机者，"寓敛于通之中，通而不伤正，寓通于敛之中，敛而不固邪"以达到邪去正复之治疗目的。如钱氏益黄散是治疗婴幼儿泄泻之祖方，用于小儿泄泻日久不愈，脾胃虚寒，乳食积滞内停，以诃子涩肠止泻为主药，丁香温中止呕，陈皮、青皮理气和脾，甘草益气补脾，如见积滞者可加鸡内金、麦芽，脾胃虚寒者可加人参、白术。方剂配伍充分体现了通涩并施的治法。张璐评曰："益黄不用补益中州，反用陈青二橘，辟除陈气，其旨最微，婴儿久泻，连绵不已，乳食积滞于内，故需二皮专理肝脾宿阴，即兼诃子以兜涩下脱，丁香以温理中州，甘草以和脾气，深得泻中寓补之法。"马老临床亦常用诃子，石榴皮配黄连，黄柏治疗小儿湿热泄泻，每每获得良效。

【验案鉴赏】

郑某，男，5个半月。1981年10月7日初诊。

主诉：泄泻1月余，加重2日。

患儿母乳喂养4个月，因母亲乳少断奶后，近1月余来出现反复泄泻，粪质稀溏，至当地医院，予中药、西药等治疗未有明显好转。近2天泄泻加重，每日排便7～9次，粪质稀薄夹有不消化物，色淡黄，稍有腥臭，腹膨而软，面色萎黄，精神萎弱，自汗盗汗，胃纳差，稍有多食即出现泻下增多，肛门不红，舌质淡，苔薄腻，指纹色淡。

马老分析患儿脾虚久泻，气脱阳虚。治拟益气健脾，固涩温运。

处方：党参5g，茯苓9g，苍白术各4g，炮姜炭2g，煨诃子6g，煨肉果6g，焦楂炭5g，炒谷麦芽各6g，炒荠菜花5g。6剂，水煎服，日服2次。

复诊：6 日后复诊，患儿大便每日 2 ～ 3 次，时而成形，时而溏薄，胃纳渐增。

处方：党参 5g，茯苓 9g，苍白术各 4g，煨诃子 6g，煨肉果 6g，焦楂炭 5g，炒谷麦芽各 6g，炒荠菜花 5g，炒山药 9g，炒米仁 9g。15 剂，水煎服，日服 2 次。

11 月 16 日信访，药后大便每日 1 ～ 2 次，已成形，胃纳增加，渐趋康健。

7. 调和法

调和法属八法中"和法"范畴。"和"有"调和""缓和"之意。婴幼儿泄泻用"和法"主要指调和肝脾而言，临床上习惯称为"调和肝脾法"。肝脾两脏在生理上相互制约，病理上相互影响脾性柔嫩，必赖肝木条达的疏泄才能健运不息；肝性刚强，必赖脾土供给精微以滋润方能刚柔既济。肝主疏泄，调畅气机，协助脾胃之气的升降，是保持脾胃健运的重要条件；若肝失疏泄，则脾的运化功能就随之发生障碍。同样，脾失健运亦会反过来影响肝的疏泄条达。小儿稚阴稚阳，脾常不足，肝常有余，体内阴阳之动态平衡及肝脾之相互制约的生理关系处于相对不稳定状态，稍有偏颇则脾易虚而肝易旺，加之小儿神气怯弱，见闻易动，大惊猝恐，每易导致肝木亢旺，乘侮脾土，脾失健运，乳食不化而致泄泻。

此类泄泻临床常见大便泄泻青稠不化多泡沫，便行稍有不畅感，大便每天少则三四次，多则十余次，时有肠鸣腹痛，夜寐多汗，胆怯易惊等。中医儿科典籍中称之为"惊泻"。如《小儿卫生总微方论》谓："泻色青，发热有时，睡卧不安者，此惊泻也。"《证治准绳》记载："小儿惊泻者，肝主惊，肝木也，盛则必传克于脾，脾土既衰则乳食不化，水道不调，故泄泻色青。"又记载："惊泻粪青如苔，稠若胶黏不可便止，但镇心抑肝，和脾胃，消乳食，斯为治法。"

调和肝脾法治疗成人泄泻历代医家论述颇详，近代亦广为运用，然而对小儿泄泻论及较少，也许认为小儿无七情所伤，未必肝脾失调而泻，殊不知小儿脾常不足，肝常有余的生理特点易致脾虚肝旺的病理变化而引起泄泻。临床并非鲜见。

小儿惊泻病机关键是脾虚肝旺，故用"和法"以调和肝脾、健脾抑肝为治。马老临床常用《医宗金鉴》"益脾镇惊散"合明代刘草窗"痛泻要方"加减治疗。主要药物为党参、炒苍术、炒白术、茯苓、青陈皮、炒白芍、钩藤、灯心草、炒山药、炒扁豆、炒米仁、厚朴花、煨木香。其肝旺既非肝经实火，亦非肝阳上亢，故无须用龙胆草、山栀等苦寒之物泻肝，龙骨、牡蛎等咸寒镇肝，宜用党参、苍白术米仁等健运脾土以抑肝木，白芍、山药等柔养肝体以制肝用。充分体现了健脾以运为补，平肝以柔为贵的学术思想。

【验案鉴赏】

郭某，女，9个月。1980年10月27日初诊。

主诉：泄泻1月余。

患儿1个月余前出现泄泻，大便青稠不化有沫，每日多则10余次，少则4、5次，胃纳减少，精神如常，睡时露睛，夜寐不宁，多汗，于当地医院用西药治疗，至今效不显，舌苔薄腻，指纹淡紫。

马老分析为患儿系肝脾不和脾虚肝旺而致泄泻。治拟调和肝脾。

处方：党参6g，炒苍白术各4g，炒米仁9g，炒白芍5g，炒山药6g，陈皮5g，朴花5g，煨木香3g，防风4g，钩藤6g，辰灯心2束。4剂，水煎服，日服2次。

二诊：4日后复诊，大便色转黄，每天3次，溏薄，夜寐转安，胃纳增。

处方：党参6g，炒苍白术各4g，炒米仁9g，炒白芍5g，炒山药6g，陈皮5g，朴花5g，煨木香3g，防风4g，茯苓9g，炒扁豆9g。7剂，水煎服，日服2次。

药后痊愈。随访10个月，健康无恙。

综上所述，婴幼儿泄泻的病因不一，临床表现复杂，治疗时必须着眼于整体，抓住辨证求因，审因论治的原则。婴幼儿泄泻以"脾为主脏，湿为主因"就其辨证而论，分为虚实两类，虚证以脾虚为主，实证以湿邪为主，结合暑邪、寒邪、热邪、食积等。脾虚和湿邪又互为因果，互相关联。其治疗原则不外乎"实则泻之，虚则补之"。以上所论七法中，利湿、清热、消积为泻法，补脾、升提、固涩为补法，调和肝脾为补泻合治之法。临床治疗中七法并非截然分立，常综合应用。如实证、热证泄泻患儿清热治疗之下，往往合并消积，利湿；虚证、寒证患儿补脾之下往往合并升清，固涩。然小儿脾常不足，易虚易实，易寒易热，临床所见虚实夹杂者较多，故其正虚邪实、寒热错杂者又当攻补兼施，寒热并用。而合并其他伴随症状者，则需要综合患儿全身情况辨证论治。明代李梴有云："其间有风胜兼以解表，寒胜兼以温中，滑脱涩住，虚弱补益，食积消导，湿则淡渗，陷则升举，随证变用，又不拘于次序。"临床医生需要根据患儿具体情况，随机应变，辨证求因，审因论治。

（二）小儿泄泻的辨证经验

1. 论治贵在辨证求因

马老指出婴幼儿体质娇嫩，脾胃虚弱，加之泄泻病因复杂，一旦患病，临床变化多端，故论治必须从整体观念出发，掌握好脾胃这一中心环节及寒热虚实四个基本类型。从正邪相争，阴阳失调，升降失司几种病理变化中辨证求因，审因论治，方能执简驭繁，知常达变，应用自如。临床决不能呆板地守住几种分型而一法到底。因为分型就只是根据病情中的一些特定症状而做出一种人为的划分，它往往只存在于病变的某一阶段，而不是贯穿于整个疾病的始终。当主要矛盾起了变化，临床症状改变了，治疗方法也就必然随之变化。临床中马老治疗一个泄泻患儿会用2～3种治法，如暑湿泄泻初起属实属热兼挟湿邪，多用清暑利湿法，而后湿热渐清，气阴日耗则改用酸甘化阴或升清固涩法，终以益气健脾调理收功。

2. 配伍注意升降气机

马老治疗婴幼儿泄泻在配伍中注重升降气机。婴幼儿泄泻的发生与气机升降密切相关。脾胃为机体升降出入之枢纽，故在治疗中除首重调理脾胃升降之机外，亦不可忽视调畅肝气和宣畅肺气。肝主疏泄，喜条达，肝的疏泄功能既可以调畅气机，又能协助脾胃之气的升降。除肝脾失调之泄泻疏肝柔肝责无旁贷外，其他湿热、寒湿、食积、脾虚等泄泻均可用行气疏肝之品，如木香、朴花、陈皮等。肺主一身之气，肺之治节不行则一身之气皆滞，故宣畅肺气、伸其治节是调升降运枢机的关键。肺与大肠相表里，肺气一宣，肠间无上焦之邪浊下迫，升降正常，泄泻亦不致久延，故处方中常配伍苏叶、蝉衣、藿香、佩兰等芳化宣肺之品。

3. 处方务求轻灵活泼

马老临床治疗小儿泄泻常用轻灵之剂，以轻灵活泼之处方适应小儿"生机蓬勃""脏气清灵"之特征。其主要表现有二：第一，用药选择质轻味薄之品，如荠菜花、川朴花、苏叶、蝉衣、茯苓等，轻灵之品既可鼓舞脾胃之气，使脾胃得健以资助气血生化之源，又可增强脾胃功能，促进脾胃对药物和营养物质的吸收，增强机体抗邪外出之力。并且质轻味薄之品煎成汤剂后药汁清淡，苦味不甚，小儿可以接受。第二，用药量轻，轻者 3g，重者 9g，常用量为 4～6g，服药以少量频服为宜（如将药煎成 50～60ml，每天服 4～6 次，每次 1～2 匙），泄泻患儿脾胃之气既伤，脾胃已不任重负，药多量重不仅无益，反而愈伐其胃气，少频服，缓缓振奋中土，促进药液吸收加速泄泻痊愈。

4. 用药切记顾此失彼

马老临证用药常反复推敲，精思熟虑，根据病机选择方药，通过恰当配伍使每味药物各尽其能。具体药物运用如下所述。

（1）利湿药：湿为泄泻之主因，利湿药是泄泻中的常用药，如用茯苓、泽泻、车前子、米仁、通草、灯心草等利湿药配以芳香化湿之藿香、佩兰、蔻仁和苦温燥湿之苍白术、朴花、陈皮等，使湿从上中下三焦分运而走。利湿法虽为治疗泄泻的常用方法，但泄泻本就容易伤津，利湿则更易伤阴，因此临床须注意适应证和禁忌证。张景岳曰："小水不利其原非一，而有可利者，有不可利者，宜详辨之。"马老认为新病实热之泄泻可利，久病虚寒不可利，临床除证候表现实热虚寒外，还需要观察囟门和舌象，若囟门微陷，舌苔腻而不甚燥者可利；囟门下陷，舌淡无苔或舌红光苔者不可利。故临床治疗泄泻不可一概而论均用利湿法。

（2）清热药：婴幼儿泄泻使用清热药主要是选择具有清肠中湿热作用的药物，如用黄芩、黄连、黄柏、白头翁、秦皮等药。临床常用黄芩、黄连与木香、蔻仁配伍，使苦寒而不致碍脾，清热而不致伤阴，适合小儿稚阴、稚阳之特性。

（3）消食药：小儿饮食不知自节，除了应用于泄泻乳食积滞这一型外，其他各种泄泻均可略佐一二味消食导滞药，常用焦六神曲，山楂炭既消食又治泻。哺乳婴儿宜用谷、麦芽，乳食夹痰者多用莱菔子。特别值得一提的是马老在临床上常用的炒荠菜花，始载《名医别录》，书中将其列入上品，因其能消小儿乳积，止泻，且性平味甘，无论寒热虚实之泄泻均可配伍运用，故为临床常用的消食治泻药。

（4）补气药：小儿脾胃气弱，宜温养脾胃，不宜过于耗散。但小儿脏腑娇嫩，易寒易热，易虚易实，故选方用药切忌滋腻呆补有碍脾气之升发。常用的补气药有党参、黄芪、白术、甘草，临床必佐陈皮、木香、朴花等行气之品，使补而不滞，然补气药其性多甘温，行气药其性多辛温，临诊尚需注意顾护胃阴，视病情酌佐健脾养胃之药如怀山药、白扁豆、生谷芽等。

（5）温中药：具有振奋脾阳的作用，脾为阴土得阳始运，脾阳不振，则精微不布，浊阴内踞，寒从中生。温脾补阳，清阳得运则浊阴自化。马老认为在临床上及时适当的使用温中药也是治疗婴幼儿泄泻成败的关键。首选的温中药是炮姜炭，炮姜性温，辛可散邪理结，温可除寒通气，炒炭后具有"温中健脾，化瘀止泻"的作用，与人参白术甘草等补气药配伍相得而效益彰，寒甚者略加淡附块。唯有脾阳虚的泄泻适合加用温中药，若脾气虚而泻者需慎用。盖温中药其性多温热而燥，用之不当，反而容易伤气。临床见气虚之证而误用姜、附等温热药反致气津两伤之危象者不在少数。小儿稚阴稚阳之体，泄泻本易伤阴伤阳，故选用温中药尤当谨慎。

（6）升清药：临床治疗婴幼儿泄泻中较常用的升清药是葛根、升麻、防风。葛根气轻浮，鼓舞胃气上行，既能生津液，又能解肌热，其与芩、连合用为治湿热泄泻之良剂，与人参、白术配伍为治脾虚泄泻之圣药；升麻气味俱薄，升胃中清气，又引甘温之药上升，配合人参黄芪用治疗小儿清气下陷之泄泻疗效颇著；防风升清之力较升麻为弱，兼能祛风胜湿，《菊人医话》有云："东垣用升麻以升脾阳，每嫌其过，天士改用防风，比较稳妥。"故湿邪偏胜，清阳不升之泄泻多伍以防风。

（7）固涩药：小儿泄泻使用固涩药主要需掌握两个原则。其一，正虚邪衰者必须及时使用，以顾护患儿正气，谨防滑脱难禁之势，如临床常以煨诃子、煨肉果与党参、黄芪、炮姜等配伍，温阳益气涩肠止泻；以乌梅、五味子与太子参、白芍、甘草等配伍，酸甘化阴涩肠止泻。其二，正虚邪恋者亦可视病情，适当配伍，如湿热泄泻已久，次数仍频虽邪热未净但气津已耗，可在清利肠中湿热为主的同时，略佐涩肠之品，马老在临床常选用石榴皮、诃子，此两味药性虽酸涩，然有明显清肠解毒之功。小儿生机旺盛，阳火易动，邪热致泻久之易灼营涸液，故佐以酸涩收敛以护其营液之耗伤，使清而不伐正，敛而不留邪，促使泄泻早日痊愈。

（8）行气药：治疗婴幼儿泄泻较常用的行气药是木香、陈皮、朴花等。木香，三焦气分之药，能升降诸气，生用行气导滞，煨用实大肠止泻；陈皮，李时珍称其："同补药则补，同泻药则泻，同升药则升，同降药则降。"随着不同配伍而发挥其行气助运，燥湿健脾之功；厚朴用花取其质轻味薄，行气化湿而不耗气。总之行气药行而不受，可鼓舞脾胃斡旋之机而复升降出入

浙江中医临床名家·马莲湘

之常，行气药无壅滞之弊，使补而不滞，敛中有通。只有气机流通，才能是伏遏之热，壅滞之湿，胶着之痰，停积之食得以推动荡涤。故行气药在婴幼儿泄泻中的应用决不能等闲视之。

5. 饮食宜忌不得忽视

饮食忌口对于泄泻患儿而言非常重要。马老在临床往往会反复告诫家长，泄泻本属脾胃之病，饮食尤当注重。若饮食不慎常致泄泻反复发作而导致疳积。急性泄泻发作之时宜停食或少食，慢性脾虚久泻也宜少量多餐，平时饮食宜清淡，易于消化，富于营养，忌食生冷瓜果，肥甘厚味之品，更忌暴饮暴食，乳母也同样宜注意饮食，以免影响婴儿。

二、疳证

疳证是由喂养不当或多种疾病影响，导致脾胃受损，气液耗伤，不能濡养脏腑、经脉、筋骨、肌肤而形成的一种慢性消耗性疾病。本证属现代医学"蛋白质-能量营养不良""维生素营养障碍""微量元素缺乏"等营养不良性疾病。本证多发生于5岁以下婴幼儿，因其起病缓慢，病程迁延，严重影响小儿生长发育，甚至会引起死亡。在古时候被视作恶候，为古代儿科四大证之一。"疳"字有两种含义，一为"疳者干也"是指患有疳证的患儿往往有气液耗伤，形体羸弱，肌肤干涩；二为"疳者甘也"是指由于患儿饮食不节，多食用肥甘厚味而损伤脾胃，脾胃受损不能运化水谷，病而日久，形成疳证。前者为症状言，后者为病因而言。民间亦称"奶痨""食疳"。

（一）病因病机

疳积的形成是由于乳食不节，喂养不当，慢性疾病等损伤脾胃。而脾胃为生化之源、后天之本，胃伤则不纳，脾伤则不运，气血津液无以资生。发病之后又有内伤兼外感，虚实夹杂，其病理变化较为复杂，兹分述于下。

1. 乳食不节，脾胃损伤

小儿脏腑娇嫩，肠胃未坚，乳食杂进，恣食肥甘生冷，壅滞中焦，脾胃受伤，乳食之精微无从运化，脏腑气血缺乏供养，渐至形体消瘦，津气亏耗，终成疳证。

2. 喂养不当，营养失调

母乳不足，或断乳太早，喂养食品不能适应小儿生长发育的需要，或偏食、挑食等不良习惯，皆可导致食量不足或营养成分不全，时日渐久，使发育障碍，体质益虚、诸脏皆损，体力不支，抗病力差，于是疳积等疾病相继发生。

3. 慢性疾病，转化成疳

小儿常见的慢性疾病如慢性腹泻、痢疾、佝偻病及结核和各种虫证等，倘若病情发展，经久不愈，自身消耗，同时损及脾胃功能，消运障碍，既可引起营养不良，又可产生积滞不化。久病则必致元气虚急，骨髓不充，阳损及阴，阴虚火旺，蒸灼津液，气血两亏，乃致形体羸瘦，而成疳积。

疳证日久往往可由脾胃而伤及他脏，如子病及母，伤及心，则可见心火炽盛，熏至口舌，多见口腔内生疮，夜烦不寐；如土克水，脾胃病伤及肾，肾主水，水湿泛滥，全身可出现浮肿，且肾精不足，骨失所养，则出现骨痿；如土侮木，肝血不足，则可见两目羞明、白翳遮睛，且肝血不足，阴不济阳，肝阳上亢，则可见性情急躁，易哭易怒，摇头揉目；如土乘金，脾病及肺则可见潮热、咳嗽。

（二）辨证论治

疳积是一种以脾胃为主的慢性全身虚损性疾病。初起大多证候轻微，以积滞伤脾为主，如果进一步发展，可以出现脾虚气弱，甚至气血两亏等严重证候。

1. 积滞伤脾

症候：面色稍显萎黄、毛发变稀，形体较一般正常小儿略为消瘦，乳食懒进或多食善饥，体重不增，大便干稀不调，小便混浊，舌红苔腻，较大儿童脉常滑数。

治法：消积导滞和脾。

方药：保和丸加减。

山楂 9g，六神曲 9g，半夏 6g，茯苓 9g，陈皮 3g，连翘 9g，炒莱菔子 9g，炒麦芽 9g。

若患儿为乳儿或体弱者，常用方改为：山楂 9g，六曲 9g，麦芽 9g，香附4.5g，陈皮3g，砂仁（后入）1.5g，炙甘草3g，白术9g，怀山药9g，生扁豆9g，茯苓9g。若是患儿为体实积滞明显者：方用山楂9g，六曲9g，青陈皮各6g，黄连4.5g，三棱9g，莪术9g，炙干蟾皮9g。

2. 脾虚气弱

症候：面色暗黄无华，精神萎靡不振，毛发如穗，干枯无泽，乳食呆滞，消瘦显著，有的消谷善饥，头大颈细，腹部胀满，青筋暴露，四肢欠温，大便常溏泄，小溲如米泔，舌质淡红，苔多白腻，脉濡而带滑。

治法：益气消积理脾。

方药：消疳理脾汤加减。

党参9g，白术12g，茯苓9g，炙甘草6g，山楂9g，六曲9g，炒麦芽12g，胡黄连3g，炙干蟾皮9g，炒青皮6g。

若体质较强，积滞明显，或原体质虽弱，经用上方后脾气渐复，而积滞未消者，应酌情加用破气消积的三棱、莪术、槟榔及泻下的芦荟等药物。并需注意中病即止，以免耗伤脾胃。

3. 气血两亏

症候：面色㿠白，毛发憔悴，骨瘦如柴，腹大如鼓，四肢不温，夜卧不宁，哭声低微，纳呆便泄，唇干喜饮，舌淡苔少或光，脉细无力。

治法：补益气血。

方药：人参养荣汤加减。

黄芪12g，党参9g，白术12g，茯苓9g，炙甘草6g，当归9g，白芍9g，熟地12g，五味子3g，怀山药9g，生扁豆9g，陈皮3g，麦芽9g。

若脾气渐复、运化改善，而积滞未消者，可在上方去人参、黄芪、熟地、白芍之类，酌情选用消积破气的三棱、莪术、炙干蟾皮之品，待积滞消之后，继续进行调理脾胃，补益气血。

疳积的治疗，当根据病情兼症加减治疗。如泄泻清谷者加煨肉果、煨诃子、炮姜等；如疳热不清者加胡黄连、地骨皮、青蒿等；如面白自汗、肢冷阳虚者加附子、肉桂等；如口干、唇红、舌光、阴津耗损者，加生地、麦冬、石斛等；如夜盲目翳加谷精草、夜明砂、蜜蒙花或羊肝丸等；如浮肿者，应温阳利水，用五苓散合五皮饮；出血者用益气摄血法。

在治疗过程中，还应随患儿积滞渐消，脾胃功能渐复，则滋养强壮之剂逐步增加的原则，灵活掌握。配合针刺四缝穴，割治，掐脊等外治法，可使疗效更加显著。此外，饮食疗法，纠正喂养缺点，补充必需的营养、维生素，对于严重患儿必要时给予输血、激素等治疗，以加快病情的恢复。

（三）治疳经验

马老认为本病在临床上具有三大特征：一为病程较长，患儿多表现为进行性消瘦；二为消化功能出现异常，如不思饮食，大便干稀不调；三为情志变化，如精神烦躁，或精神欠佳，甚至神志淡漠，或见揉眉挖鼻，吮指磨牙。其治疗原则为健运脾胃，兼之以消补兼施。临床需要根据患儿病情轻重程度，病程长短，积食与否，患儿自身体质等进行辨证论治。

马老指出治疗疳积，最主要的就是"消""补"二字。原则是初起或虽久但体质尚实者，予以先消后补，病久体虚者，则应先补后消，根据病情深浅，尚有三补七消、半补半消、七补三消等区别。

补的方面，以健脾助运为主，如异功散、七味白术散、参苓白术散等均可酌情选用。若气虚明显，可加用黄芪或增加黄芪剂量以增强补气之功；若阴虚明显，临床可见口渴喜饮，舌苔少或花剥，可加川石斛、麦冬益胃生津；若积滞较多，往往舌苔厚腻，则去参；而病程中后期出现气血不足可加当归、白芍、五味子养血敛阴。

消的方面，以消积导滞为主，如鸡内金、神曲、谷芽、麦芽、山楂、莱菔子等消食药常被选用。便溏则在药物炮制上多选择炒或焦用，并加广木香、苍术化湿运脾；便秘者则选用炒莱菔子、枳壳导滞下行；若患儿出现腹大如鼓，按之柔软，可酌加大腹皮、花槟榔、地骷髅、枳实、砂仁等行气消积；若是腹部坚硬可酌选三棱、莪术、大黄破积化瘀；若是因虫积而导致腹痛则用使君子、苦楝皮等驱虫药；若患儿烦躁啼哭不止，加胡黄连、干蟾皮、夜明砂清肝泻火。

此外，马老认为无论体质虚实如何均可配伍乌梅、木瓜两味药物。乌梅敛肺，涩肠，生津，安蛔；木瓜平肝舒筋，和胃化湿。此两者与健脾益气、消积导滞之品配伍，健脾养阴，益气化湿。

（四）草药单方

马老在临床上也往往会配合运用一些简易的单药单方，临床疗效甚佳。

（1）干蟾蜍将蟾蜍去内脏，焙干研末，每次用 1.5 ～ 3g，糖水调服，日服 3 次。

（2）疳积散：鸡内金 30g，山楂、神曲、麦芽各 90g，研末为散剂，每服 3g，糖水调服，日服 3 次。包煎加倍。

（3）蟑螂粉：蟑螂焙黄去头、足及翅研成粉末，每服 3 只，温开水送服，日服 3 次，服至痊愈。

（五）正确喂养观

马老在治疗疳证的同时亦常向家长宣教正确的喂养观。小儿宜饥饱适宜，防止偏食、挑食。纠正吃零食等不良习惯。对乳儿应提供母乳喂养并及时添加辅食，保证营养成分，保护脾胃功能。另外，保证营养的同时，严忌营养过剩，在物质文明不断发展的今天，有些家长片面强调营养，从婴儿时的各种进口奶粉到幼儿期的高蛋白食物，再加各类营养保健品，如此喂养的孩子往往会出现两个极端。一是单纯肥胖症，肥胖并非健壮，却是某些疾病祸根，成年人的肥胖症、高脂血症、冠心病、糖尿病等，往往是从幼小开始的。二是疳证，由于所给营养物品过多，使孩子机体不堪承受重负，久而久之，损伤了幼嫩的脾胃功能，导致消化、吸收障碍，造成过犹不及的被动局面，此时万不可再给孩子增加过多营养，应及时调整饮食结构，适量、定时地给予易消化的食物，尤以清淡素食为好，不得强行进食，待其脾胃功能恢复胃纳开启后方可逐渐增加蛋白类饮食，补充必要的营养素。不宜过分溺爱孩子，有的孩子已上幼儿园，出门仍不愿自己走，应经常让小儿到户外活动，接受新鲜空气与阳光。适当参加一些体育活动，以进一步增强体质。此外还需让孩子干些简单家务，如取送简单物品、帮助开关门户、扫地、擦桌子等，既活络全身气血，促进生长发育，又培养孩子的劳动观念，有益于孩子的身心健康。

【验案鉴赏】

朱某，女，3 岁。1991 年 5 月 6 日初诊。

主诉：体重不增 1 年余。

患儿 8 个月龄前成长如同龄儿童，8 个月龄时，母亲因病断母乳，改为人工喂养。近 1 年来患儿体重无明显增加，经常多食多饮，继而多泻，口渴喜饮，夜寐不佳，盗汗，胃纳不振，大便时干时溏。现面色萎黄，形体消瘦，头发稀疏色黄，腹部膨大，大便干，烦躁不安，脉细软，舌苔薄白，舌质淡，指纹淡紫。

马老分析此患儿疳证已成。治拟健脾消滞养阴。

处方：党参 6g，炒白术 4.5g，茯苓 6g，山药 9g，焦六曲 6g，炒白芍 6g，黄芪 6g，煅牡蛎 9g，清炙草 3g，焦山楂 6g，夜交藤 9g，木瓜 3g，乌梅 3g。5 剂，水煎服，日服 2 次。

二诊：5 日后复诊，患儿仍烦躁不安，口渴多饮较前好转，胃纳转佳，大便干，夜寐转安，盗汗减少，指纹淡红。以原方去夜交藤加熟地 9g。继服 5 剂。

处方：党参 6g，炒白术 4.5g，茯苓 6g，山药 9g，焦六曲 6g，炒白芍 6g，黄芪 6g，煅牡蛎 9g，清炙草 3g，焦山楂 6g，熟地 9g，木瓜 3g，乌梅 3g。5 剂，水煎服，日服 2 次。

三诊：5 日后再次复诊，患儿面黄有泽，胃纳佳，夜寐安，盗汗已止，腹软，大便正常，嬉戏如常儿。家长因煎药不便，要求用简便方治疗。

处方：消疳肥儿丸 15 丸，嘱每日将丸捣碎入粥内拌服。

半个月后来复诊，患儿面色已见红润，精神活泼，食欲、两便均趋正常。再以消疳肥儿丸续服半月，诸恙好转，体重增加。

三、蛋白尿

尿内出现蛋白称为蛋白尿，即尿蛋白。正常尿液中含少量小分子蛋白，普通尿常规检查检测不出，当尿中蛋白增加，尿常规检查可以测出即为蛋白尿。蛋白尿是肾疾病最常见的表现。马老对蛋白尿有丰富的临床治疗经验。他认为：脾主运化，将精微物质上输于肺而布运全身，脾虚则不能运化精微，精微物质反而与湿浊混杂，从小便而泄；肾主藏精，肾气不固，气化功能减弱，导致精气下陷，从小便而出，即成蛋白尿。马老从这一病机出发采用从脾治肾法来治疗蛋白尿。临床常从以下证型进行辨证论治。

1. 脾虚湿困型

症候：尿蛋白（＋～＋＋），轻度浮肿，面色苍白或萎黄，不思饮食，胃脘胀满，甚或恶心欲吐，肢体困倦，大便稀溏，小便短少，舌淡胖，苔薄白或薄腻，脉濡弱。

治则：益气健脾，利水消肿。

主方：参苓白术散加减。

方药：党参、黄芪、白术、山药、茯苓皮、猪苓、泽泻、米仁、玉米须等。

加减：若是舌苔白厚腻者，提示湿重者去山药，加藿香、砂仁、苍术等芳香燥湿药；若是湿壅日久口苦，舌苔黄厚腻者，去党参、山药，加黄柏、车前草、鸭跖草、石韦等清利湿热药；若是偏寒，加桂枝通阳利水；若是兼见血尿者，加大蓟、小蓟、淡豆豉、地骨皮等凉血止血药；若是血压偏高者，可加珍珠母、牛膝、夏枯草等平肝药；若是兼见头晕不寐、四肢麻木、唇舌淡白者，去泽泻，加当归、鸡血藤、枸杞等养血药。

马老指出此类证型多见于病情的早期，尿常规检查示蛋白（+～++），或仅有长期尿蛋白（+-～+）及轻度乏力感而无明显症状。脾气虚，运化无力，水液无法正常代谢，水谷精微不能输布，与湿浊从小便而下，从而出现诸症。

2. 脾肾阳虚型

症候：脾虚日久，损伤及肾，表现为脾肾阳虚，尿蛋白多为（++～+++），全身浮肿，以腰以下为甚，面色㿠白或灰暗不华，形寒肢冷，腰膝酸软，四肢欠温，大便溏薄，小便短少，或浮肿不甚明显而小便频数清长，入夜尤多，舌质淡胖而有齿痕，苔白滑，脉沉细无力。

治则：益肾健脾，温阳利水。

主方：真武汤合五皮饮加减。

方药：党参、黄芪、白术、附子、巴戟天、白芍、茯苓皮、大腹皮、猪苓、泽泻等。

加减：一般而言，蛋白尿会随着水肿的消退而逐渐消失。若是水肿已退而蛋白尿仍有者，脾阳不足为主者予实脾饮加减，肾阳不振为主者予济生肾气丸加减。慢性病一旦辨证确切，守方数月，必能见效。从临床所见，调整和恢复脾肾功能是治疗的中心环节，不仅要补其脏体，更重要的是助其脏用，因势利导，发挥脏腑固有的生理机能，调动机体本身的抗病能力。

马老指出此类证型多见于病情的中、晚期。血常规检查常见血浆白蛋白偏低，胆固醇偏高，若不及时进行合理治疗，可逐渐由阳损及阴，由脾肾而及肝，因正虚而导致湿浊内阻，最后导致肾功能衰竭。

第三节　得心应手用和法

调和法属八法中"和法"范畴，有关"和法"的记载，最早见于《黄帝内经》，"和法"的概念在《黄帝内经》里主要含有"调和"的意思。汉代张仲景所著《伤寒论》里的"和法"包含"缓和""调和"之意。至南宋成无已首先明确提出"和解"的含义。后世多从成氏之说。清代程钟龄亦强调"和解"是"和法"的主要内容。《伤寒明理论》中有云:"伤寒邪在表者,必渍形以汗;邪气在里者,必荡涤以为利;其于不外不内,半表半里,即非发汗之所宜,又非吐下之所对,是当和解则可矣。"《医学心悟》中有云:"有清而和者,有温而和者,有消而和者,有补而和者,有燥而和者,有润而和者,有兼表而和者,有兼攻而和者,和之义则一,而和之法变化无穷焉。"近年来对"和法"的研究逐渐深入,适应证亦颇为广泛,但主要用于"少阳病"和"脏腑功能不和"的两大类疾病,前者属外感时病用和法,意在"和解",后者属内伤杂病用和决,意在"调和"。总之,和法是通过和解、调和或缓和等作用调整人体机能的一种治疗方法,多用于邪在半表半里的病证。它既非专事攻下,又非一味补益,而是通过攻补兼施、寒热平调、分消上下、表里双解等方法,使机体表里寒热虚实的复杂证候,脏腑阴阳气血的偏盛偏衰归于平复。

小儿脏腑娇嫩,形气未充,且小儿肺常不足,肺卫不固,易感外邪,感邪后易虚易实,易寒易热。临床儿科常见半表半里、寒热错杂的证型,此时唯和法最为适用。和法在儿科临床采用表里双解法、寒热调和法、攻补兼施法,往往不用大寒大热、大攻大补之药,迎合了小儿稚阴稚阳的生理特点与易寒易热的病理特点,因此马老在临床中十分重视"和法",认为"和法"在儿科的治疗法则中地位非同一般。

一、和法在儿科的适应证及临床应用

(一)表里失调诸证

小儿形气未充,卫外不固,加之调护不当,易为外邪侵犯,又小儿脾常不足,饥饱不能自调,感邪后易食滞肠胃;又小儿肝常有余,感邪后犯脾易挟惊。临床常表现为寒热往来、胸胁苦满、默默不欲饮食、心烦喜呕、口苦、咽干、目眩、舌苔薄白、脉弦等表里失调诸证,治拟和解表里。

1. 代表方

马老临床以小柴胡汤作为主方治疗此诸证。小柴胡汤出自东汉张仲景的《伤寒论》由柴胡、黄芩、人参、甘草、半夏、生姜、大枣七味药物组成。

方中柴胡升散，黄芩降泄，两者配伍，为和解少阳的基本结。本方以和解少阳为主，兼补胃气；以祛邪为主，兼补正气，邪气既除，胃气调和。人参、甘草、大枣扶正益气和胃，半夏、生姜和胃降逆。全方使阳明充实，气机畅达，即可扶正以祛邪，并防止少阳半表半里之邪传里。因而小柴胡汤也被誉为"少阳枢机之剂，和解表里之总方"。

2. 儿科临床应用

（1）上呼吸道感染之发热：疾病初期，小柴胡汤去人参、大枣；若是受风寒可加苏叶、荆芥加强散寒解表之力；若是受风热可加银花、连翘以加强疏散风热、清热解毒之功；若是咽红肿痛可加七叶一枝花、玄参清热解毒，消肿散结；若是咳嗽明显可加桑叶疏风、前胡降气、杏仁止咳平喘；若是高热3天以上需加石膏清热泻火或牛黄清心丸清热解毒、开窍醒神。以解热为主时，柴胡剂量应适量加大些，小儿常规用量为5～6g。柴胡的清热抗炎作用，在现代医学中也有所发现。柴胡含有柴胡皂苷、植物甾醇，以及有着少量挥发油茎叶含芦丁、粗皂苷、皂苷元A，具有镇静、镇痛及镇咳的作用。柴胡提取物、柴胡多糖具有免疫增强的功效。柴胡还有助于保肝利胆、镇静、镇痛、抗癫痫、抗菌、抗病毒等作用。柴胡煎剂（每1kg水煎5g生药）对发热的家兔有明显的解热作用；柴胡多苷200～800mg/kg口服对小鼠有明显的解热作用。目前广泛应用的柴胡注射液，由柴胡经水蒸气蒸馏制成的灭菌水溶液，一次2～4ml，日1～2次，肌内注射，对治疗感冒、流行性感冒及疟疾等引起的发热有较好的解肌退热的效果。同时若是加入黄芩，退热之效倍增，柴胡解半表之邪，黄芩清半里之热，对于治疗邪在半表半里的发热效果更佳。

（2）流行性腮腺炎：简称流腮，中医称为痄腮，是儿童和青少年期常见的呼吸道传染病。它是由腮腺炎病毒引起的急性全身性感染，以腮腺肿痛为主要特征，有时亦可累及其他唾液腺。腮腺炎的发病部位主要在腮腺，为少阳经脉循行所过。因此中医认为此病为时疫之毒邪犯少阳所致。此病起病急，在运用小柴胡汤时去人参、生姜、大枣，加用银花、牛蒡子、浙贝、大青叶等疏散风热，清热解毒，消肿散结之药。而其中柴胡、黄芩和解半表半里之邪，作用举足轻重。

（3）小儿疰夏及夏季不明原因低热：小儿脾常不足，夏季多暑邪，暑必夹湿，感邪后极易出现湿困脾胃、表里不和之症。对此马老临床常用小柴胡汤和解少阳，调和表里。小柴胡汤人参、大枣，另可加用青蒿退虚热，薄荷疏散风热，藿香散寒化湿，六一散清暑利湿，数药配合，起到芳香醒脾、和解表里的作用，从而纳增神清热退。

（4）小儿热病之后低热不退：由于小儿患病后，余邪未清，正虚邪恋。此时正已虚，邪尚在，因此在治疗上就需要扶正同时祛邪。马老在遇到此类证型时常说"正虚而邪恋，表里定不和，唯小柴胡汤可，扶正达邪，和解表里。"

【验案鉴赏】

王某，男，8岁。1989年2月16日初诊。

主诉：左腮腺肿大3天。

患儿3天前出现左侧腮部肿大，边缘不清，有压痛，伴发热、头痛、口苦；不思饮食，夜寐安，二便尚调；咽红，舌质红，苔薄白，脉弦数。血常规示白细胞计数正常。

马老分析此为痄腮（流行性腮腺炎），为邪犯少阳证。足少阳胆经绕耳而行，邪郁少阳经脉，与气血相搏，凝滞耳下腮部，故腮部肿胀疼痛。治拟和解表里，消肿散结。

处方：柴胡6g，黄芩6g，竹沥半夏6g，炙甘草3g，银花9g，牛蒡子6g，浙贝6g，大青叶6g。5剂，水煎服，日服2次。

二诊：5日后复诊，患儿热退，左侧腮腺肿大有缩小，疼痛好转，胃纳增。舌淡红苔薄，脉数。

处方：柴胡6g，黄芩6g，竹沥半夏6g，炙甘草3g，银花9g，牛蒡子6g，浙贝6g，蝉衣3g，薄荷4.5g，蒲公英9g。7剂，水煎服，日服2次。

三诊：1周后复诊，腮肿消退，胃纳如常。

按：痄腮乃风温邪毒自口鼻而入，邪郁肌表，故发热恶寒；足少阳胆经绕耳而行，故耳下腮部漫肿疼痛；邪毒上扰清阳，故头痛；邪犯脾胃，则纳少。此病病机正符合邪在半表半里，故予小柴胡汤加减和解表里。

（二）营卫失调诸证

小儿腠理疏松，卫外不固，易感外邪。《灵枢·卫气》中有云："阴阳相随，外内相贯"，感邪后阴阳失衡，营卫失调。临床常见身热头痛，微汗而恶风，鼻流清涕等营卫失调的表虚伤风证。或小儿素体肺脾两虚，营卫失调，反复易感，自汗盗汗。对此证治拟调和营卫。

1. 代表方

马老临床以桂枝汤为主方治疗此诸证，桂枝汤亦出自东汉张仲景《伤寒论》，由桂枝、芍药、甘草、生姜、大枣五味药组成。方中桂枝为君药，解肌发表，散外感风寒；芍药为臣药，益阴敛营，君臣合用，调和营卫，是相须为用。生姜解肌止呕。大枣益气补中，两药相合，升腾脾胃生发之气而调和营卫。甘草调和诸药。本方虽只有五味药，但配伍严谨，散中有补，正如清代柯韵伯在《伤寒论附翼》中赞桂枝汤"为仲景群方之魁，乃滋阴和阳，调和营卫，解肌发汗之总方也。"

2. 临床应用

（1）感冒：小儿外感初期，身热不扬、微微出汗、头痛、鼻流清涕、脉浮缓或浮弱者，这是外邪袭表、卫强营弱、营卫失调的证候。若辛温解表药发汗能力过强，则必定大汗出，容易伤及津液；若是与辛凉解表药或清热药，则容易令表邪入里，或是寒凉太过伤及营血。唯独桂枝汤以辛温解表的桂枝解肌发表，散外感风寒，为君药，芍药酸寒，酸能敛汗，为臣药，桂枝配芍药共奏调和营卫之力，从而达到防治表邪入里、解肌固表的作用，适用于平素体虚又复感风寒的小儿。

（2）皮肤病：一些由于外感风寒、营卫不和、血脉瘀阻而形成的皮肤病，如荨麻疹、湿疹、皮肤瘙痒症及血管神经性水肿。此类病证予以桂枝汤调和营卫，加用紫苏叶疏风散寒、通血痹，加用防风祛风解表，荆芥祛风解表、止血，蝉衣疏风透疹，白蒺藜祛风止痒。诸药共奏解肌祛邪、调和营卫之功，临床上常有不错疗效。

（3）反复呼吸道感染：常因肺脾气虚、营卫失调而致，常伴自汗、盗汗。若是反复易感，可予以桂枝汤，加黄芪扶正益气增加抵抗力，预防感冒；若是自汗，多为卫弱营强，多因卫阳虚弱，无力卫外，汗液溢出，或因卫强营弱，卫阳郁结于肌表，内迫营阴，汗自出，此时可用桂枝汤调和营卫加之玉屏风散固表止汗，也可加煅龙骨和煅牡蛎收敛固涩；若是盗汗，则可予桂枝汤调和营卫，加生脉散敛阴止汗，加浮小麦固表止汗，加瘪桃干敛汗。验之临床，效甚佳。

【验案鉴赏】

单某，女，9个月。1989年10月25日初诊。

主诉：自汗、盗汗20余天。

患儿为早产儿，混合喂养，平素反复感冒咳嗽。1个月前曾因肺炎住院治疗，出院后至今一直低热未净，时有咳嗽，喉中痰鸣，自汗、盗汗，精神委顿，胃纳差，夜寐欠安，大便稀溏，舌质淡红，苔白腻，指纹淡红。

马老分析患儿素体肺脾气虚，又感外邪，经治疗后余邪未清营卫失调所致，治拟调和营卫，补中益气。

处方：桂枝3g，炒白芍6g，红枣5枚，炮姜2g，生甘草3g，生黄芪9g，白茯苓9g，姜半夏6g，炒白术5g，陈皮5g。4剂，水煎服，日服2次。

二诊：4日后复诊，患儿汗少，精神转好，胃纳增，咳嗽净，仍有低热，舌淡苔薄白，指纹淡红。

处方：桂枝3g，炒白芍9g，红枣5枚，甘草3g，生黄芪9g，防风3g，炒白术6g，煅龙骨9g，煅牡蛎9g。5剂，水煎服，日服2次。

三诊：5日后复诊，低热退，出汗基本正常，面色少华，胃纳欠振，大便时溏。遂以桂枝汤合七味白术散调理。

处方：桂枝3g，炒白芍9g，甘草3g，红枣5枚，生姜3g，党参9g，白术9g，茯苓6g，木香3g，藿香6g，葛根6g，砂仁（后下）3g。14剂，水煎服，日服2次。

调理月余，面色红润，精神好转，胃纳增加。4年后信访，患儿鲜有感冒，发育良好。

按：患儿先天不足，素体脾肺两虚，加之后天失于调护，屡感外邪。肺炎虽愈但脾肺之气未复，营虚卫弱，卫阳与营阴不得相互既济，致低热月余未净，用桂枝汤调和营卫，重用黄芪补益中气以固卫表，不用生姜用炮姜取其温中之功。肺炎后咳嗽未净，喉中痰鸣乃脾虚痰湿不运，故不治肺而治脾。加二陈汤健脾燥湿化痰，脾运复，痰湿化，咳嗽亦止。复诊时加用玉屏风散实卫，煅龙牡潜阳敛汗，药后汗大减，说明卫阳外固，营阴内守，营卫调和，低热亦除。

（三）肝脾不和诸证

肝脾不和是指小儿肝常有余，脾常不足，肝失疏泄，脾失健运，两脏关系失调，功能紊乱所致的病证。临床常见肝脾、肝胃、肠胃失调而出现脘胁胀满疼痛、恶心呕吐、腹痛纳差、便溏不爽等证。对此类证型治拟调和肝脾、调和肝胃、调和肠胃。

经过药理实验证明，柴胡等调和肝脾之药能引起实验犬的胆总管口括约肌紧张度下降，并且有利胆、解痉作用。对于家兔肠管张力向增加也有使其紧张性下降，蠕动变慢，幅度变小，即解痉的作用。用柴胡、甘草治疗实验性肝损伤，血清转氨酶下降，肝的变性和坏死减轻。说明了临床应用和法治疗肝脾疾病的药理基础。

1. 代表方

马老在临床遇见此证时，多用四逆散、小柴胡汤、痛泻要方、半夏泻心汤加减，其中又以四逆散最为常用。四逆散亦出自《伤寒论》，由炙甘草、枳实、柴胡、芍药四味药组成。李中梓有云："此证虽云四逆，必不甚冷，或指头微温，或脉不沉微，乃阴中涵阳之证，惟气不宣通，是为逆冷。"故治以和解肝脾、调畅气机为法。方中取柴胡升阳气、疏肝，为君药。白芍敛阴养血柔肝，为臣药。佐以枳实理气解郁、泻热破结，与柴胡相配，一升一降，升清降浊，与白芍相配，理气和血、通调气血。使以甘草，调和诸药，益脾和中。综合四药，共奏和解肝脾、疏肝理脾之效，使邪去郁解，气血通调，升清降浊，四逆自愈。

2. 临床应用

（1）惊泻：指小儿惊搐，并见泄泻。《证治准绳·幼科》中有云："惊泄，粪青如苔，稠若胶黏。"本证多由小儿肝脾不和、脾虚肝旺、外受惊吓导致，治以健脾平肝、和胃消食。方用痛泻要方合益脾镇惊散加减。痛泻要方出自元代朱丹溪所著《丹溪心法》，由白术、白芍、陈皮、防风四味药组成。方中白术苦甘而温，补脾燥湿以治土虚，是为君药。白芍酸寒，柔肝缓急止痛，与白术相配，于土中泻木，为臣药。陈皮辛苦而温，理气燥湿、醒脾和胃，为佐药。配伍防风，具升散之性，与术、芍相伍，辛能散肝郁，香能舒脾气，且有胜湿以助止泻之功，又为脾经引经之药，故兼具佐使之用。四药相合，可以补脾胜湿而止泻，柔肝理气而止痛，使脾健肝和，痛泻自止。益脾镇惊散出自清代《医宗金鉴》，由人参、白术、茯苓、朱砂、钩藤、甘草组成，具有益脾清肝、镇惊安神的功效。两方相和，调和肝脾，镇惊安神。

（2）胃脘痛：指因肝胃不和而引起的胃脘胀痛、纳呆食少。小儿肝常有余，肝失疏泄，横逆犯胃，胃失和降，则嗳气、呕吐、纳呆、腹痛。治以疏肝理气，和胃消滞。方予四逆散加焦三仙、鸡内金等。

（3）急性黄疸肝炎：是急性病毒性肝炎的一种，临床表现为起病急、食欲减退、恶心、呕吐、厌油、乏力、上腹部不适、肝区隐痛，部分病人恶寒发热，继而尿色加深，巩膜、皮肤等处出现黄疸。本证多因肝脾不合、肝失疏泄、脾失健运所致。马老临床常用四逆散合茵陈蒿汤加减治疗。四逆散调和肝脾，茵陈蒿汤重用茵陈为君，本品苦泄下降，善清热利湿，为治黄疸要药。栀子清热降火，通利三焦，助茵陈引湿热从小便而去，为臣药。佐以大黄泻热逐瘀、通利大便，导瘀热从大便而下。三药合用，利湿与泻热并进，通利二便，前后分消，湿邪得除，瘀热得去，黄疸自退。

（4）新生儿阻塞性黄疸：先天性肝外胆道畸形引起的黄疸。常见的引起胆道异常的原因包括先天性胆道闭锁、先天性胆管扩张症等。临床常表现为逐渐出现皮肤巩膜黄染，呈暗黄色，小便色浓，大便呈淡黄色或如白陶土样，伴有腹胀，肝体积增大。本证多由脾胃湿阻致肝失疏泄，胆汁外溢肌肤所致。马老临床常用四逆散加陈皮、金钱草、荷包草、郁金、鸡内金等对症治疗。

（5）胆道蛔虫症：临床表现为剑突右下方，突然发生剧烈绞痛，捧腹屈膝，坐卧不安，辗转哭闹，全身出汗，四肢厥冷，恶心，呕吐物含胆汁或蛔虫，疼痛缓解时，患者可如常，复发时又出现阵发性疼痛。若多数蛔虫入胆，可出现持续胀痛。湿热蕴结肠胃，致肠胃失和，治以利胆排蛔。马老临床常予小柴胡汤去人参、大枣加槟榔、乌梅、大黄等治疗。

（6）肝脾大：马老临床常予小柴胡汤去人参、大枣，加鳖甲、牡蛎、红花、茜草、地鳖虫等。

（7）肠痉挛腹痛：由于肠壁平滑肌强烈收缩而引起的阵发性腹痛，是最为常见的功能性腹痛。临床表现为健康小儿忽然出现以脐周为主的阵发性、间歇性疼痛，可持续数分钟或数十分钟，缓解后如常儿。小儿肠痉挛腹痛属于中医学的"肠气病""肠痛""盘肠气"范畴。小儿脐腹部受风寒邪气，寒主收引，又小儿肝常有余，脾常不足，中焦气机失司，邪在半表半里，病属少阳。马老临床常予小柴胡汤和解少阳加白芍养血敛阴、柔肝止痛，临床疗效显著。

（8）胃肠功能紊乱：小儿由于饮食不能自调或喂养不当或其他因素而导致的胃肠功能紊乱。其临床表现为腹痛腹泻、恶心呕吐、嗳气反酸、厌食。其多由肝脾不和、肝胃不和、肠胃不和所致。当出现寒热错杂、虚实夹杂、升降失调的病机。马老临床予半夏泻心汤治疗此病，半夏泻心汤即为小柴胡汤去柴胡、生姜，加黄连、干姜而成。此证多无半表证，故去柴胡、生姜，此证又往往寒热错杂，故加黄连、干姜。

（9）小儿病后脾胃调理：小儿外感伤及脾胃，病后余邪未清，表现为胸胁苦满、纳呆口苦、腹胀便秘等。马老临床予小柴胡汤，加陈皮、谷芽、麦芽、神曲、山楂等通调三焦、调畅气机、健胃消食，以增进食欲、促进康复。

（10）癫痫：是儿童时期神经系统的常见病之一。癫痫患儿除神经系统疾病外，还可伴有胸胁苦满、腹部肌肉拘挛紧张的症状。中医认为多由肝脾不合导致。马老临床多用小柴胡汤合桂枝加芍药汤或柴胡桂枝汤加龙骨牡蛎治疗。临床疗效良好，可减轻或减少癫痫的发作。

【验案鉴赏】

杭某，女，50天。1983年3月13日初诊。

主诉：皮肤黏膜黄染40余天。

患儿出生7天后出现皮肤巩膜黄染，伴呕吐乳水，哭闹不休，精神委顿，小便色深黄，大便呈陶土白色，质软，体重增长缓慢。于当地医院就诊，诊断为"先天性胆管狭窄""阻塞性黄疸"，建议患儿手术治疗，患者家属拒绝。遂来马老门诊要求中药治疗。现皮肤巩膜黄染仍有，伴呕吐、哭闹不休、纳差、夜寐不安，二便如上所述，舌红苔薄黄，指纹淡红。

马老分析患儿系脾胃湿蕴、肝脾不合、肝失疏泄所致。治拟调和肝脾、疏胆通利。

处方：柴胡5g，广郁金6g，生山栀6g，茵陈9g，蒲公英6g，生甘草4g，枳壳5g，姜半夏4g，陈皮4g，鸡内金6g，瓜蒌皮6g。3剂，水煎服，日服2次。

二诊：3日后复诊，患儿皮肤巩膜仍黄染，小便色黄，大便呈灰白色，中夹杂少量黄色粪便，质软，已无呕吐，能进食，睡眠较前安转，精神好转。舌红苔薄黄，指纹淡红。拟前方加减出入。

处方：柴胡5g，广郁金6g，生山栀6g，茵陈9g，蒲公英6g，生甘草4g，枳壳5g，鸡内金5g，小青皮5g，川柏4g，荷包草9g。7剂，水煎服，日服2次。

三诊：7日后再次复诊，患儿面目黄色渐退，小便色黄较前变浅，量增多，大便色黄白夹杂，精神渐好，哭吵少，夜寐安，胃纳转佳，舌红苔微黄腻，指纹淡紫，守前方继进7剂。

处方：柴胡5g，广郁金6g，生山栀6g，茵陈9g，蒲公英6g，生甘草4g，枳壳5g，鸡内金5g，小青皮5g，川柏4g，荷包草9g。7剂，水煎服，日服 2 次。

四诊：7 日后复诊，患儿皮肤巩膜黄染基本消退，小便量多色偏黄，大便色黄成形，每日 1～2 次，精神佳，纳可，夜寐安，体重有增，舌苔白腻，指纹淡紫。

治拟清热利湿。

处方：茵陈 9g，川柏 4g，生山栀 6g，枳壳 5g，郁金 6g，蒲公英 6g，厚朴 4g，生甘草 4g，车前草 6g，鸡内金 5g，瓜蒌皮 6g。5 剂，水煎服，日服 2 次。

五诊：服药后，患儿肤巩膜黄染全退，小便量多色正常，大便色黄成形，日行 1～2 次。至今停药已 2 月余。近来患儿小便色又偏黄，家长恐其复发来诊，见患儿面色红润，精神佳，发育良好，舌苔薄润，指纹淡紫。治拟健脾利湿。

处方：炒白术 4g，茯苓 5g，生米仁 9g，炒麦芽 9g，茵陈 9g，车前草 6g，广郁金 6g，川柏 4g，蒲公英 6g，泽泻 6g。5 剂，水煎服，日服 2 次。

按：新生儿阻塞性黄疸多由先天性胆道畸形引起的，以先天性胆道闭锁较为常见。本病属中医"胎黄""胎疸"范畴。中医辨证系湿热蕴结、寒湿阻滞。肝气郁滞，胆汁外溢肌肤，日久正气不足，脾阳受损，气滞血瘀，最终形成虚实夹杂之象。

二、儿科常用和解剂的特点

汗法、吐法、下法、温法、清法、补法、消法、和法合称"中医八法"，前七类在中药学中均有相对应的中药。唯独没有和药，只在方剂学中有与之对应的"和解剂"，这说明对于和法而言没有哪味药可以独有这样的功效，而是需要通过药物配伍方能形成这种独特的功效。儿科临床常用的和解剂除了上述提到的小柴胡汤、桂枝汤、四逆散、痛泻要方外，尚有蒿芩清胆汤、黄连汤、泻心汤类方（黄连泻心汤、甘草泻心汤、生姜泻心汤）及达原饮等。其中小柴胡汤、桂枝汤、痛泻要方是马老临床最喜欢使用的和解剂，因此我们以这三首方剂来分析、总结和解剂的特点。

1. 药性和缓

由于运用和法的病证往往也较为和缓，很少会有大吐、大泻、大汗之类，因此在和解剂中祛邪药中无大汗大吐之药，亦无大下大消之药，扶正之药也大都平补平调，少有用大补大扶之品。使小儿全身功能在不知不觉中得到增强、恢复。

2. 表里双解

和解剂的一张方剂往往解表药与清里药同时使用。以小柴胡汤为例，方中柴胡配黄芩，柴胡升散，解表以除半表之邪，黄芩苦寒，清里以除半里之邪。一升一降，半表半里的病证可解。

3. 寒热并用

和法的方剂之中往往会有温、凉两种药性截然相反的药物合用，如生姜配黄芩、白术配白芍、桂枝配白芍等。这是由于和法主要用于小儿表里、营卫、脏腑失调所致的寒热不和诸证，以药物性味调整机体寒热之偏差，达到阴阳平衡之目的。

4. 攻补兼施

和剂中不仅温、凉药物并见，同时也会有祛邪和扶正的药物并见。例如，常见的祛邪药有解表的柴胡、桂枝、防风、生姜等；清里热的有黄芩；理气的有陈皮；破气的有枳实。扶正药有补气的人参、红枣；健脾的白术；养血敛阴的白芍。祛邪药通过解表、清热等方法祛除体内的邪气，使机体机能恢复，达到邪去正复的目的；扶正药通过补气养血、敛阴健脾等作用，以恢复机体功能，提高抗病能力，以达到战胜疾病、恢复健康的目的。

第四节　升清降浊治肾病

肾病是对一些肾小球疾病的统称。在马老的年代，他常遇到的肾病主要有急性肾炎、迁延性肾炎、慢性肾炎、肾病综合征等。根据肾病发病后或多或少都有浮肿的症状，中医将其归为"水肿"范畴。因感受外邪，饮食失调，或劳倦过度等，致使肺失宣降、脾失健运、肾失气化，导致体内水液潴留、泛滥肌肤，出现以眼睑、颜面、四肢，甚至全身浮肿为临床特征的一类病证。本病最早记载在《黄帝内经》中，称之为"水"。《灵枢·水胀》中对其症状有"水始起也，目窠上微痈，如新卧起之状，其颈脉动，时咳，阴股间寒，足胫肿，腹乃大，其水已成矣。以手按其腹，随手而起，如裹水之状，此其候也。"的记载，言患病后多有眼睑、踝部浮肿甚至腹水。对其病因病机，《素问·至真要大论》中有云："诸湿肿满，皆属于脾。"《医宗金鉴·幼科杂病心法要诀》有云："小儿水肿，皆因水停于肺脾二经。"《景岳全书·肿胀》又云："凡水肿等证，乃肺脾肾三脏相干之病。盖水为至阴，故其本在肾；水化于气，故其标在肺；水惟畏土，故其制在脾。今肺虚则气不化精而化水，脾虚则土不制水而反克，肾虚则水无所主而妄行。"指出本病其本在肾与脾，其标在肺。至元代《丹溪心法·水肿》才将水肿分为阳水和阴水两大类，并指出"若遍身肿，烦渴，小便赤涩，大便闭，此属阳水；若遍身肿，不烦渴，大便溏，小便少，不涩赤，此属阴水"。阳水、阴水的分类方法对后世水肿病的诊治具有重要的意义。对于其治疗，早在《素问·汤液醪醴论》中就有"开鬼门，洁净府"的论述。至清代《证治汇补·水肿》归纳总结了前贤关于水肿的治法，认为治水肿之大法，"宜调中健脾，脾气实，自能升降运行，则水湿自除，此治其本也。"

马老学贯中西，在肾病的诊治中坚持两个"结合"。一方面坚持中西医相结合，另一方面坚持辨病及辨证相结合。他认为肾病中医治疗一方面需降浊，令湿浊自小便而去；另一方面需恢复脾的升清功能，使水谷精微能上输于肺，并通过肺的宣发肃降功能布散、濡养全身。现将马老治疗肾病的经验介绍于下。

一、阳水

阳水多因感受风邪、水湿、疮毒诸邪，导致肺失宣降通调、脾失健运而成。起病较急，病程较短，其肿多先起于头面，由上至下，延及全身，或上半身肿甚，肿处皮肤绷紧光亮，按之凹陷即起，伴有尿少色赤，可伴有发热、鼻塞、咳嗽、咽红肿痛，烦热口渴，头身困重，近期疮毒史等。马老认为急性肾炎和慢性肾炎急性发作都应归属于中医"阳水"范畴。急性肾炎是指临床表现为急性起病，有浮肿、血尿、高血压，可伴不同程度蛋白尿的肾小球疾患。马老临床上将急性肾炎分为两期来论治。一为急性发作期：多在起病4周内，多因感受外邪致水液运化失常，外溢于皮肤，属实证，治疗以利水消肿，降浊为主。二为恢复期：多在起病4周后，浮肿消退、尿量增加、血压下降，自觉症状好转或痊愈，属虚实夹杂证，虚为脾气虚、肾阴虚，实多为湿热留恋，治以升清降浊。

（一）急性发作期的治疗经验

急性肾炎初期的主要症状多为面目浮肿，少尿。

若是因外感风邪导致的，治以宣肺解表利尿。马老临床常予麻黄连翘赤小豆汤加减治疗。麻黄连翘赤小豆汤出自东汉张仲景所著《伤寒论》，由麻黄、连翘、杏仁、赤小豆、大枣、桑白皮、生姜、甘草等八味药物组成。若咽红肿痛明显，则为风热偏重，可加银翘散；若形寒无汗，多为风寒偏重，可加桂枝、苏叶、生姜等；若气急、咳喘明显，可加紫苏子、葶苈子、苦杏仁等。

若是因外感疮毒之邪致湿热内蕴导致的，治以清热解毒、利湿消肿。马老临床多予以五味消毒饮加减治疗。五味消毒饮出自清代《医宗金鉴》，由金银花、野菊花、蒲公英、紫花地丁、紫背天葵子 5 味药物组成。若是皮肤瘙痒明显可加地肤子、浮萍等药物；若是皮肤疖疮明显，可加用黄柏、大黄、苦参、蛇床子、明矾等药物水煎外洗，外涂硫黄膏；若是皮肤疮疡破溃可加苦参、黄柏等药物。

同时需要结合实验室检查，如尿中红细胞明显，可加地榆炭、白茅根、大蓟、小蓟、茜草炭、地骨皮、藕节、紫草、荠菜花、淡豆豉、仙鹤草等药物；若是尿中白细胞多者，可加萹蓄、蒲公英、白花蛇舌草、紫花地丁、鸭跖草等药物；若是出现蛋白尿，可酌加白茅根、泽泻、石韦、玉米须等药物；若是血压增高明显，可加夏枯草、珍珠母、钩藤、生石决明等药物。

【验案鉴赏】

李某，男，7 岁。1976 年 9 月 15 日初诊。

主诉：发热、浮肿 3 天。

患儿 3 天前无明显诱因下出现发热，热峰为 39.0℃，小便量少，色红，伴有全身浮肿，眼睑浮肿明显，伴咽痛、咳嗽，舌红，苔薄黄，脉浮数。尿常规示：红细胞（+++），蛋白（+）。

马老分析此系感受风邪，导致肺失宣降通调，脾失健运而成，此为阳水，证属风热犯肺，治拟解表宣肺、利水降浊。

处方：生麻黄 2g，连翘 6g，赤小豆 9g，杏仁 9g，桑白皮 9g，桔梗 3g，车前子 6g，泽泻 9g，生甘草 3g，茯苓 9g，金银花 6g。3 剂，水煎服，日服 2 次。

二诊：3 日后热退，咳嗽好转，小便量增，色黄，浮肿消退，舌质红，苔薄腻，脉浮滑。

处方：生麻黄 2g，连翘 6g，赤小豆 9g，杏仁 9g，桔梗 3g，生甘草 3g，茯苓 12g，车前草 10g，金银花 6g，淡竹叶 6g。3 剂，水煎服，日服 2 次。

三诊：3 日后诸症好转，浮肿已退，小便量明显增多，尿常规示红细胞（＋），蛋白（－），舌质红，苔薄少，脉细弦。

处方：生地 9g，大蓟 9g，小蓟 9g，玄参 6g，白茅根 30g，墨旱莲 9g，淡竹叶 9g，生山楂 9g，炒麦芽 9g。14 剂，水煎服，日服 2 次。

3 个月后信访，复查尿常规无殊，患儿体健。

（二）恢复期的治疗经验

急性肾炎进入恢复期后颜面部、下股等部位的浮肿都已消退，尿量明显增多或恢复正常，血压降至正常，然部分患者仍留有尿的异常，常表现为血尿和（或）蛋白尿。

此期中医辨证病机属正虚邪恋，脾之气虚或肾之阴虚，风热或湿热之余邪未清。因此临床上马老多采用健脾升清，利湿降浊法来治疗。药物多选用苍术、白术、茯苓、石韦、泽泻、玉米须、白茅根、山药等。马老认为脾气虚，重在运而不在于补，故无须用人参、黄芪等甘温补气药，而是选用苍术燥湿，白术配伍茯苓、米仁健脾化湿，石韦、泽泻、玉米须清热利湿，生山楂健脾助运，山药益气补脾。若是尿中以红细胞为主者，大多是肺肾阴虚、湿热内蕴，治宜滋阴清热、利尿降浊，药用南北沙参、麦冬、生地、茯苓、泽泻、大小蓟、丹皮、白茅根、玉米须、山药等药物。其中马老临床常用白茅根配玉米须，将此两味药另包，嘱患者水煎代茶用。马老常言急性肾炎恢复期用药需轻灵，不可妄用甘温滋补之药，临床不乏见恢复期水肿消退而用甘温滋补药如人参、黄芪、龟甲后而出现尿中蛋白、红细胞增多或反复的。此外，在恢复期马老亦十分注重饮食的调护，他常嘱患者饮食要清淡，切勿食用高脂肪、高蛋白、高糖、高盐类的食物。

【验案鉴赏】

李某，女，5 岁。1982 年 1 月 5 日初诊。

主诉：浮肿 2 周。

患儿 2 周前无明显诱因下出现全身浮肿，眼睑为甚，伴发热，咽痛。当地医院诊断为急性肾炎。今为求中医中药治疗特来马老处求诊。刻下浮肿较前消退，胃纳差，夜寐可，小便短赤，舌红，苔黄腻，脉细。尿常规示红细胞（＋），蛋白（＋＋）。

浙江中医临床名家·马莲湘

马老分析此为急性肾炎恢复期，正虚邪恋，治拟健脾升清，利湿降浊。

处方：苍术 9g，白术 9g，茯苓皮 9g，黄芪 9g，防己 6g，泽泻 9g，玉米须 30g，白茅根 30g，山药 9g。3 剂，水煎服，日服 2 次。

复诊：3 日后浮肿又消，胃纳较前有增，夜寐可，小便增多，大便无殊，舌红苔腻，脉细。

处方：苍术 9g，白术 9g，太子参 6g，茯苓皮 9g，米仁 12g，防己 6g，泽泻 9g，玉米须 30g，白茅根 30g，山药 9g。3 剂，水煎服，日服 2 次。

三诊：3 日后浮肿已退，小便量增，胃纳欠佳，大便正常，舌苔薄腻，脉细。尿常规示尿蛋白（＋－）。

处方：生黄芪 6g，太子参 9g，茯苓 9g，炒白术 6g，炒麦芽 12g，炒山楂 6g，山药 9g，玉米须 30g，生甘草 3g。14 剂，水煎服，日服 2 次。

调理月余，随访 3 个月，尿常规无异常，患儿体健。

二、阴水

阴水主要以内因立论，责之肺脾肾三脏亏虚，宣化、运化、气化失司，水液内停，聚而为湿。其主要表现为水肿，多先起于颜面部后迅速遍及全身，往往是全身的高度浮肿，按之如泥凹陷不起。除水肿外，蛋白尿是其主要表现，马老对治疗蛋白尿积累了丰富的临证经验，颇有心得。他认为阴水责之于肺脾肾，其中重在脾肾两脏。正如《诸病源候论·水通身肿候》中有云："水病者，由脾肾俱虚故也。肾虚不能宣通水气，脾虚又不能制水，故水气盈溢，渗液皮肤，流变四肢，所以通身肿。"马老分析道："脾主散精，灌注一身，脾虚不能运化水谷精微，上输于肺而布运全身，水谷精微反与湿浊混杂，从小便而泄；肾主藏精，肾气不固，气化蒸腾作用减弱，致精气下泄，出于小便而为蛋白尿。故脾肾不足是产生蛋白尿的关键。"肾病固然需治肾，但亦需从脾治肾，恢复脾的升清功能，令湿浊从小便而去，升清降浊方能肿退蛋白消。

马老临证反复强调治疗阴水需辨病与辨证相结合，在那个年代阴水主要指西医学"慢性肾炎""迁延性肾炎""肾病综合征"等病。慢性肾炎是指蛋白尿、血尿、高血压、水肿为基本临床表现，起病方式各有不同，病程迁延，病变缓慢进展，可以有不同程度的肾功能减退，最终可发展为慢性肾衰竭的一组肾小球疾病。迁延性肾炎一般是指有急性肾炎病史，病程迁延 1 年以上，全身症状轻微，不伴有高血压或肾功能不全或贫血的肾小球疾病。肾病综合征是指各种原因导致肾小球基膜通透性增加，临床表现为高度水肿、大量蛋白尿、低蛋白血症、高脂血症的一组症候群。现将马老对这类疾病主证病因病机、临床症状的再认识及治疗的心得、经验总结如下所述。

1. 病因病机

（1）水肿：人体水液运行，依靠肺气之通调、脾气之输布，肾气之开合，令三焦司决渎之权，使膀胱气化通利小便，不致集水成肿，故肺、脾、肾三脏功能的障碍，对于水肿的形成至关重要。即为"其本在肾，其标在肺，其制在脾"。

（2）蛋白尿：由于脾肾两虚，肾气足则精气内守，肾气虚则摄纳无权，肾失封藏而精气外泄。脾虚则中阳不足，中气下陷，脾统摄无权，故蛋白尿的产生，主要由脾肾之气不足不能固摄所致。

（3）高血压：多为虚中夹实，久病阳损及阴，因此在阴阳两虚中偏于阴虚，由水不涵木阴虚阳亢，瘀血内滞，脉络阻塞而致。

2. 临床症状

（1）慢性肾炎：早期通常没有明显的临床症状，尤其对于成年人，到后期症状就常比较复杂。其中有些病例病之初可无特殊症状，或只有腰酸头晕，尿液检查有微量蛋白，少量红细胞及管型细胞；有时尿液变化很小，需反复多次行尿液检查，如尿中始终有蛋白，再结合伴随症状，如有腰酸乏力、头晕、面色㿠白无华、颜面虚胖、舌淡白、舌胖有齿痕，或舌边尖红、脉多沉细无力或弦细，可以考虑本病。此症中医辨为脾肾阳虚之轻证。有部分慢性肾炎常有血压升高，早期可表现为血压稍升高，以舒张压增高为主，可有波动性，后期则血压持续升高。临床上可出现头晕、头痛、耳鸣、视物不清、胸闷、夜寐不宁、腰腿酸软、精神疲惫、口干舌红、面色灰黄暗淡、脉弦大或沉细。若病情进步发展，将出现肾阴阳两虚的证候，即阳虚水肿与阴虚高血压并见，此时水肿显著，血浆蛋白低下，胆固醇增高，高血压，肾功能不全，极易发展为尿毒症。

（2）肾病综合征：①浮肿期有明显持续性全身水肿，大量蛋白尿，血浆白蛋白降低，胆固醇增高，此时面色萎黄，神倦肢冷，胃纳不香，腹胀，大便溏，舌苔白腻，脉沉细，属脾阳虚的症状。若面色苍白，或灰暗少华，腰酸腰痛，四肢冷或遗精滑泄，舌苔薄腻，脉沉细，属肾阳虚的症状。若病程日久，唇淡爪白，面色苍白，头晕气短，肢冷，四肢麻木，腹胀纳呆，怔忡遗精等兼症较多，属脾肾阳虚的重证。②缓解期水肿消失，尿蛋白减少，多尿，此时面色苍白，肢冷乏力，形寒肢冷，腰痛头痛，恶心呕吐，胃纳不振，舌苔白厚腻，脉沉细，属脾肾阳虚的症状，此时患者抵抗力低下，易继发各种感染。

3. 治疗经验

阴水所对应的诸如慢性肾炎、肾病综合征这类疾病，西医认为是免疫性疾病，是由于患者的免疫功能紊乱所导致的，西医一般采用抑制免疫、调节免疫的方法来治疗。西医的"免疫力"即为人体正气。这与马老治疗阴水的原则不谋而合。马老认为治疗阴水中"扶正固本"为第一法则。

那什么是"本"？《素问·阴阳应象大论》中有云："治病必求于本"。《医宗必读》中有云："故善为医者必责根本，而本有先后之别，天之本在肾……后天之本在脾。"而"正"又是什么？"正气存内，邪不可干。"说明正气代表机体抵抗力，其中也包括了重要的正常免疫功能，所以免疫功能与中医之中脾胃关系密切。"扶正固本"主要是健脾补肾。中医学认为疾病的发生、发展和转归是正气与邪气相争的过程，正如《素问·评热病论》中云："邪之所凑，其气必虚。"所以扶正固本法在治疗阴水中是很重要的。

在辨证施治上，若以脾肾两虚偏气虚时，马老常用党参、白术、黄芪、茯苓、怀山药、芡实、米仁、杜仲、熟地、黄肉等药；脾肾两虚偏肾阴虚时马老用健脾益阴法，常选用生地、麦冬、萸肉、党参、白术、黄芪、茯苓等药；脾肾两虚偏阳虚者，用温补脾肾法，常用鹿角霜、补骨脂、附子、肉桂、紫河车、红参、炮姜、黄芪等药。如症状表现水肿较剧的可加入冬瓜皮、大腹皮、泽泻、车前草等药。腹大如鼓可加陈葫芦壳。血压偏高者加夏枯草、益母草、玉米须等药。尿检红细胞多者，加墨旱莲、大小蓟、藕节、仙鹤草等药。脉沉涩、舌有瘀点，腰有刺痛感，加活血化瘀药如丹参、当归、川芎等。

中医学认为阴阳相互为根，阳根于阴，阴根于阳；无阳则阴无以生，无阴则阳无以化。肾阴滋润各脏，肾阳温煦各脏，建立了以"肾"为本的观念，故肾虚可使各脏功能失调而病久不愈。肾主藏，五脏之精气均藏于肾，肾气足则精气内守，肾气虚则精气外泄，故强肾固精是治疗的主要关键。精气包括先天之精和后天水谷之精，后者源于脾胃，故肾气充沛又有赖于后天补养。若脾虚不能补养肾，肾之精气也虚，肾虚精关不固，精微流失。因此阴水蛋白尿的产生，脾肾之气不足、肾气不固是最主要的一个原因。

现代医学认为抗原侵入人体，引起机体产生变态反应，促使肾小球发生病理改变。实验证明当肾小球毛细血管受损害时，毛细血管基底膜通透性增加，蛋白即可渗出，因此就出现了蛋白尿。这种现象可归入中医学中"肾气不固"范畴内，所以在治疗中常采用健脾补肾法。通过健脾补肾恢复脾肾摄纳之权。在70余年的临床实践中马老深刻体会到用健脾补肾法治疗阴水非常有效。马老在1977～1978年采用健脾补肾法治疗了40例慢性肾炎患者，发现大多数患者可在1～3个月内使尿蛋白转为阴性或微量，而且复发率低。西医药理实验也证明大补元气的人参，其中的人参苷可使免疫球蛋白的IgM增加，茯苓提取物有某种类似免疫活化剂的作用。实验亦证明补肾能提高机体的抗病能力，恢复机体正常免疫功能，达到治疗阴水的目的。

现代医学在慢性肾炎病情严重时常用激素治疗，能迅速改善症状、消减尿蛋白，但长期用药又有副作用产生，停药后又可能反复，病情有时不能稳定，因此在使用激素或停用激素时，根据辨证加用中药治疗，可用党参、白术、黄芪、熟地、淫羊藿、仙茅、苁蓉、川断、紫河车粉等药，以资巩固，稳定病情，避免病情反复。

至于慢性肾炎的死亡病例，多由尿毒症所致，因此对于尿毒症的中西医综合抢救是一个关键问题。临床认为尿毒症即长期肾病迁延不愈，由肾气衰竭、水毒潴留引起，症状寒热错综，虚实夹杂，往往肾阴虚于下，肝阳亢于上，脾虚湿浊阻于中，胃气上逆，膀胱气化不利，导致严重中毒症状。尿毒症的主症为头晕，头痛，恶心，呕吐，嗜睡厌食，口有尿臭味，皮肤干燥瘙痒，视力模糊，尿少或尿闭，鼻血，呕血，吐血，甚至神志昏迷，呼吸浅短，肌肉抽搐。治疗也随证而异。在配合西医抢救同时，用人参、附子、大黄能增强疗效。人参益气强心救脱，附子温阳化湿浊，大黄通腑排浊、清营解毒。另在昏迷、抽搐时可加入牛黄清心丸、至宝丹、苏合香丸等有强心解毒、开窍作用的药物而且芳香行气，对利尿化浊也有疗效，是急则治其标之意。此时不必考虑尿毒症是虚为本，祛邪实也是扶正的方法。但在神志清醒后，即宜停服。其他关于饮食与护理也很重要，饮食不慎，护理不当，常可引起反复发作，平时要谨避感受风寒，防止感冒，注意休息，不可疲劳过度。

马老亦认为中医治疗阴水务必消除水肿，迅速改善症状。根据"急则治其标，缓则治其本"的原则辨证施治。此类水肿多是缓起，且常持续不退，易于反复。中药利尿消肿有一定疗效，若病人正气未衰，形体壮实，且肿势甚重，腹大如臌，而诸法罔效时，尚可用攻泻剂，不妨使用舟车丸来逐水、祛邪扶正，但宜中病即止。在肿势消退后即需用温补脾肾，温阳利水来巩固疗效，否则浮肿虽消，肾功能受损而恶化或攻水后脾肾化气制水功能更遭破坏，水肿必旋消旋起，且更严重，故用攻水剂必须掌握辨证，要恰到好处。用草药包敷也有消肿利尿作用，如用车前草、马蹄金等鲜草捣烂敷脐部，拉拉藤捣烂敷囟门或剑突下。敷药后小便呈草绿色，而且尿量增加了，对治急性肾炎疗效较好，慢性肾炎水肿期也起到辅助作用。

【验案鉴赏】

赖某，女，14 岁。1977 年 5 月 17 日初诊。

主诉：反复蛋白尿 3 年余。

患儿 3 年前体检发现蛋白尿（＋），3 年来反复复查尿常规，尿蛋白为（＋～＋＋＋），红细胞（＋－），颗粒管型 0 ～ 1 个 /HP。患儿现为求进一步诊治马老门诊就诊，刻下患儿水肿不明显，血压偏高（130/90mmHg），面色萎黄，神色倦怠，自诉乏力，舌淡，红苔薄，脉细软。

马老分析此为水肿范畴中的阴水，系脾肾两虚之证。治拟健脾补肾。

处方：党参 9g，炒白术 9g，怀山药 9g，生地 9g，墨旱莲 9g，狗脊 9g，茯苓 12g，乌梅炭 3g。7 剂，水煎服，日服 2 次。

二诊：7 日后复诊，服药后自觉症状好转，血压正常，查尿常规：尿蛋白（＋－），红细胞（＋），胃纳可，夜寐安，二便调。

处方：党参 9g，炒白术 9g，炒黄芩 9g，怀山药 9g，女贞子 9g，生地炭 9g，墨旱莲 9g，狗脊 9g，大蓟 9g，小蓟 9g，藕节炭 9g，茯苓 12g，乌梅炭 3g。7 剂，水煎服，日服 2 次。

上方加减连续治疗 1 个月，蛋白尿转为阴性，随访 10 个月，病情稳定。

三、蛋白尿的专药专方

无论阳水还是阴水，即急性肾炎、慢性肾炎、迁延性肾炎、肾病综合征都或多或少会出现蛋白尿。马老根据多年临床经验及用药心得，化裁出消蛋白基本方及消蛋白专药。

1. 消蛋白专方

尿中蛋白的长期流失乃属人体精微物质的流失。人体精微物质藏之于肾而来源于脾，故脾气的健运、肾精的固藏是控制蛋白流失的关键，因此马老以健脾固肾精为原则，自拟消蛋白的基本方。全方由黄芪、玉米须、茯苓、山药、薏苡仁、山萸肉、乌梅炭7味药物组成。方中以黄芪补气利水为君药，玉米须利尿消肿为臣药，两药相互作用，补气利尿；佐以茯苓、薏苡仁健脾利湿；山药益气养阴，补益脾肾；山茱萸补气益肾，收敛固涩；乌梅去核后炭烧留其性，酸涩止遗。全方旨在升清降浊，补益脾肾，利尿消肿。在辨证正确的基础上，减少蛋白从尿液中流失，有利于蛋白尿的早日消失。

2. 消蛋白专药

对于选择专药，马老在学习各地经验的基础上结合临床实践，从中筛选出几十种对消除蛋白尿有较好疗效的药物，但这些药物的使用需要在辨证论治的基础上酌情选用。如以气虚明显者，可选用黄芪、太子参、白术、党参；如以阳虚明显者，可选用淡附块、补骨脂、菟丝子、淫羊藿、巴戟天、山茱萸；如以阴虚明显者可选用生地、熟地、女贞子、山药、炙龟板、墨旱莲；若是症见外感表证者选用蝉蜕、苏叶；若是症见湿困明显者选用苍术、砂仁、槟榔；若是症见以湿热内蕴明显者选石韦、泽泻、白茅根、米仁根、大蓟根、鸭跖草、车前草、楤木；若是症见气滞血瘀明显者选野山楂、怀牛膝、益母草；此外，煅龙骨、煅牡蛎、五味子、芡实、益智仁、乌梅炭等固涩肾精之品对肾病之蛋白尿的消除都具有很好的作用。可根据临床证型不同灵活配伍运用，但在使用之中务必注意涩中有通的原则。

【验案鉴赏】

田某，男，5岁。1983年5月12日初诊。

主诉：面目浮肿1周余。

浮肿1周入院，尿量少，尿常规示蛋白（++++），血胆固醇为11.95mmol/L，予泼尼松口服治疗，请中医会诊。诊时面目浮肿，精神萎靡，胃纳不思，舌淡红苔白腻，脉沉弱。此肾阳虚，气化失司，治以温阳利水。

处方：淡附片3g，茯苓9g，泽泻9g，桂枝3g，炒白术9g，车前子（包煎）9g，怀牛膝9g，菟丝子9g，生甘草3g。7剂，水煎200ml，日服2次。

二诊：小便量增多，浮肿渐消，胃纳欠振，苔白腻。上方加减7剂。

三诊：浮肿已消，晨起眼睑尚浮，胃纳欠振，面色、精神好转，尿常规检查示蛋白（++）。肾阳始复，脾运未健，治拟健脾益肾，消肿利湿。

处方：生黄芪12g，党参9g，炒白术9g，炒山药9g，甘草4g，茯苓 9g，泽泻 9g，石韦 9g，野山楂 9g，丹参 9g，制萸肉 9g。7 剂，水煎 200ml，日服 2 次。

上方加减服用半年，配合西药激素治疗，逐渐好转未见反复，随访健康无恙。

四、小儿水肿病治疗心得

马老行医的年代，小儿患急性肾炎、迁延性肾炎者为数不少，经马老诊治好转的也不少。故此马老对小儿水肿病的诊治颇有心得。现整理如下。

水肿病的主要病邪是水，水为阴邪，得阳则化，离照当空，阴霾不驱自散，故治疗水肿当以温通为主，温通之法每与宣肺、健脾、益肾密切配合。盖肺主卫，宣肺可以"开鬼门"，脾主运化，土旺可以"洁净府"，肾主水，釜底有薪，蒸化有权，则浊阴自散，但温通之品易于伤阴，小儿稚阴稚阳，发病容易，变化迅速，故治疗过程中必须注意温通而不伤阳，马老临床常选用山萸肉、菟丝子、怀山药、续断、狗脊等药温补脾肾而不燥，配以白茅根、米仁、泽泻、茯苓皮等药通利小便而不伤阴。对附子、干姜、肉桂等辛热之品宜中病即止，切忌久服。

小儿脏腑娇嫩，形气未充，尽量勿采用攻逐之法，除非腑气不通，形体壮实，胃纳尚佳而不得不用者。盖攻逐之法，易损阳伤阴，阳虚则运化无力，阴虚则变证迭出，只图取效于一时，最终却导致体质更虚，水势更涨。《证治准绳》指出："凡得此病非一朝一夕之故，不可以猛浪之药求其速效，以致虚脱。"

温补脾肾是小儿水肿治本之法，但临床治疗有许叔微"补脾不如补肾"和孙思邈的"补肾不如补脾"之说，两者在论述上各有侧重，前者指治脾应治其本，如脾阳不足应补肾阳，后者指治肾应治脾，用后天补先天。小儿水肿见到脾肾阳虚必有一脏是主要的，何时补脾，何时补肾，何时双补，清代王旭高指出："久病虚羸，胸无痞满者宜补肾，胸有痞满者宜补脾。"马老认同这一观点，察之临床，水肿而纳呆、便溏、胸满、舌淡、脉迟者则为脾阳不振、湿困中焦，当温补脾阳为主；水肿日见加剧而胃纳尚可，四肢不温，畏寒腰酸，脉沉迟者，多属肾阳虚衰，应补肾阳为主兼顾脾阳。历代儿科学家对小儿水肿的治疗多主张以治脾为主。如清代名医陈复正在《幼幼集成》中有云："水肿本于脾虚不能制水，水积妄行而为肿，当以参、术补脾为主，使脾气实则能健运"。故当先温中阳以运四旁，宜理中丸、香砂六君丸、平胃散、苓桂术甘汤等，甚者附子理中汤加减，脾阳振奋，则既能伐肾邪以制水溢，又能助肺气以行治节。

从临床来看小儿水肿以阳水湿热型较多。盖小儿为稚阴稚阳之体，阳常有余，阴常不足，感邪之后极易化热，虽然有的病儿开始表现为风寒、寒湿型的症状，但数日后即易热化。且皮肤疮疡亦呈现湿热征象，小儿饮食不节，饥饱无度，脾胃为湿热壅滞较多。故临床上湿热型较多见，湿热型水肿总以清热利湿，利尿降浊为治，使湿热之邪从小便而解。临床常选用忍冬藤、鸭跖草、淡竹叶、车前草、泽泻、石韦、野菊花、大小蓟、生米仁、白茅根、鹿茸草、荠菜、茯苓皮、猪苓等清利药，适当配以行气、养阴之品，使气行则水行，水去而不伤阴。

五、水肿病的调护

水肿病的调养和护理十分重要，历代医家都非常重视。实践证明调护不当则病情容易反复，从而转为沉疴。总结起来主要有以下几方面。

（1）水肿期应忌盐饮食，忌生冷，忌辛辣，忌油炸，忌发酵面食糕饼。《证治准绳》中有云："饮食之忌，唯盐、酱、韭、炸、湿面，皆味咸能溢水者，并其他生冷毒物亦宜戒之，重则半载，轻者三月，须脾胃平复，肿消气实，然后于饮食中渐以烧盐，少投则其疾自不再作。"《幼幼集成》中有云："凡小儿患肿，切须忌盐，盐助水邪，吸之愈甚，必须肿消之后，以盐煅过，少少用之。"而马老在临床时常嘱病家将食盐炒后使用。这是马老由卤碱疗法（即口服或静脉注射卤碱，曾用于败毒抗癌、消炎退肿、理血祛瘀）而得到的启发。但对水肿、高血压、心力衰竭者，切不可食盐，就是用老碱或苏打做的面食也不可食。马老曾将急性肾炎浮肿消退后的病人随机分成两组，每组30人，一组用炒盐，一组用正常食盐。盐量均为平时饮食的一半，连用3个月。炒盐组无一例出现明显的眼睑浮肿，尿蛋白阴性或痕迹。正常食盐组有4例眼睑浮肿，尿蛋白反复。说明浮肿消退后仍须控制食盐，并以炒盐为好。

（2）恢复期必须预防感冒，节制饮食，适量活动。尤其小儿不知寒温饥饱，平素好活动，故家长应教育管理好。水肿严重者应卧床休息。

（3）注意水的出入量，每天记录小便排出量，如24小时尿量少于

400ml，要及时来医院就诊，防止肾衰竭、尿毒症的出现。

（4）饮食宜清淡而富于营养，如冬瓜、丝瓜、西红柿等蔬菜较为合适，藕粉、赤豆、荸荠、西瓜汁均可食用，另西瓜皮煎汤可代茶饮有利尿作用。大蒜、韭菜、葱有通阳利气功能。牛奶每天适量，鸡蛋每天1只，不宜多食。肉类少食为宜，牛肉健脾胃、羊肉温肾阳均可配食。鱼类以淡水鱼为佳，如鲤鱼、黑鱼、鲫鱼等，有醒胃利水作用。忌海鱼虾蟹。糖适量食用。总之厚味甜腻食品助湿生热，应该控制。

第五节　老年自创还青功

"还青功"是马莲湘老师自编、自练、自己命名的便于中老年人直接可以在床上练功的保健方法，寓"返老还青"之意，中老年人通过练功，复青春，还年少，达到健康长寿的目的。

马老50岁时正值事业旺季，却感到力不从心，精神、记忆力明显下降。于是根据中老年人生理特点，吸取祖国医学按摩、导引、气功、吐纳之精华，结合数十年临床经验，自编自练了还青功。坚持锻炼30载，至1987年已80高龄，他仍步履轻盈，精神矍铄，谈笑风生。上讲台、查病房精力充沛，思维敏捷，无不得益于此功。还青功具有调和气血、舒通经络、活利关节、开窍醒脑等作用，持之以恒便能"阴平阳秘、精神乃治""正气存内、邪不可干"。

曾有人问为何还青功按摩次数多为7的倍数，如21次、49次等。马老笑答："'七'是我国传统文化及中医理论的体现。《汉书·律历志》曰：'七者，天地四时人之始也'，'七'也是阴阳与五行之和。"中医认为，人有七情，即喜、怒、忧、思、悲、恐、惊；人有七窍，即鼻为肺窍、目为肝窍、口唇为脾窍、舌为心窍、耳为肾窍；致病有七因，即风、寒、暑、湿、郁、损、衰；治疗有七法，即补、泻、宣、通、理、散、收；伤害身心有七举，即大饱伤脾、大怒气逆伤肝、房劳过度及久坐湿地伤肾、过食冷饮伤肺、忧愁思虑伤心、风雨寒暑伤形、恐惧不节伤志；药物方剂组成配伍禁忌有七情，即单行、相须、相使、相畏、相恶、相杀、相反。"七"之数字之于人体，玄妙不可说。

还青功于1988年拍制成录像片，在浙江省老年大学作为教材广为教授。还青功共六节三十项。现将各段动作要领整理介绍如下。

1. 颈项头面功

姿势：盘腿端坐床上或正身端坐床边，全身放松，意守丹田，嘴微闭，舌轻抵上颚，呼吸自然平稳，双手合掌，缓缓摩擦，使手掌温暖。

（1）摩颈：用左右手撑向左右方向来回按摩颈部各49次，从而防治颈椎骨质增生，改善大脑供血功能。

（2）按颈：用左手掌上下轻轻按摩喉结右侧颈部49次，用右手掌上下轻轻按摩喉结左侧颈部49次。此动作有利于改善甲状腺功能，调整内分泌系统。

（3）干面浴：双手中指从鼻翼两侧向上经印堂，向眉骨至耳部而下，用掌面轻轻按摩49次。此动作能延缓面部皮肤衰老，减小皮肤皱纹。

（4）按头皮：两手十指从前额发际向后轻轻按抓头皮21次。此动作能促进头部血液循环，防治高血压、中风及脱发。

（5）擦人中沟（鼻唇沟人中穴处）：用食指按摩人中沟21次。此动作能预防感冒。

（6）叩太阳穴（目外眦旁约1寸凹陷处）：用两手中指轻轻叩击两侧太阳穴各49次。此动作能清醒头脑，促进思维，防治头额胀痛。

（7）叩枕骨下：握空拳，小鱼际侧轻轻快速叩击枕骨下21次。此动作能调节人体内分泌功能。

2. 五官功

姿势：盘腿端坐床上或正身端坐床边，全身放松，意守丹田，嘴微闭，舌轻抵上颚，呼吸自然平稳，双手合掌，缓缓摩擦，使手掌温暖。

（1）闭目转睛：强力闭目7次后瞪大双眼，远视前方约1分钟，按顺时针、逆时针方向各旋转7次。此动作能促进眼球和眼肌活动，增进视力，防治老花眼。

（2）揉按眼睑：用双手中指自目内眦向上眼睑至目外眦轻轻旋转按摩21次。此动作能消除视力疲劳，改善眼睑皮肤营养，减少鱼尾纹。

（3）按摩迎香穴（鼻翼外缘中点旁，当鼻唇沟中）：两手中指旋转按摩迎香穴49次。此动作能防治感冒、鼻炎，疏通鼻窍。

（4）轻擦鼻翼：双手中指自鼻翼至山根来回轻轻按擦49次。此动作能防治感冒、鼻炎，疏通鼻窍。

（5）按耳：两手食指中指分开插入两耳翼，上下按摩49次。此动作能促进耳道气血流通，预防耳失聪。

（6）鸣天鼓：两掌心盖住双耳，四指放在后枕部用中指轻弹枕骨 21 次。此动作能防治耳鸣及鼓膜内陷。

（7）叩齿：口微闭，上下牙齿轻轻叩击 49 次。此动作能使牙齿坚固。

（8）搅海：闭口，用舌尖沿牙齿外侧来回运转漱口 21 ～ 49 次（以口中津液为标准），所得津液分 3 次小口轻咽缓下，咽时用意念使津液达下丹田（脐下 3 寸）。此动作能助消化，健脾胃，防治牙周炎。

3. 上肢功

姿势：端坐于床边挺胸，目平视，全身放松，呼吸自如。

（1）掐指：十指开合反复 49 次后用左手握右手指向左方向拉 7 次，用右手握左手指向右方向拉 7 次。

（2）旋腕：两手腕关节随意旋转各 49 次后用右手握左手腕向右方向拉 7 次，左手握右手腕向左方向拉 7 次。

（3）摆肘：双手下垂握空拳，双臂紧贴肋侧，以肘为轴心上下摆动 21 次。

（4）摇臂：以肩关节为轴心，手握空拳，曲肘向前后各旋转 7 次（如摇船状）。

（5）举肩：双手自然下垂，紧贴两侧，双目正视前方，左、右肩各向上提举 7 次，不要晃动身体。

（6）张翼：手握空拳，两臂紧贴于两侧，屈肘扩张肩胸，两臂向两侧举至肩平，肩关节运动如展翅状，一张一翕反复 21 次。

以上动作能加强指、腕、肘、肩关节活动，防治上肢关节诸疾。

要领：量力而行，诸关节运动时端坐挺胸，目平视，呼吸自如，保持身体不动。

4. 胸腹功

姿势：仰卧、去枕，双腿双手自然伸直，气沉丹田。

（1）疏肝：仰卧，右手抵于腰部，左手从剑突下向右肋下来回轻轻按摩 49 次。

（2）利胆：平卧，左手抵于腰部，右手握空拳沿右肋下轻轻叩击 49 次。

（3）揉腹：先用右手掌绕脐周按顺时针方向按摩 49 次，再用左手掌按逆时针方向绕脐按摩 49 次。

（4）调气：仰卧伸足，吸气纳于丹田，足跟向下用力，同时臀、腹、腰部高凸抬起反弓如架桥状；吐气，恢复原位，足弛缓，全身放松为 1 次，共吐纳 7 次。

以上运动能调畅气机，增强呼吸道抵抗力，疏肝利胆，健脾助运，增强消化与吸收功能。

5. 腰功

姿势：端坐，腰背挺直，双手掌互搓，以掌心有热感为度。

（1）擦腰：两手掌放在左右腰背部，上下按摩 49 次。

（2）运腰：端坐床上，双腿伸直，与上身成 90°，吸气低头两手伸向足趾，足背尽量绷直，呼气抬头两手收回放在上腿部为 1 次，共 21 次。继则双手握空拳叩击大腿 49 次。

以上动作能固肾益精，防治腰腿酸痛，避免腰背佝偻。

6. 下肢功

姿势：仰卧。

（1）屈膝：两下肢以膝关节为中心来回屈伸各 21 次。

（2）举腿：提举下肢，使之与身体成 90°，两腿交替进行，各 21 次。

（3）揉涌泉：屈膝，下肢自然上抬，两手抱握膝盖，两足背相互摩擦足底涌泉穴各 49 次。

以上动作能增强腿足肌肉力量，健步强身。

第六章

桃李天下

　　马莲湘教授继承历代中医各家学说，博采众长，治学严谨，勤奋实践，致力中医教学和临床工作六十余年，学验俱富，桃李天下，莘莘学子都已在各自的岗位上有所建树，许多也已成为名教授、名中医或优秀管理者，他们兢兢业业为中医药事业奉献着自己的智慧和才干。其中浙江省名中医盛丽先、原浙江省中医药管理局副局长吴康健、原湖州中医院院长马嘉汉师从于马莲湘教授，他们学以致用，经过自身的努力，在中医药领域取得了卓越成就，成为老百姓信任的好大夫。

第一节　传承人之盛丽先

　　盛丽先，女，1944年11月出生，浙江杭州人。教授、主任中医师、硕士生导师，浙江省名中医，全国第五批老中医药专家学术继承工作指导老师，全国名老中医药专家盛丽先传承工作室导师，全国高等中医教育学会中医儿科分会顾问，浙江省中医药学会中医儿科分会顾问，浙江省中医、中西医结合学会肾脏病分会顾问。

　　从事中医临床、教学、科研50年，擅长治疗小儿呼吸、消化及泌尿系统疾病，尤其对小儿慢性咳嗽、哮喘及肾脏疾病的诊治有丰富临床经验。学术上重视顾护脾胃、斡旋中土以适应小儿脾常不足之特性；临床善于运用和法治疗儿科病证，以适应小儿易寒易热、易虚易实之病理；处方用药轻灵活泼，以适应小儿脏气清灵、随拨随应之生理。

一、杏林春暖忆恩师

盛丽先教授回忆马老：全国著名中医儿科专家马莲湘教授是我大学时代的老师，研究生时的导师。数十年来指导读书，传授经验，指点迷津，使我获益匪浅。马莲湘老师，是浙江中医学院首批进入学院任教老中医之一，也是学院首批获得正教授职称的三位教师之一（院长何任教授、中药学潘国贤教授、内儿科学马莲湘教授），为中医的教学及医疗工作兢兢业业，奉献了毕生。

马老为人善良、真诚、谦和、厚道。他幼年于南浔习医、识药。以其堂兄为师，并以诵读医学典籍为日课。从青年时起即开业行医，具有良好的医德医风。在教学工作上兢兢业业、踏踏实实，深得美誉。数十年来，他在临床、教学之余，总是手不释卷，勤于探求，因而学术、医道与日俱增，精益求精。由于马老学有所宗，医有所凭，教有所据，故而在儿科、内科的医疗工作和教学工作中显示出他的深厚功底、丰富经验。成为蜚声遐迩的儿科名中医，深得患者的尊敬和师生的钦仰。马老多读古籍，但不拘泥；为习西医，亦择善而从。他的经验方即是在医籍古方基础上增损而创新；在参习西医学术上也领悟融通。他一生实践的丰富经验，是中医学界的宝贵财富。

马莲湘老师继承历代中医各家学说，严谨治学，勤奋实践，致力于中医教学和临床工作 70 年，学验俱富，桃李天下。学术上尤精于中医儿科及内科肾炎、肾病的诊治，对小儿咳嗽、支气管炎、哮喘、肺炎、腹泻、肾炎等常见病治疗辨证有方，得心应手；对高热惊风、痿痹、脑瘫等疑难杂症屡挽沉疴。诊治疾病重视体质，突出望诊，吸取现代医学之长，辨病和辨证相结合，临床疗效卓著。深受病家信赖和爱戴。1987 年完成经验方"小儿止泻冲剂临床及实验研究"，获浙江省卫生厅科技进步三等奖。1992 年 3 月完成"肾炎的中医治疗"教学录像片，于中华音像出版社出版，发行全球，海内外信函求诊纷至沓来，病家感激之情溢于言表。

恩师的一生勤进不懈，豁达宽厚，助人为乐。携掖后学，口授心传，视生徒如子女。我与马老共事 20 余年，问道、授业、解惑，得益匪浅。兹将老师主要学术思想概述如下。

（一）勤求古训博采众长

马老认为中医学是一门实践性和科学性均很强的学问，必须熟读经典，打下扎实的理论基础，临证才能融会贯通，触类旁通。故自幼勤奋好学，精益求精。《黄帝内经》《伤寒论》学术根底颇深。临证立法选方常用桂枝汤、小柴胡汤、葛根芩连汤等经方，对李东垣氏《脾胃论》及吴鞠通氏《温病条辨》也颇有研究，临床喜用补中益气汤治疗小儿脾虚久泻，气虚尿床，内伤发热及慢性肾炎，肾病综合征之蛋白尿。对于小儿外感温热病、湿温病常选银翘散、桑菊饮、藿朴夏苓汤、三仁汤等。

马老学术上不拘门户，择善而从，博采众家之长为我所用。20世纪40年代悬壶时，集诸家之经验，结合自己实践所获，研制了10余种儿科散剂，如退热散、消积散、截疟散、止泻散等，使用方便，价廉效著，深受广大劳苦群众欢迎。其中止泻散近年来经科研及临床验证，已由制药厂制成小儿止泻冲剂行销国内外。

小儿稚阴稚阳之体，形气未充，卫外不固，易感外邪，轻则伤风感冒，重则伤寒温病，常兼夹食滞、痰浊及惊风之患。故小儿，特别是婴幼儿，时病更多于杂病。马老平素常读《时病论》《时方妙用》《临证指南医案》《温病条辨》等医籍，集前贤之长，对小儿时病主张"轻可去实"之法，以轻灵活泼之处方祛邪外达，适应小儿"脏气轻灵""随拨随应"之特性。马老谓轻者乃轻扬而不沉重，敏捷而不笨拙，活泼而不呆滞，清灵而不腻浊，具体处方用药准则有四。其一质宜轻不宜重，盖质轻之品，宣扬透发，治外感之邪尤为适宜，如桑叶、连翘、薄荷、蝉衣等，轻清宣解之品，达到轻可去实之目的；其二味宜薄不宜厚，味薄之品无碍胃气，正如叶天士所云："用有气无味之药可治无质之病，非若重浊厚腻反致恋邪。"如玉蝴蝶、藿香、佩兰、葛根等品，既可宣化生机，升清降浊，亦可拨动胃气，促进药液吸收；其三量宜小不宜大，药量过重不但药过病所，亦伤胃气，小儿脾常不足，脾胃受损不能受药，病不愈故马老常用药量为3～6g，重者9g，因势利导，不伐无辜，顾护胃气，达邪扶正。其四方宜动不宜静，也即处方宜灵动活泼而不呆滞，配伍中注意调畅气机，在疏表、宣肺、化痰、消导、清热诸法中无不配以芳香流动之行气药，使气机升降如常，邪去而正安。如治外感咳嗽，马老认为肺主一身之气，痰随气而动，气滞则痰聚，气顺则痰消，故在疏表宣肺中必佐陈皮、厚朴花、枳壳等行气药，使气道宣畅，咳嗽转松，痰即随之而除。

（二）四诊合参尤重望触

望、闻、问、切四诊是中医诊断的主要方法，临床应四诊合参，相互配合，但由于小儿特殊的生理病理特点，其生长发育和病情反应均与成人有别，而且小儿"气血未充脉难据，神识未开言不知"。故马老四诊中特别重视望诊和触诊。如若小儿天庭饱满、地角丰隆、口大肩阔、面唇红润、发黑有光、目睛灵活为禀赋壮实，无病少病，即便有病亦一药而愈。若小儿额角双突、下巴削尖、头颈极细、口小肩狭、皮肤干燥、头发稀黄、目睛混浊为先天不足或后天失调，必体弱多病或疳积之兆。若面色㿠白、鼻梁青筋为肺卫不固，感冒咳嗽不断；发热咽痛，面目浮肿为急性肾炎；目胞轻浮，目睛红赤多为顿咳日久；面色萎黄多因脾虚夹积；睡时眼睛不能完全闭合称露睛，多属脾虚健运不力；眼泪汪汪、目红羞明，需防麻疹；唇四周苍白青灰多为脾阳不振，痰湿食积久停，治疗上必须坚持调理扶正一段时间才能逐步改善体质；又如小儿舌苔花剥，状如地图，多为胃之气阴不足，常厌食多汗易感冒，一旦患病，亦难以速愈，需耐心从根本上调治。肾病综合征，慢性肾炎之水肿，多为本虚表实虚实夹杂之证，临床如何掌握消补尺度至关重要，马老以脐之凹凸结合四诊确定治则，若头面四肢浮肿，腹胀大而脐凹者以通阳利水为法，用桂枝、茯苓、白术、泽泻、大腹皮等；若四肢浮肿不甚，肚腹胀大平脐或脐凸者，以黑白丑、商陆、甘遂峻下逐水，先导其水而后扶正常收效迅速。

马老善于触诊，如小儿发热，触按头额四肢，皆热而灼手，虽体温高但邪仍在表，汗出可解；若头额热而四肢发凉，表邪有入里之势，当防其变；若头额热、四肢凉、指趾冷者，为热深厥深，当防其脱。对于闭证，常以压掐中冲穴以测预后，以医之拇指甲压掐病儿中冲穴，压掐后患儿头目四肢微动，预后尚好，压掐后毫无反应预后多不良，压掐后"哇"地哭出声即转危为安，马老风趣地说："儿哭儿医笑也。"此法也是对闭证的应急措施之一。小儿脾胃病常触按腹部，若腹部胀满，叩之如鼓声者，则为气滞，治当行气导滞；若腹胀按之灼热多为食积日久，形体壮实者宜消之攻之，形瘦面黄者宜消补兼施；若腹部隆起，按之柔软而温和、不胀不痛、多为正常儿，有病治疗也易。

（三）辨病辨证衷中参西

马老热爱祖国医学，但不讳中医之短，不嫉西医之长，主张中医辨证和西医辨病相结合，辨证论治是中医学之精髓，但对具体某一个病的微观认识有时不免失于笼统，这是时代所局限，不应当苛责古人。在科学发展的今天，必须注意吸取西医学与其他自然科学之长，为中医所用，才能不断地丰富与发展祖国医学，才能为辨证论治提供客观的依据。因此，早在30年代马老就系统函授了西医课程，中华人民共和国成立后在浙江省中医院及儿童医院工作中又不断向西医学习，和他们共同磋商重危疑难病症的治疗，用辨病与辨证，中西医结合的方法挽救了无数危重病人，如有一18个月男婴，反复肠套叠4次，每次经空气灌肠复位后好转，但形体消瘦、胃纳不思、腹痛常作、生长发育迟缓。马老认为肠套叠发作时的病机关键是气滞血络瘀阻，缓解后脾运仍未复，肠道气机仍不畅，如不调治还有复发可能，恐难救治，遂用通经活血理气之法，选当归四逆散加小茴香、川芎、台乌药出入10余剂不再复发，胃纳增加，大便通畅，生长发育迅速跟上同龄人。

马老认为肯定或否定"病"及"证"的任何一方都是片面的，只有将两者结合起来，探索临床证治的规律，才能相得益彰。如无痛性血尿，若不辨病，就会误诊，以致延误病情，失去早期治疗良机；但若只辨病不辨证，就可能走上"对号入座"机械论的狭路，把活泼的辨证变成僵死的教条，势必毁掉中医辨证论治精髓，同样不能治好疾病。因而马老临证常用辨证论治与专病专方相结合。在20世纪80年代系统总结了治疗肾脏疾病的经验，研制成"马莲湘电脑诊治肾脏疾病系统"软件，该软件包括了现代医学急慢性肾炎、肾病综合征、肾结石、肾盂肾炎等多种泌尿系统疾病，其设计既体现了祖国医学辨证论治的特色，又根据现代医学疾病的诊断，分类及临床检验等，两者有机结合起来，为中西医结合治疗泌尿系统疾病开创先河。

马老不仅医术高超，而且医德高尚，有口皆碑，数十年如一日，勤勤恳恳，任劳任怨，将自己毕生的精力和才华全部奉献给了中医事业，20世纪40年代个体设诊，对贫病交加者常予以免费诊治并送药，至中华人民共和国初期成立联合诊所时马老已开业20年，每天门庭若市，却仍两袖清风。数十年来乐于清贫度日，对待病人如家人，从不厚此薄彼，既细心诊治，又谈笑风生，让病家痛苦而来，舒心而归。马老常为路远体弱者加号延诊，来函咨询求医者必一一回复，贴补邮资更习以为常。孩子们都亲切地称他为马爷爷。如今，当年被马老救治的孩子都成了长辈，常带着他们的子女孙儿来看望马老。

马老的一生精勤不倦，乐此不疲。实现了他教书育人、弘扬中医、治病救人、助人为乐的夙愿。

二、天道酬勤扬国医

盛丽先教授自 1979 年跟随马老到 1982 年研究生毕业，继而留校任教，与马老共事 20 余年，至今从事中医临床、教学、科研 50 年，擅长治疗小儿呼吸、消化及泌尿系统疾病，尤以治疗小儿咳嗽、哮喘及肾脏疾病著名。50 年来，盛教授勤奋读书与临证，为继承发扬祖国医学竭尽全力。

（一）善用风药去实邪

盛教授临床善用风药治疗儿科疾病。风药辛散或温或凉，非人苦大寒、大热大燥之品，如荆芥、防风、桑叶、菊花、薄荷、蝉蜕、僵蚕、辛夷等，辛散轻扬，不仅能开皮毛、疏腠理、宣肺气，达到解除表邪的目的，而且在解表的同时可以调整营卫之气，疏通血脉而增强自身抗病能力。小儿肺常不足，感冒是最常见的疾病之一，用辛温、辛凉之风药疏风解表、宣畅肺气是其证治之法，即"邪去而正安"之理。咽炎、喉炎、扁桃体炎、支气管炎等只要有咽痒即咳均为感受风邪，当配以风药疏风宣肺，因势利导。对婴幼儿腹泻水样便、色青夹泡沫、肠鸣者，常配伍防风、羌活等祛风燥湿之风药。对流行性腮腺炎患儿常以薄荷、蝉蜕、僵蚕等风药与柴胡、黄芩配伍，宣透泻热、疏通少阳，既无邪热化燥之弊，亦无冰伏其中之虑。对过敏性紫癜因湿热之邪内伏血分，夹感时令风邪而复发者，常用荆芥、防风、蝉蜕、淡豆豉等风药配伍藿香、白豆蔻、黄芩、紫草、碧玉散等，以宣透达邪、凉血泻热之法获效。小儿肾病综合征常因感染而使病情反复或复发，致使蛋白尿反弹或迁延，是治疗中十分棘手的问题。盛教授认为蛋白尿的产生除了脾失升清、肾失封藏之病机外，与肺之宣降功能也十分密切。尤其是在感受外邪之时，肺首当其冲，肺气壅滞则宣降失司，无以通调三焦，无力布散气血津液于周身。水谷精微不得行其常道，清浊不分，径走膀胱，膀胱失约而导致蛋白尿。此时用风药，从风论治，既能疏表达邪，又能胜湿，"疏其气血令其调达"，在辨证基础上选用荆芥、防风、蝉蜕、羌活、徐长卿、豨莶草等，每多获效。因风药多入肺经，肺主气，司呼吸，肺气宣畅，脾复升清，肾得封藏，则三焦通调，水谷精液归其正道，实为正本清源之法。总之，风药质轻味薄，轻可去实，味薄又无碍胃气，尤适合小儿"脏气轻灵""随拨随应"之特性。

139

（二）润燥相济护中土

脾胃为中州之土、后天之本、生化之源，故盛教授认为，无论保健和治疗均应以呵护脾胃为要旨。尤其是小儿脾常不足，更宜护不宜伐。临床常见面色萎黄、形体消瘦、生长发育迟缓之患儿，多为脾胃本脏虚弱，治脾是正治。常以黄芪、党参、太子参、白术、茯苓、甘草等甘味补益中州、健运脾胃，中土斡旋、生化有源则生长发育恢复其常。对感冒咳嗽不断、肺炎迁延难愈、哮喘反复发作之患儿，盛教授也常从脾胃论治。选用异功散、六君子汤、二陈汤等加减培土以生金。对肾炎、肾病综合征、遗尿等泌尿系统疾患，常以补土制水、健脾燥湿、益脾升清、温中化湿等法从脾以治肾，常用实脾饮、平胃散、补中益气汤、理中汤治疗。在顾护中州临床具体治疗中，盛教授牢牢把握燥湿相济、刚柔相伍为原则调理脾胃。脾为阴土，得阳气温煦始能运化无穷，故脾阳当健；胃为阳土，得阴津滋润方可受纳不断，故胃阴当润。正如叶天士所云："太阴脾土得阳始运，阳明燥土得阴自安。"脾喜燥恶湿，用药忌柔用刚，常选党参、白术、苍术、砂仁、白豆蔻等；胃喜润恶燥，用药忌刚用柔，常用山药、白芍、玉竹、石斛等。以白术配白芍健脾阳而不燥胃津；乌梅配甘草酸甘化阴而不助脾湿。此外在调理脾胃中十分注意气机之升降，"脾宜升则健，胃宜降则和"。说明脾胃之健运全赖以升降，处方中常配以柴胡、枳壳、升麻、旋覆花、枇杷叶、陈皮、佛手片等行气药，调畅气机，以复脾胃升降出入之常。达到气机畅和、先天得养、后天得济、精足神旺、扶正以达邪之目的。

（三）和解之法疗儿疾

小儿脏腑娇嫩，形气未充，阴阳两气均属不足。感邪后易寒易热，易虚易实，且往往寒热虚实相互转化或同时并存，故盛教授认为临床治疗小儿疾病采用以平为期，以和为贵的和解之法最为合拍，通过调和疏解，使患儿表里寒热虚实的复杂证候、脏腑阴阳气血的偏盛偏衰归于平和。和法用药平和，不涉及大寒大热、大攻大补，适合小儿稚阴稚阳之体，故往往一药即愈。具体治疗中采用温凉并施、表里双解、扶正祛邪、调和肝脾等法，视病情体质而辨证选择。

（1）温凉并用：治疗外感初起干咳少痰，以疏宣七味汤为基础方。用辛微温之荆芥、防风与辛微凉之蝉蜕、薄荷配伍，佐以桔梗、甘草、僵蚕。全方微温微凉，不寒不热，药性平和，能疏风宣肺、散结利咽，无论风寒、风热转化与并存，均可祛邪外达而无闭门留寇之弊。

（2）表里双解：小儿感冒高热，常见外寒内热合证，用羌活配石膏、柴胡配黄芩、葛根配白芷，宗柴葛解肌汤法以辛温配辛寒，开通玄府、清透蕴热、表里双解、和解少阳、引热外泄，使邪去热退。

（3）扶正祛邪：复感儿急性感染控制后或哮喘缓解期咳嗽迁延、多汗、时有低热等，常以柴胡桂枝汤扶正祛邪。此方为小柴胡汤和桂枝汤的合方，用太子参、甘草、大枣补益中焦脾土、化生气血、培土生金、以为胜邪之本；合柴胡、黄芩、半夏、生姜，从少阳之枢达太阳之气，逐在外之邪；桂枝汤，"外证得之解肌和营血，内证得之化气调阴阳"。两方合二为一，扶正祛邪，契合此时气虚邪恋病机，临床也常配合玉屏风汤。

（4）调和肝脾：对临床常见的小儿消化系统病证，常以小柴胡汤加减。如急性胃炎、呕吐，去人参、大枣，合温胆汤；厌食患儿苔白腻者，去人参、大枣，合二陈汤加白豆蔻；苔少者去人参、半夏、黄芩，加乌梅、芍药、石斛；肠痉挛腹痛者加白芍、甘草、乌梅、延胡索；胃、十二指肠溃疡疼痛者合小建中汤等而获效。

三、厚积薄发结硕果

盛教授常说，处方用药要符合治疗原则，治法有赖于辨证理论的指导，所以尽可能达到理、法、方、药丝丝入扣，形成辨证论治的精密体系。即临证所开药方既符合辨证立法的要求，有经方、古方、时方或前人有效方剂的借鉴，又根据自己的实践经验，按照方剂配伍原则组成处方。一病一证以一方为主，随证、随体质、随病情加减。如患儿感冒，辨证为风寒型，立法是疏风散寒，选方是荆防败毒散。处方时若患儿发热不甚，但鼻塞较重且前额疼痛，则可去羌活、独活、柴胡，加辛夷、白芷；若患儿咳嗽较甚，则可去羌活、独活、川芎、柴胡，加紫苏叶、杏仁、姜半夏、陈皮；若患儿舌苔白厚腻，胃纳不思，则可去川芎、独活，加白豆蔻、鸡内金；若患儿便溏，可去川芎、独活、枳壳，加姜半夏、干姜。加减虽多，但总的处方原则没有离开疏风散寒立法的要求。复诊时，应耐心听取服药后的信息，有疗效不满意者，都要反复琢磨辨证是否正确，处方是否合法，努力达到辨证有理、处方有法，使临床疗效不断提高。

盛教授在继承前人经验的基础上不断创新，及时将现代科学对中医中药研究的丰硕成果运用于临床，提高临床疗效。临床处方时，结合中医辨证选择运用，多获良好效果。盛教授之先师马莲湘教授常以黄芪、山药、薏苡仁、玉米须等治疗蛋白尿，以淡豆豉、地骨皮、紫草等治疗血尿，在继承马老经验的基础上，盛教授结合辨病辨舌及患儿体质，不断创新。如对急性肾炎浮肿期的蛋白尿用玉米须配泽泻，浮肿消退后的蛋白尿迁延配白术、太子参，素体脾虚湿困患儿配干姜、苍术，阴虚内热者配乌梅、白芍等，血尿急性期配生地黄、赤芍、小蓟等，血尿迁延玉米须与白茅根同用，甘平益气，清润养阴。肾病综合征激素小于隔天 1mg/kg 时，用黄芪配绞股蓝、五味子、补骨脂、枸杞子、菟丝子，预防蛋白尿反弹；若苔白腻加白豆蔻、苍术、豨莶草、羌活燥湿祛风。

四、医案医话辨医理

盛丽先教授从医 50 年，其间跟随马老 20 余年，对于小儿常见疾病治疗有丰富的临床经验，积累了大量医案，兹附录医案以示一斑。

（一）小儿肺系案

案一 石某，男，出生日期：2010 年 11 月，2014 年 9 月 8 日初诊。

病史概要：因"咳嗽 1 周，加剧 3 天"就诊，患儿 1 周前受凉后出现咳嗽，阵发性，初不剧，晨起为主，痰少，无气急发绀，无犬吠样咳，无发热，无流涕，无呕吐腹泻，近 3 天咳嗽增多，家长自服"止咳糖浆"，未见好转。既往有"喘息"史 1 次。体格检查示营养发育可，精神可，呼吸平稳，咽稍充血，心肺听诊无殊，腹软无殊，舌淡红，苔薄白，指纹淡紫。

中医诊断：咳嗽。

证候诊断：风寒型。

西医诊断：急性上呼吸道感染。

治法：疏风散寒，宣肺止咳。

处方：炙麻黄 3g，杏仁 6g，甘草 3g，桔梗 3g，蝉衣 3g，炙桑白皮 6g，浙贝 6g，陈皮 6g，竹沥半夏 6g，前胡 6g。3 剂，水煎服。

二诊：服 3 剂后患儿咳嗽较前减少，晨起为主，有痰，胃纳可，二便调，咽稍红，舌淡红，苔薄白，指纹淡紫，拟清肃化痰。

处方：姜半夏 6g，茯苓 6g 陈皮 6g，甘草 3g，五味子 6g，炙枇杷叶 9g，炒苏子 6g，杏仁 6g，浙贝 6g。3 剂，水煎服。

三诊：患儿服 3 剂后咳嗽加剧，痰少，咳剧时伴呕吐，无发热，无鼻塞流涕，胃纳一般，大便偏干，咽稍红，舌淡红，苔薄白，指纹淡紫。拟清宣润肺化痰。

处方：前胡 6g，白前 6g，桔梗 3g，大力子 6g，竹沥半夏 6g，浙贝 6g，杏仁 6g，甘草 3g，北沙参 6g，陈皮 3g。5 剂。患儿服 5 剂后痊愈。

按： 咳嗽为儿科常见病，其共同病机为外邪客肺，影响肺的宣降，而上逆作咳。因此"宣肺"也就成为咳嗽基本治法，通过宣肺可以疏散外邪，消除病困，并可调理肺脏功能，使肺主宣发肃降的功能恢复正常而咳嗽自除。该患儿初诊以三拗汤加味散寒宣肺为主，取得较好效果，复诊时过早用温燥敛肺之品，致邪无出路，咳嗽加重，三诊时重视宣肺润肺治疗，邪去正安。可见"宣肺"在咳嗽治疗中起着重要作用。《景岳全书·咳嗽》指出："咳嗽之要，只唯二证。何为二证，一曰外感，一曰内伤而尽之矣。"小儿咳嗽以外感为多，感受风邪为主，风邪致病，首犯肺卫，若风夹寒邪，风寒束肺，则肺气失宣；若风夹热邪，风热犯肺，则肺失清肃。宣肺之法既能祛除外邪，又能恢复肺之清宣肃降功能，故为治疗外感咳嗽之大法。

案二 丁某，男，出生日期：2008 年 2 月，2012 年 10 月 29 日初诊。

病史概要：因"反复呼吸道感染近半年，咳嗽近 2 个月"就诊。患儿近半年来反复上呼吸道感染，均表现为发热、咳嗽，当地医院治疗后可缓解，近 2 个月反复咳嗽，表现为阵发性，白天多，有痰，色白，无气急发绀，无犬吠样咳，无发热，无呕吐腹泻，当地医院经抗生素及止咳药治疗，咳嗽未净，平素昼夜多汗，胃纳正常，大便调。无特殊既往史。无过敏史。体格检查示营养发育可，精神可，呼吸平稳，咽充血，心肺听诊无殊，腹软无殊，舌淡红，苔薄白，脉细滑。辅助检查：血常规及胸部 X 线检查无特殊变化。

中医诊断：虚体感冒。

证候诊断：正虚邪恋，枢机不利，营卫失和。

西医诊断：反复呼吸道感染。

治法：调和营卫。

处方：柴胡桂枝汤加减。柴胡 3g，黄芩 6g，桂枝 6g，甘草 3g，白芍 10g，大枣 15g，姜半夏 9g，太子参 6g，黄芪 10g，桔梗 6g，浙贝 6g，杏仁 6g。共 7 剂，水煎服。

二诊：患儿服 7 剂后于 2012 年 11 月 5 日复诊，咳嗽明显减少，晨起偶咳，喷嚏，出汗减少，胃纳正常，大便调，舌淡红，苔薄白，脉细弦。拟前方加减。

处方：柴胡 6g，黄芩 6g，桂枝 6g，白芍 10g，甘草 6g，大枣 15g，姜半夏 10g，黄芪 12g，太子参 10g，防风 6g，炒白术 10g，煅龙骨 15g，煅牡蛎 15g。7 剂，水煎服。

按：该患儿反复呼吸道感染，反复咳嗽，平时汗多，本属肺脾不足，又加之外感，虚实夹杂，既有表气不足，营卫失调，又有邪正相争，此为少阳枢机不利之证。柴胡桂枝汤可谓紧扣病机，方中柴胡、黄芩、半夏，从少阳之枢达太阳之气，逐在外之邪，桂枝汤调和营卫，太子参、甘草、红枣补益中焦脾土，培土生金，再加桔梗、浙贝、杏仁清肺化痰，全方扶正祛邪，消补兼施，表里同治。故取得较好临床疗效。柴胡桂枝汤出于《伤寒论》第 141 条，是小柴胡汤和桂枝汤的合方。反复呼吸道感染属中医"虚体感冒"，也称"虚人感冒"，其病因病机与张仲景《伤寒论》揭示的少阳病之病因病机相似，即"血弱气尽腠理开，邪气因入，与正气相搏。"此类体质感冒，不任发汗，故可用小柴胡汤及其类方——柴胡桂枝汤加减。

案三　张某，男，出生日期：2009 年 8 月，2014 年 12 月 6 日初诊。

病史概要：因"咳嗽气喘 1 天"就诊。患儿昨始咳嗽，阵发性，昼夜均咳，痰少，伴气喘，无发绀，无犬吠样咳，鼻塞，流清涕，无发热，无呕吐腹泻，自服"止咳药"治疗，咳嗽无好转。发病来胃纳正常，大便偏干。既往有"哮喘"病史。无过敏史。体格检查示营养发育可，精神可，呼吸尚平稳，无鼻煽发绀，咽充血，两肺呼吸音粗，可闻及少量哮鸣音，心脏听诊无殊，腹软无殊，舌淡红，苔薄白，脉浮滑。

中医诊断：哮喘，证候诊断：寒热夹杂；西医诊断：支气管哮喘急性发作。治法：疏风宣肺，清肃化痰。处方：三拗三子汤加减；炙麻黄 6g，杏仁 9g，甘草 6g，炒苏子 9g，葶苈子 9g，莱菔子 9g，前胡 9g，桔梗 6g，浙贝 9g，白芷 9g，三叶青 9g。5 剂，水煎服。

复诊：患儿服 5 剂后复诊，喘平，咳嗽明显减少，晨起咳嗽有痰，胃纳欠佳，大便调，舌淡红，苔薄腻，脉滑。拟清肃健脾化痰。处方：姜半夏 9g，茯苓 9g，陈皮 6g，甘草 6g，葶苈子 9g，红枣 15g，三叶青 9g，桔梗 6g，浙贝 10g，杏仁 9g，炙桑皮 9g，炒麦芽 10g。共 7 剂，水煎服。

按：小儿咳喘是中医儿科常见病、多发病，外邪客肺，影响肺的宣降，而上逆作咳是咳喘的共同病机，因此"宣肺"也就成为咳喘的基本治法，通过宣肺可以疏散外邪、消除病因，并可调理肺脏功能，使肺主宣发肃降的功能恢复正常而喘咳自除。三拗汤采用连节麻黄、连皮杏仁、连梢甘草，因与常规炮制加工方法相拗，故名三拗汤。此方是由《伤寒论》麻黄汤去桂枝而成，因去辛温之桂枝，故发汗力不及麻黄汤，但长于开宣肺气、降逆平喘。本案因外感风寒，故以三拗汤为主方，咽红、便干为内有热象，故加苏子、葶苈子、莱菔子、三叶青等泻肺清热，合而为用，可使表解里清，喘嗽自平。

三拗三子汤是盛教授治疗小儿咳喘的经验方，由三拗汤加苏子、葶苈子、莱菔子组成（原三子养亲汤中白芥子易葶苈子），外感风寒表邪未解，又入里化热而成寒热夹杂之咳喘，临床多见于急性支气管炎、支气管哮喘、支气管肺炎，通过辨证加减均有良好疗效。

案四 马某，女，出生日期：2011年6月，2012年11月8日初诊。

病史概要：因"咳嗽1个月"就诊，1个月前患儿无明显诱因下始咳嗽，呈阵发性，昼夜均咳，痰少，渐加剧，无气喘、发绀，无犬吠样咳，无鼻塞清涕，无发热，当地医院诊断"肺炎"，予静脉滴注头孢类药物1周（具体药物不详），咳嗽减少，至今未净，有痰，时有呕吐，为胃内容物，大便易溏，大便时无哭吵，胃纳欠佳。既往史无殊。无过敏史。体格检查示营养发育可，精神可，呼吸尚平稳，无鼻煽发绀，咽稍充血，两肺呼吸音粗，可闻及痰鸣音，心脏听诊无殊，腹软无殊，舌淡红，苔薄腻，指纹淡紫。辅助检查：血常规检查无殊，CRP正常，当地医院胸部X线检查示支气管肺炎。

中医诊断：咳嗽，证候诊断：脾虚痰湿；西医诊断：肺炎恢复期，治法：益肺健脾化痰，处方：七味白术散加减；姜半夏6g，茯苓6g，陈皮6g，生甘草3g，煨葛根6g，藿香6g，煨木香6g，桔梗3g，桂枝3g，炒白术6g，炮姜2g，太子参6g。共7剂，水煎服。

二诊：患儿服7剂后复诊，咳嗽明显减少，晨起偶咳，有痰，胃纳增加，大便调，舌淡红，苔薄白，指纹淡紫。拟益肺健脾化痰。

处方：姜半夏6g，茯苓6g，陈皮6g，生甘草3g，炒白术6g，太子参6g，黄芪9g，防风3g，杏仁6g，山药6g。共7剂，水煎服。

按：该案例患儿为肺炎恢复期，咳嗽月余，痰多，纳呆便溏，舌淡苔腻，辨证为脾虚痰湿，从脾胃论治，治其本，而不用解表之药，故用益肺健脾、温运化痰法，以七味白术散和苓桂术甘汤加味，取得较好疗效。《素问·咳论》曰："五脏六腑皆令人咳，非独肺也。"这是对咳嗽病机的高度概括。"肺为贮痰之器，脾为生痰之源……因痰致咳者，痰为重，主治在脾；因咳动痰者，咳为重，主治在肺。"即使其他脏腑所致的咳嗽，其痰浊的化除及脏腑功能的调理，亦赖脾胃之气的健运。因此，对于各种咳嗽的治疗，除了注意治肺外，还应注意治脾胃。本案充分体现了中医辨证论治之特色，不能因肺炎或听诊呼吸音粗或啰音未吸收而一味"消炎"、清热止咳等。辨证为脾虚痰湿咳嗽，当从脾治从湿治，其病在肺而其本在脾。临床对素体脾虚患儿或用抗生素后易腹泻的患儿，在治疗咳嗽时均要注意健脾、护脾、运脾、温脾。

案五 巴某，男，出生日期：2012年7月，2015年2月4日初诊。

病史概要：因"反复咳喘1个月"就诊。患儿1个月前出现咳嗽，阵发性，昼夜均咳，痰少，伴气喘，流清涕，无发热，无呕吐腹泻，当地医院就诊，诊断为"毛细支气管炎"，先后予以静脉滴注"头孢呋辛、甲强龙、阿奇霉素、哌拉西林舒巴坦、利巴韦林"共10天，雾化吸入20天，仍咳嗽未净，喉中痰鸣，鼻塞清涕，胃纳欠振，大便溏，日多次。有"湿疹"史。无过敏史。体格检查：营养发育可，精神可，前囟平，呼吸平稳，咽充血，扁桃体无肿大，两肺呼吸音粗，可闻及痰鸣音及少许干啰音，心脏听诊无殊，腹软无殊，舌淡红，苔白腻，指纹淡紫。辅助检查：血常规无殊；胸部X线检查示两肺纹理增多。

中医诊断：肺炎喘嗽。

证候诊断：湿痰闭肺。

西医诊断：毛细支气管炎。

治法：宣肺开闭，燥湿化痰。

处方：炙麻黄3g，杏仁6g，甘草3g，桂枝3g，姜半夏6g，茯苓6g，陈皮6g，炒白术6g，桔梗3g，干姜3g。3剂，水煎服。

二诊：偶咳嗽，喉间痰鸣，流涕减，胃纳正常，大便溏，日解2～3次，舌淡红，苔薄白，指纹淡紫。拟健脾温化。

处方：姜半夏6g，茯苓6g，陈皮6g，炒白术6g，桔梗3g，甘草3g，桂枝3g，干姜3g，太子参6g，服5剂后痊愈。

按：该患儿素体脾虚，健运不力，湿困于脾，西医静脉滴注抗生素10天，更易伤脾，感外邪后肺失宣发，不能敷布津液，津停而为痰，痰湿互结，阻于气道，致肺气郁闭，失其宣肃之职，故咳嗽气喘，喉中痰鸣、苔白腻为湿痰之象。方中三拗汤宣肺开闭，二陈汤、白术健脾化痰，佐以桂枝、干姜温化痰饮。复诊时外邪已解，重在健脾温化，故选理中汤、苓桂术甘汤、二陈汤加味以杜生痰之源。本例毛细支气管炎，中医辨证为湿痰闭肺，其病机为脾阳不足，无以化气行水，散津归肺，水津停聚而为痰饮。故化痰化饮是治其标，温运脾阳才是治本。二诊时以理中汤、苓桂术甘汤、二陈汤加减温运脾阳，以杜生痰之源。

案六 厉某，女，出生日期：2008年3月，2015年4月1日初诊。

病史概要：因"发热3天"就诊。患儿3天前无明显诱因下出现发热，体温最高为39.5℃，无寒战、抽搐，伴咳嗽，阵发性，昼夜均咳，痰不易咳，无气急发绀，无犬吠样咳，流涕，无呕吐腹泻，家长自服"头孢类、退热药"（具体药物不详），发热反复，咳嗽无好转。纳便正常。既往史无殊。无过敏史。体格检查：体温为37.7℃，营养发育可，精神可，呼吸平稳，咽充血，双侧扁桃体Ⅱ°肿大，未见分泌物，心肺听诊无殊，腹软无殊，舌红，苔薄腻，脉浮数。辅助检查：血常规及CRP检查无殊。

中医诊断：感冒。

证候诊断：风寒化热型。

西医诊断：急性上呼吸道感染。

治法：疏宣清解化痰。

处方：柴胡6g，黄芩6g，葛根15g，羌活6g，三叶青6g，桔梗6g，蒲公英15g，甘草6g，浙贝10g，杏仁9g，竹沥半夏9g，前胡9g，大力子9g。共4剂，水煎服。

二诊：热退，咳嗽减少，早晚为主，有痰不易咳，夜间不咳，纳平，大便偏干，咽红，乳蛾红肿，舌红，苔薄腻微黄，脉滑。拟清宣化痰。处方：桔梗6g，甘草6g，浙贝10g，杏仁9g，竹沥半夏9g，前胡9g，大力子9g，蝉衣6g，僵蚕6g，姜黄6g，陈皮6g。共5剂，水煎服。

按：小儿发病容易，传变迅速，感受外邪之后，邪气易迅速入里，往往表邪未解而里热已盛，或伤津伐正。小儿外感发热多为表里同病。该患儿初诊发热3天，咳嗽，流涕，咽红，结合舌苔、脉象，乃表寒未解，而又化热入里，治当解肌清热，故以柴葛解肌汤加减。该方为治太阳阳明合病，表里双解，解肌清热之剂。方中柴胡、葛根解肌清热，羌活驱太阳之邪外出，助柴胡、葛根解肌表，黄芩清泄里热，甘草敛阴和营，又能调和诸药，浙贝、杏仁、大力子、三叶青、竹沥半夏清肺化痰。诸药合用，透表清热，表里双解，标本兼治，故取得较好临床效果。运用柴葛解肌汤的要点是表寒未解、里热正盛，即表寒里热。临床见患儿发热2天以上，西药退热药用后退而复升；发热、流涕、咳嗽等感冒症状仍在；扁桃体红肿、大便干、咽红说明有入里化热之势，故辛凉辛温同用、解表清里共治而获效。

案七 汪某，女，7岁8个月，2014年3月16日初诊。

病史概要：患儿反复鼻塞、清涕3年，既往有过敏性鼻炎史，近来反复频繁发作，鼻痒鼻塞严重，清涕较多，晨起明显，喷嚏，伴有咳嗽、乳蛾红肿、大便偏溏、舌淡胖、边有齿痕、脉沉。曾口服开瑞坦、酮替芬等西药，均为初起有效，久则无效。

治法：温阳散表，疏风解表。拟方麻黄附子细辛汤加味。处方：生麻黄6g，淡附片9g，细辛3g，桔梗6g，甘草6g，蝉衣6g，僵蚕9g，浙贝10g，黄柏9g，阳春砂（后下）9g，辛夷9g，白芷9g，苍耳子9g。共7剂，水煎服。

二诊：患儿鼻塞减轻，清涕好转，乳蛾肿大，舌淡胖，苔薄白腻，脉弦细。治法温经散寒，益肺和营。处方：生麻黄6g，淡附片9g，细辛3g，桂枝9g，炒白芍12g，甘草6g，炒白术12g，防风6g，黄芪15g，红枣15g。7剂，水煎服。

三诊：患儿鼻窍畅通，上方去麻黄、附子、细辛，加用党参、干姜、黄柏、阳春砂等，治疗1个月余，鼻炎未发，大便未溏。

按：患儿阳虚外感，肺窍失和，其病机关键在于少阴阳虚夹太阳表寒，属太少两感，法当表里双解。选用麻黄附子细辛汤温阳散寒，疏风解表，合用苍耳子散宣肺通窍，全方温寒并用，表里双解，顾护里阳，外解表寒，达宣肺开窍之功。

本方是为素体阳虚，复感风寒之证而设。阳虚之体，应不发热，今反发热，并见恶寒甚剧，虽厚衣重被，其寒不解，是外受风寒，邪正相争所致；表证脉当浮，今脉反沉微，兼见神疲欲寐，是知阳气已虚。此阳虚外感，表里俱寒之证，若纯以辛温发散，则因阳虚而无力作汗，或虽得汗必致阳随液脱，治当助阳与解表并行。方中麻黄辛温，发汗解表，为君药。附子辛热，温肾助阳，为臣药。麻黄行表以开泄皮毛，逐邪于外；附子温里以振奋阳气，鼓邪达外。两药配合，相辅相成，为助阳解表的常用组合。细辛归肺、肾经，芳香气浓，性善走窜，通彻表里，既能祛风散寒，助麻黄解表，又可鼓动肾中真阳之气，协附子温里，为佐药。三药并用，补散兼施，使外感风寒之邪得以表散，在里之阳气得以维护，则阳虚外感可愈。喉为肺系之门户，少阴肾经亦循喉咙至舌根。若为暴哑，乃大寒直犯肺肾，上窒窍隧，下闭肾气所致。方中麻黄散寒宣肺，附子温壮肾阳，细辛协两药辛通上下，合用则具宣上温下、开窍启闭之功。此为以表里同治之方，易作上下同治之剂，乃灵活运用，

148

异病同治之体现。盛丽先教授常用此方治疗患儿过敏性鼻炎长期反复发作者。过敏性鼻炎是鼻腔黏膜的变应性疾病，并可引起多种并发症，属于中医"鼻鼽"范畴。金代刘完素《刘河间医学六书》之《素问玄机原病式》曰："鼽者，鼻出清涕也。"过敏性鼻炎反复发作者多见于年长儿，素体阳气不足，又外感风寒，内有少阴阳虚，外有太阳风寒，故可从太少两治，麻黄附子细辛汤脉证相符故有效。

（二）小儿脾胃系案

案一　吴某，男，18个月，2017年4月16日初诊。

病史概要：患儿胃纳欠振日久，面色萎黄欠华，每日只吃奶400ml左右，不进他食，夜寐不安，大便不调，小便无殊。查体：神清，精神可，体重为11kg，前囟未闭，咽稍红，舌淡红苔白腻，指纹淡紫。

中医辨证：脾虚肝旺。

治法：健脾消食，平肝助运。

处方：太子参5g，炒白术6g，茯苓6g，甘草3g，蝉衣3g，钩藤3g，灯心草1.5g，炒白芍6g，鸡内金6g，炒六曲6g，淡竹叶6g。共4剂，水煎服。

按：本方以益脾镇惊散加味而来。患儿年幼，纯阳之体，脾常不足，平日家长喂食偏多，饮食不节，困阻中焦，脾失健运，饮食不化，故而胃纳欠振，面色不化，大便不调。脾为后天之本，主运化水谷精微，脾失健运，水谷不化，食滞胃脘，五脏及四肢肌肉失养，故而发育迟缓，前囟未能按时闭合。脾土虚弱，不能制约肝木，肝阳上亢，则夜寐不宁，故拟益脾镇惊散健脾平肝，扶土抑木，佐以及内金、炒六曲消食助运，淡竹叶清心安神。

益脾镇惊散载于清《医宗金鉴·幼科心得要诀》，治疗小儿惊泻。其中记载："惊泻因惊成泄泻，夜卧不安昼畅惊，粪稠若胶带青色，镇惊养脾服通灵"。这里的镇惊即指益脾镇惊散。原方组成：人参钱半，白术土炒、茯苓各三钱，朱砂八分，钩藤二钱，甘草炙五分。上研细末，每服一钱，灯心汤调服。因肝主惊，其色青，故将小儿慢惊，寐不宁，大便色青之腹泻称为惊泻。惊泻也应属于脾虚泻范畴，主要病机是脾胃虚弱而致肝木偏亢，其脾胃虚弱或先天不足，或喂养不当，或积滞内停等日久损伤脾胃之气，形成土虚木亢之病机。虚实夹杂以虚为主，故辨证以脾虚为主，大便不调或糊或黏或粗糙不化，肝旺主要表现为睡眠不实，夜间哭吵，大便色或青或不青。朱砂含汞有毒不入药，临床运用时不用朱砂，可改成汤剂加减。

浙江中医临床名家·马莲湘

案二　罗某，男，5 岁 1 个月，2017 年 6 月 17 日初诊。

病史概要：患儿反复呕吐 3 年。3 年来反复呕吐，恶心，喜食面食，大便正常，曾在上海儿童医学中心检查，诊断为：胃食管反流，朗格氏组织细胞增生症？目前体重为 15kg，身高为 103cm，生长发育尚可，舌淡红，苔薄白，脉细。

中医辨证：土壅木抑，肝脾失和。

治法：和解。

处方：太子参 10g，姜半夏 9g，柴胡 6g，炙甘草 6g，炒黄芩 6g，炒白芍 15g，红枣 10g，干姜 3g，枳壳 6g，旋覆花 9g，代赭石 10g，葛根 12g。共 7 剂，水煎服。

二诊：2017 年 6 月 24 日。服药后患儿上症好转，呕吐次数减少，大便 2 日一行，无腹痛，舌淡红，苔薄白，脉细。拟上方加减。

处方：太子参 10g，姜半夏 9g，炙甘草 6g，红枣 10g，干姜 3g，枳壳 6g，旋覆花 9g，代赭石 10g，炒白术 10g，茯苓 6g，陈皮 6g，生麦芽 12g，共 14 剂，水煎服。

三诊：2017 年 7 月 7 日。前症好转，食后时有作呕，胃纳可，二便无殊，舌淡红，苔薄腻，脉细滑，拟上方加减。

处方：太子参 10g，姜半夏 9g，炙甘草 6g，红枣 10g，枳壳 6g，旋覆花 9g，代赭石 10g，炒白术 10g，茯苓 6g，陈皮 6g，生麦芽 12g，枇杷叶 9g。共 14 剂，水煎服。

四诊：2017 年 9 月 2 日。患儿因上学原因，未及时复诊。此次呕吐仍有，较前好转，无腹痛，纳可，精神可，二便无殊，舌淡红，苔薄腻，脉细滑。

处方：太子参 10g，姜半夏 9g，炙甘草 6g，红枣 10g，枳壳 6g，旋覆花 9g，代赭石 10g，炒白术 10g，茯苓 6g，陈皮 6g，生麦芽 12g，枇杷叶 9g，干姜 3g，炒竹茹 9g，共 14 剂，水煎服。

按：患儿素体脾虚，脾为后天之本，主运化水谷精微，脾气虚则不能运化水谷，脾胃不能升清降浊则恶心呕吐时作；脾喜燥恶湿，脾虚日久，水湿内停，困于中焦，土壅木抑，肝脾失和，气机升降失司，故呕吐反复发作，胃纳一般。患儿病在中焦，非汗、吐、下能解决，宜用和法。本方以小柴胡汤为底方和解少阳，疏通肝脾气机，气机畅通则呕吐自平。因恶心呕吐较重，故加用旋覆花、代赭石增加降浊之功效，同时配伍葛根，意取"升清"之效，共奏升清降浊、和胃止呕之功效。

案三 杨某，男，11个月，2014年10月30日初诊。

病史概要：腹泻近20天。患儿20天前出现腹泻，大便黄色糊状或水样，无黏液血丝，日解3～4次，每次量多，无便时哭吵，无呕吐，无发热咳嗽，小便量略减少，曾至浙江省儿童医院就诊，诊断为消化不良，予十六角蒙脱石、双歧三联活菌康口服未见好转，胃纳欠振。查体：精神可，皮肤弹性可，面色欠华，咽无充血，心肺无殊，肠鸣音活跃，舌淡红，苔薄腻，指纹淡紫。实验室检查：粪便常规无殊，轮状病毒阴性。

中医辨证：脾气虚弱，失于升清。

治法：益气升清，健脾助运。

处方：太子参6g，白术6g，伏苓6g，甘草3g，煨葛根6g，木香6g，藿香6g，炮姜2g，炒米仁10g，芡实10g，共5剂，水煎服。

二诊：大便日1次，先干后溏，胃纳渐增，近2天流清涕，夜寐不宁，咽稍红，舌淡红，苔薄，指纹淡紫，拟前方加减。

处方：太子参6g，白术6g，茯苓6g，甘草3g，煨葛根6g，木香6g，藿香6g，炮姜2g，荆芥3g，防风3g，羌活6g，白芍10g，共5剂，水煎服。

继服5剂后痊愈。

按：小儿脾常不足，患儿腹泻半月余，脾胃受损，脾气虚弱，运化不力，清降失司，水谷不化，并走大肠，故腹泻迁延，证属脾虚泻，用七味白术散加减。另加炒米仁、芡实健脾利湿止泻，佐炮姜温运止泻，诸药相合，健脾益气升清，使脾运复健而泄泻止。复诊时外感风寒，加荆芥、防风、羌活既可外散风寒，又取其"风能胜湿"之意。

七味白术散源于宋代钱仲阳《小儿药证直诀》，钱氏为儿科鼻祖，谓此方："治脾胃久虚，呕吐泄泻，频作不止……不论阴阳虚实并宜服。"临床体会见脾气虚、脾阴虚、脾阳虚之迁延及慢性腹泻均可以此为基本方加减，实证不宜。本方内寓四君子汤补脾气，藿香、木香降泄浊阴，葛根升腾清气，脾气升则健运复，脾湿运则泄泻止。

案四 郭某，男，3岁7个月，2016年1月8日初诊。

病史概要：胃纳欠振日久。患儿长期胃纳不振，无腹痛，无呕吐，大便每日1次，患儿出生体重3.4kg，足月剖腹产，母乳喂养。查体：体重为15kg，咽无充血，双扁桃体Ⅱ°肿大，舌淡红，苔白腻，脉细弦。

实验室检查：血常规、肝功能正常，血清幽门螺杆菌抗体（＋）。

中医辨证：脾虚夹积。

浙江中医临床名家·马莲湘

治法：健脾助运。

处方：太子参9g，炒白术9g，茯苓9g，炙甘草3g，姜半夏6g，陈皮6g，砂仁（后下）6g，木香6g，藿香6g，炒谷芽10g，炒山楂9g，炒麦芽10g，共14剂，水煎服。

复诊：胃纳增，大便调，拟前方加减，前方去炒山楂、砂仁，加山药10g，炒米仁10g，共14剂，水煎服。之后胃纳正常。

按：患儿素体脾虚，胃纳欠振，加之饮食不节，致食滞胃脘，方选开胃进食汤健脾开胃、消食和中。方中六君健脾益气，培土固本，藿香、砂仁芳香化湿，醒脾开胃，木香行气，谷芽、麦芽、山楂消食和胃以除食积。全方消补兼施、升降相宜，二诊食积已除，健脾升清以调其本。

开胃进食汤源于《医宗金鉴·杂病心法要诀》，可视为四君子汤系列方，因脾胃虚弱而湿困食积故不食。方中除四君补脾外，着重加入芳香温燥的醒脾药如藿香、丁香、木香、陈皮、厚朴、砂仁共达六味之多，说明脾与湿之关系。临床可视舌苔腻之厚薄润燥酌情酌减这类香燥药。

案五　徐某，女，14岁2个月，2015年8月17日初诊。

病史概要：大便干结3～4年。患儿近3～4年来大便干结如羊屎，2～3天一行，排便困难，无腹痛，出汗不多，怕冷，手足不温，初潮2年，有痛经史，胃纳欠振。查体：营养发育正常，面色欠华，呼吸平稳，咽不红，心肺听诊无殊，腹软，无压痛，舌质偏淡，边齿印，苔薄腻，脉沉细。

中医辨证：阳虚便秘。治法：温运润肠。处方：党参10g，炒白术10g，干姜6g，炙甘草6g，炒枳壳9g，当归10g，肉苁蓉10g，怀牛膝9g，砂仁（后下）9g，炙枇杷叶10g，炙鸡内金10g，共14剂，水煎服。

复诊：患儿服药后，大便转润，1～2天一行，胃纳渐增，月经提前，痛经，咽不红，舌质偏淡，边齿印，苔薄腻，脉沉细。治拟前方减炙枇杷叶、鸡内金，加黄芪12g，益母草15g益气活血。共14剂，水煎服。

按：患儿大便干结，排便困难，怕冷，四肢欠温，痛经史，舌质偏淡，边齿印，苔薄腻，脉沉细，乃阳气不足，温煦推动乏力，而便秘。故选用理中汤合济川煎加减。理中汤温脾阳、补脾气，济川煎（去升麻、泽泻）温肾润肠，砂仁、鸡内金消积助运，炙枇杷叶降肺气，枳壳引气下行，共成温阳散寒、润肠通便之剂。服药后大便转润，月经期，痛经史，加用益母草活血调经，黄芪补气。

患儿阳虚便秘，故以理中汤合济川煎加减获效。其便秘之病机是中气不足，脾阳亏损，脾失健运，中焦虚寒，气不化津，津少气亏，无力推动，故以理中汤温运脾阳为主，《灵枢·口问》曰："中气不足，溲便为之变，肠为之苦鸣"，济川煎是增水行舟，以温肾润燥为主，两方合用，温补中求通，塞因塞用。

济川煎原治老人阳虚便秘，儿童少用。但只要辨证属阳虚者同样可用。

（三）小儿肾系案

案一 罗某，男，8岁5个月，2013年11月6日初诊。

病史概要：患儿反复双下肢皮疹伴尿检异常9月余。近来皮疹未发，尿红细胞（++），潜血（+++），尿蛋白阴性，胃纳正常，大便偏干，咽红，扁桃体Ⅱ°红肿，舌红苔薄黄腻，脉细弦。平素易反复患扁桃体炎。

西医诊断：紫癜性肾炎。

中医诊断：尿血（下焦湿热）。

治法：凉血止血，清利湿热。

处方：生地10g，小蓟15g，通草6g，淡竹叶10g，甘草6g，藕节10g，蒲黄炭10g，白茅根30g，蝉衣6g，丹皮6g，桔梗6g，共14剂，水煎服。

复诊见尿红细胞（+），咽红好转，扁桃体仍Ⅱ°肿大，不红，纳可，大便润，舌质偏红，苔薄白，脉细弦。上方去蝉衣、丹皮、桔梗，加乌梅炭6g，生地榆10g，加减服用近3个月。病情未再反复，得以缓解。

按：本案患儿病程较长，虽皮疹无反复发作，但肾脏损害持续，且平素反复扁桃体炎症。中医以小蓟饮子加减治疗，湿热症状改善，反复扁桃体炎得以控制，血尿亦缓解，体现了中医药在治疗儿童血尿的优势。本案以小蓟饮子加减，方中小蓟凉血止血、祛瘀生新；生地清热凉血、止血消瘀，共为君药。臣以炒蒲黄凉血止血，且利水道；藕节收涩止血，兼能化瘀；滑石清热利水，通草、竹叶、山栀清心、肺、三焦之火从下而去共为佐药；当归性温养血和血，以防诸药寒凉太过，炙甘草缓急止痛，调和诸药共为使药。全方配伍得当，止血之中寓以化瘀，使血止不留瘀；清利之中寓以养阴，使利水不伤正。药物多入心、小肠、膀胱经，使药物直达病所，是历代医家治疗血尿的有效方剂。

血尿是儿科较常见的症状之一，有肾小球性和非肾小球性血尿之分，肾小球性血尿有原发性和继发性，原发性常见的病证有单纯性血尿、急性及慢性肾小球肾炎、急进性肾炎、IgA肾病、薄基底膜病、遗传性肾炎等；继发性常见的病证有紫癜性肾炎、乙肝病毒相关性肾炎、狼疮性肾炎等。小儿常见的非肾小球性血尿病证有尿路感染、特发性高钙尿症、胡桃夹现象、泌尿系统畸形等。盛丽先教授临床治疗小儿血尿经验总结，中医通过个体化、阶段性、动态性的辨证论治，可以改善患儿体质，控制诱发因素，减少肉眼血尿的发生，阻断病程迁延和发展，达到减轻或消除血尿、保护肾脏、改善预后的目的。临床常以小蓟饮子加减治疗急性泌尿系统感染、原发性肾小球肾炎、紫癜性肾炎、单纯性血尿等，中医辨证为湿热蕴结下焦。临床症见肉眼或镜下血尿，乏力困倦，胃纳欠振，大便或干或溏，舌质红苔黄腻，脉滑数。临证处方中将木通易通草，炙甘草易生甘草，小蓟可重用至15g，加白茅根15～30g，白茅根味甘性寒，能清血分之热而凉血止血，其性寒降入膀胱经，故善治下部之尿血。《本草求原》曰："白茅根……清脾胃伏热，生肺津以凉血，为热血妄行上下诸失血之要药。"若尿血较甚酌加侧柏叶、地榆；若热不甚或尿血日久气阴耗伤去山栀、通草、滑石寒凉清利之品，酌加仙鹤草、旱莲草、黄芪等益气养阴止血。

案二 刘某，男，7岁2个月。2011年5月16日初诊。

病史概要：尿液检查异常1年余。患儿1年余前因急性肾小球肾炎住院治疗恢复出院，尿常规检查隐血（+～+++），红细胞（少许～++），尿蛋白（痕迹～++），已持续1年余。西医诊断为迁延性肾炎。患儿疲劳后眼睑有轻度浮肿，面色少华，胃纳欠振，大便粗糙不化，气秒量多，每日1～2次，小便色黄。舌淡红、苔白腻，脉细。方用升阳益胃汤加减。处方：生黄芪、炒白芍、茯苓各10g，陈皮、炙甘草、柴胡、防风各6g，姜半夏、泽泻、炒白术各9g，白茅根、玉米须各30g。共7剂，水煎服。

二诊：患儿疲劳后眼睑仍有轻度浮肿，胃纳增，大便成形，日1次，尿常规检查示红细胞（+），尿蛋白（+），舌淡红、苔白稍腻，脉细。效不更方，继予原方7剂。

三诊：患儿面色转华，无眼睑浮肿，纳便无殊，尿常规检查示红细胞（-），尿蛋白痕迹，舌淡红、苔薄白，脉细。原方去白茅根，加太子参10g，继予7剂治疗。

四诊：患儿诸症若失，尿常规检查示红细胞（-），尿蛋白（-）。继予前方7剂巩固治疗。以后每月复查，至今未见异常。

按：此系急性肾炎后脾虚湿蕴，失于升清，日久湿郁化热，灼伤肾络，精微下泄。治宜升阳健脾，清利湿热。小儿脾常不足，感受外邪或内伤饮食均可损及于脾。脾失升清则清浊升降失司，脾失散精则精微输布失常，而致湿浊潴留；日久湿蕴化热，湿热之邪循经犯肾，或迫精外泄或失于固摄，则精微下漏而见蛋白尿、血尿。虽然肾虚失于固摄是出现蛋白尿和血尿的重要原因，但"肾主蛰藏，必藉土封"，病机关键在于脾。脾虚使肾失封藏则精微不断漏泄。李东垣升阳益胃汤以升阳为主，升阳即升清，虽名益胃，其实益脾。全方升阳益脾，补中有清，升中有利，扶正与祛邪并施。中州斡旋，脾之运化恢复，发挥其"执中央，运四旁"的作用，使中流砥柱有权，肾精就可封藏不泄，是从脾治肾之法。

案三 赵某，男，12岁2个月。2014年1月2日初诊。

病史概要：发现蛋白尿约2年。患儿约2年前无明显诱因下发现晨尿中有较多泡沫，查尿常规检查示尿蛋白（+），多次尿检示蛋白（+- ～ +）。24小时尿蛋白定量300mg。今尿常规检查示尿蛋白（+）。西医拟诊为孤立性蛋白尿。患儿平素面色萎黄少华，胃纳欠振，进食稍多则感脘满恶心，夜间汗多，大便偏溏，每日1次，舌质淡红、舌体胖大、苔白腻，脉濡细。治宜健脾升阳，益气固肾。方用升阳益胃汤加减治疗。处方：太子参、茯苓、炒白术、炒薏仁各10g，姜半夏、陈皮、柴胡、防风、炒枳壳、桔梗、山萸肉各6g，炙甘草3g，玉米须15g。共14剂，水煎服。

二诊：患儿胃纳渐增，夜间入睡后稍出汗，大便成形，每日1次，近2日鼻塞，流清涕，不咳，尿常规检查示尿蛋白（+-），舌质淡红、舌体胖大、苔薄腻，脉濡。原方加白芷10g，蝉衣6g，继服7剂。

三诊：尿常规检查示尿蛋白阴性，余症正常。前方去白芷、蝉衣、泽泻，加生黄芪、山药各10g，继服14剂。至今尿检一直正常。

按：此系脾虚湿困，致肾失封藏，精微外漏。运用升阳益胃汤获效。小儿脏气清灵，若湿不甚多不用羌、独，故上案和本案均未用。黄连苦寒易伤脾阳且苦，小儿难以接受，多去之。

案四 藤某，男，4岁5个月，于2016年4月11日就诊。

病史概要：因"咳嗽6天"就诊。6天前因受凉后患儿出现咳嗽，初不剧，伴鼻塞清涕，双眼睑及双下肢稍浮肿，当地医院予静脉注射"头孢"抗感染5天后咳嗽、鼻塞鼻涕缓解，浮肿较前减退，眼睑及下肢略肿，咽不红，舌淡红，苔薄白，指纹淡红。既往肾病史。外邪渐解，湿邪为患。治以利水退肿，引而竭之。方用猪苓汤汤合五皮散加减。

处方：猪苓9g，茯苓15g，泽泻9g，滑石9g，阿胶珠9g，玉米须20g，淡竹叶9g，枳壳9g，大腹皮9g，益母草9g。共7剂，水煎服，每天1剂，分 2 次服。

按： 本案肾病伴有感染的治疗，西医考虑为上呼吸道感染，予抗生素治疗，中医辨为肾病标实为主，急则先治标，因势利导，驱邪外出。其病因主要为风邪、寒邪，病所主要在上下二焦，故用桂枝加厚朴杏子汤以宣肺疏风、解表散寒，猪苓汤及五皮散加减利水退肿，引而竭之，并加益母草血水共治，待标实去而以本虚为主时症见浮肿、少尿，则病因主要为湿邪内蕴，病所在肺、脾、肾，湿为阴邪，非温不化，故取桔梗汤，苓桂术甘汤，五苓散之意通阳化气，健脾化饮；肾为元阴元阳寄所，不益火之源则无法消除阴翳，故加淡附子温肾阳，益火之源以消阴翳。

盛教授在临证过程中始终立足辨证论治，于诸多症状中抓住本质，分阶段而论，急则先治标，缓则治其本。

案五 王某，男，4 岁 8 个月，2017 年 7 月 25 日就诊。

病史概要：尿频 1 周，无排尿哭吵，饮水即尿，每次量不多，大便溏薄，日 3～4 次，纳欠振，少眠，舌淡红苔薄白腻，指纹淡紫。近 1 周尿常规检查示蛋白（＋），目前激素剂量为 15mg qd。患儿既往肾病病史 1 年。脾运不健，水湿不化。治以健脾温中燥湿。方以七味白术散合理中汤加减。

处方：太子参 10g，茯苓 10g，甘草 6g，炒白术 10g，藿香 9g，煨葛根 15g，炒木香 6g，姜半夏 9g，炮姜 3g，玉米须 15g，车前草 10g，炒米仁 15g。共 7 剂，水煎服，每天 1 剂，分 2 次服。

按： 患儿既往有肾病病史，激素治疗过程中多次出现小溲数而少，大便溏烂，初治以通阳化气、温中健脾、淡渗利湿有效，后再以此法则效不著。因正常情况下"饮食入胃，阳气上行，津液与气，入于心，贯于肺，充实皮毛，散于百脉"，患儿疾病迁延，脾胃虚衰，中气不足，溲便之变较久，土虚金衰，肺脾均虚，清阳下陷，浊阴有余，而湿胜之病丛生。

肾病本证虽责之肺、脾、肾三脏，但以中土脾脏最为关键，故倡导肾病治脾的学术观点，然治脾又有健脾运脾、温中、升清化湿等诸法，临床常选补中益气汤、升阳益胃汤、固元汤（自制经验方，主要药物由黄芪、太子参、白术、茯苓、防风、甘草、黄柏、砂仁等组成），根据患儿病情选择切合的方剂，充分体现祖国医学辨证论治的指导思想，需要我们后学不断揣摩。

（四）小儿其他疾病案

案一 郦某，女，3 岁 2 个月，2018 年 03 月 12 日初诊。

病史概要：反复睑腺炎近 1 年。曾在浙江大学医学院附属儿童医院眼科多次手术。近期又再次发作，左侧眼睑上下共 5 粒硬结，红肿触痛，流泪，羞光，伴低热，体温为 37.6℃，怕冷，鼻塞清涕，咽稍红，口臭，纳欠振，便干，苔白腻，脉浮弦。证属风寒外束、食积内蕴，治拟疏风散寒，消积运滞。处方：葛根 10g，麻黄 3g，桂枝 6g，白芍 6g，红枣 10g，甘草 6g，桔梗 6g，姜半夏 6g，生麦芽 10g，莱菔子 6g，决明子 9g。共 3 剂，水煎服。

二诊：服 3 剂后，热退，眼睑硬结红肿明显减轻，上方去麻黄，加炒谷芽 9g，生山楂 9g。继服 7 剂后诸证愈。随访半年，睑腺炎未再反复。

按：患儿外有风寒外束，内有食积内蕴，郁而化热，以葛根汤解表散寒，热郁发之，从表达邪，酌加消积运滞之品，表里同治。药证相应，病去人安。

睑腺炎是眼睑腺的急性化脓性炎症，俗称"偷针眼"。其是由葡萄球菌感染所致，表现为眼睑皮肤局部红、肿、热，可触及硬结及压痛。严重者球结膜面充血，并有脓点、发热。脓点形成者，西医多手术治疗，切开排脓，因其容易反复发作，患儿痛苦不堪。盛丽先教授认为，足太阳膀胱经起于目内眦，足阳明胃经旁行入目内眦与足太阳经相交，睑腺炎患儿多素有郁热积滞，外感风寒后，寒邪束表，积热不得外发，循经上达眼睑，而致睑腺炎，治宜葛根汤加减。

案二 何某，男，23 个月，2015 年 3 月 4 日初诊。

病史概要：入睡多汗 2 周。日前热退，不咳，时有流涕，纳便正常，面色少华，舌淡红，苔薄，指纹淡紫，治拟益气固表和营，处方：桂枝 3g，白芍 9g，大枣 10g，甘草 3g，黄芪 6g，太子参 6g，麦冬 6g，五味子 3g，糯稻根 6g，瘪桃干 6g，佛手 3g。共 7 剂，水煎服。

二诊：入睡汗出明显减少，流涕无，守法续进，继服上方 7 剂，诸症悉愈，患儿安和。

按：患儿入睡后汗多，面色少华，近有新感，热退，仍有流涕，结合其舌象、指纹，辨证为营卫不和、气阴两虚，以桂枝汤合生脉散加味治疗小儿盗汗。清代吴谦《医宗金鉴》云："桂枝辛温，辛能发散，温通卫阳。芍药酸寒，酸能收敛，寒走阴营。桂枝君芍药，是于发汗中寓敛汗之旨，芍药臣桂枝，是于和营中有调卫之功"。可见桂枝汤有发汗和止汗的双向调节功能。

桂枝汤为《伤寒论》第一方，能解肌发汗、滋阴和阳、调和营卫，用于太阳病中风证。本方治病广，疗效佳，历代医家对其推崇备至。柯琴曰："此为仲景群方之魁，乃滋阴和阳、调和营卫、解肌发汗之总方也"，世称"群

浙江中医临床名家·马莲湘

方之冠"。方中桂枝辛温，助心阳通经络，解肌以去在表之风邪；芍药酸寒，滋阴和里，固在里之营阴。桂枝配芍药是于发汗中寓敛汗之旨，芍药伍桂枝是于和营中有调卫之功。生姜之辛，佐桂枝以解表；大枣之甘，佐芍药以和中。甘草甘平，有安内攘外之能，既以调和表里，且以调和诸药。以桂芍之相须，姜枣之相得，藉甘草之调和，阳表阴里，气卫血营，并行而不悖，是刚柔相济以相和也。虽只有五味药，但配伍严谨，散中有补。

案三 吴某，女，21个月，2014年9月10日初诊。

病史概要：反复荨麻疹1月。服药（抗过敏西药，具体不详）后即退，反复不已，无发热，皮疹色红，瘙痒，遇热皮疹增多，夜间汗多，头部为主，纳便正常，舌红，苔薄，指纹淡紫，治拟调和营卫，凉血祛风。处方：桂枝3g，白芍9g，甘草3g，大枣10g，荆芥3g，防风3g，蝉衣3g，蜂房3g，蚕砂（包煎）9g，赤芍6g，丹皮6g，徐长卿6g，川芎6g。共7剂，水煎服。

二诊：夜间汗出减少，皮疹偶发，色淡红，不痒。上方继服7剂，皮疹未再反复。

按：患儿反复荨麻疹，皮疹色红，遇热皮疹加重，夜间汗多，结合舌象、指纹，辨证为营卫不和、血燥生风。故以桂枝汤调和营卫，酌加凉血祛风药物。《黄帝内经》云："谨守病机，各司其属，有者求之，无者求之"，指出了辨清病机对于治疗的重要性，特别是运用经方时更不可只问病名就套用原方，而应审明病机，抓住病机灵活运用。两个病案虽然病证各异，但病机均有营卫不和，使用桂枝汤调和营卫，平衡阴阳，温通经脉，开启枢机，故用之有效。

盛丽先教授认为桂枝汤解表中寓敛汗之意，和营中有调卫之功，实质上是一首和解的方剂，是太阳病调和营卫法的代表方。此方不仅可用于外感，对于小儿反复荨麻疹、自汗、盗汗等病证，辨证为营卫失和者，均可以调和营卫的方法扶正达邪，用药和缓，药简效宏，比较适合小儿"稚阴稚阳"的生理特性，屡用屡效。

案四 陈某，女，3岁4个月，2014年10月23日初诊。

病史概要：夜间哭闹1个月。自9月入幼儿园后夜间哭闹，闹后入睡，白天如常。汗多，大便偏稀，小便正常，胃纳减少，咽不红，舌淡红，苔薄白，指纹淡紫，现于风关。治拟调和阴阳，平肝安神。处方：桂枝6g，芍药6g，甘草3g，龙骨12g，牡蛎12g，钩藤6g，合欢皮9g，茯神6g，生姜2片，大枣 3 枚（嘱家长自备）。共 5 剂，水煎服。

二诊：5 剂后哭闹好转，上方加炒白术、怀山药健脾益气，鼓舞中焦而善后。

按：患儿自幼怕生，喜独自玩，胆小气弱，在生长发育中，容易出现阴阳状态不稳定。平素汗多，大便偏稀，肺脾气虚。上幼儿园环境改变，导致阴阳失调，阴不守阳，出现夜间哭闹，而白天如常。当予调和阴阳、养心安神。予桂枝加龙骨牡蛎汤调阴阳、和营卫，合欢皮、茯神养心安神、健脾益气。

桂枝加龙骨牡蛎汤由桂枝、芍药、生姜、甘草、大枣、龙骨、牡蛎组成，主治阴阳两虚所致之遗精、梦交。阴阳相互对立，相互维系，阴充于内，阳守于外，以保持阴平阳秘之状态。盖失精之人，不仅阴液耗损，而且阳气亦因久泄而亏虚。如《素问·生气通天论》曰："凡阴阳之要，阳秘乃固"。阳虚不能固摄阴精，故走而不守；阴液不能涵养阳气，则浮而不敛，故而男子失精、女子梦交等证。本方以桂枝汤调和阴阳（桂枝、甘草辛甘化阳，芍药、甘草酸甘化阴），加龙骨、牡蛎，不仅固敛走失之阴精，而且潜纳浮越之阳气，与桂枝汤相伍，可谓刚柔相济，标本兼治。仲景原方主治成人阴阳两虚所致之遗精、梦交，然正如叶天士在《临证指南医案》所云："立法之所在，即理之所在，不遵其法，则治不循理矣"，证之临床，当遵其病机，凡阴阳两虚者均可应用，不必拘于遗精、梦交。

盛丽先教授以桂枝加龙骨牡蛎汤应用于儿科临床，尤其在小儿夜惊、遗尿病方面取得了较好疗效。夜惊是一种儿童睡眠障碍，表现为入睡后突然惊醒坐起，呈恐怖状且喊叫，同时可有极端恐惧的自主神经和行为改变的睡眠障碍。一般在醒时对夜惊发作一事通常表现为没有记忆，白天安静。盛丽先教授认为，小儿脏腑娇嫩，形气未充，稚阳未充，稚阴未长，在生长发育中，容易出现阴阳状态不稳定。如后天失养，喂养不当，脾胃积热日久伤阴，或贪玩过度，大发脾气，耗伤气阴，导致心神怯弱，或遭遇突然惊吓、环境改变等原因导致阴阳失调，呈偏颇状态。阴不守阳，而见夜惊夜啼。故治疗应予调阴阳，和营卫，辅以镇惊养心安神之剂。桂枝加龙骨牡蛎汤调和阴阳，潜镇摄纳正合此意。临证可灵活加减，如脾气急躁、大便干、舌红者，可加钩藤、黄芩平肝清热，如胆小气弱、遭受惊吓者，可加合欢皮、茯神宁心镇静、健脾安神。

案五 王某，男，6 岁 10 个月，2016 年 5 月 30 日初诊。

病史概要：全身斑丘样皮疹 3～4 年。患儿于 4 年前全身出现斑丘样皮疹，瘙痒不宁，皮肤干燥，无流水结痂，冬春季节加重，当地医院治疗，未见明显好转，纳便正常。查体：一般情况可，营养发育良好，全身皮肤散在斑丘样皮疹，皮肤干燥，咽不红，心肺无殊，腹软无殊，舌质淡红，苔薄，脉细弦。

中医辨证：血虚生风。

治法：养血祛风。

处方：荆芥 6g，防风 6g，蝉衣 6g，知母 9g，生地 9g，当归 10g，甘草 6g，白蒺藜 9g，制首乌 9g，生白芍 9g，土茯苓 10g，地肤子 10g，共 14 剂，水煎服。

外洗方：土茯苓 30g，白鲜皮 15g，苦参 15g，薄荷 10g，蛇床子 15g，百部 15g，明矾 6g，冲 7 剂煎水外洗，隔天 1 次。

复诊：全身斑丘样皮疹好转，皮肤干燥，纳便正常，舌淡红，苔薄腻，脉细。前方去地肤子，加丹皮。外洗方去明矾，加荆芥 15g。14 剂。

此方加减治疗 2 个月，患儿皮疹基本消退，皮肤干燥明显好转。

按：该患儿湿疹日久，湿毒耗伤气血，血虚生燥，故皮肤干燥，冬春感受外风而加重，治疗宜养血祛风止痒，选用消风散加减。方中消风散养血祛风，湿热之象不显，故去苍术、苦参、石膏、大力子、木通，另加白蒺藜、土茯苓、地肤子祛风止痒，制首乌、生白芍养血滋阴。再配合中药外洗，药切病机，皮疹明显好转。

湿疹患儿多素蕴湿热，又受外风激发，风和湿热相搏，郁于肌肤，日久化燥或郁久成毒。故治拟清热除湿、疏风养血，如消风散、当归饮子等都是不错的方子。盛教授常以制首乌配白蒺藜养血祛风（当归饮子中配伍）为主且能润燥止痒。土茯苓甘淡平，有解毒利湿之功。原主治梅毒，在湿疹中也常用之。其口感好，不伤脾胃，很适合小儿。

第二节　传承人之吴康健

吴康健教授，浙江长兴人，生于 1938 年。由于勤奋好学，1956 年他以优异的成绩考入泗安中学，3 年后保送进入长兴中学学习。1959 年中学毕业后考入第四军医大学，在入学体检时发现肝触及，转入浙江中医学院，从此与中医学结下不解之缘。

吴康健教授从事中医临床教学工作 23 年，擅长内儿科，尤专儿科。他

160

精力充沛，好学上进，有坚实的中医理论基础。他分别在 1974 年和 1978 年参加全国中医高等院校统一教材编写工作，合编《儿科学》《中医儿科学》，编写我院《儿科讲义》，编写函授和刊授教材等多种讲义，勤勤恳恳地为浙江中医学院儿科教学事业做出贡献。吴康健教授在省内外杂志上发表论文 20 余篇，并完成中医古籍《小儿卫生总微论方》的校对工作，该书于 1982 年出版。其中，有关陈复正《幼幼集成》一文 1986 年获浙江省科学技术协会三等奖。吴教授长期以来还兼任行政管理工作，对行政管理也倾注了大量心血。1979 ～ 1983 年担任浙江中医学院院长办公室秘书，1983 年在杭州大学高校干部培训班结业。他还是原浙江中医学院科研处副处长，浙江中医儿科学会副主任委员，浙江中医学院学报编委，浙江中医药杂志编委。

一、杏林春暖忆恩师

吴康健教授口述回忆恩师马莲湘教授：马莲湘教授，浙江宁波人，原浙江省中医儿科学会顾问，为全省最早施行中医管理病房者之一，同时建立了中医病历书写和病房管理制度，为发展全省中医院事业做出贡献；浙江中医学院内科教研组负责人，并创立儿科教研室，兼任主任；全省首批三名中医教授之一，省高级职称评审委员会中医委员，省中医学院硕士研究生指导老师，擅长内科，尤精儿科和肾病，在全省首创"马莲湘肾病电脑诊治系统"软件；根据传统按摩，气功学说，创造出一套中、老年的保健功（还青功）。吴康健教授有幸在工作后分配到马老身边，跟随马老学习。

20 世纪 80 ～ 90 年代，从事中医儿科的人，只要谈起浙江中医学院的马莲湘教授，几乎无人不知、无人不晓。马老涉足医林 60 余年，不仅临床经验丰富，而且作风严谨，在辨识病症、因疾下药方面有独特建树，擅长内科，尤精儿科和肾病。由他创立的"马氏儿科"是浙江省"四大儿科"之一，他还是浙江中医学院内科教研组负责人，兼第一任儿科教研室主任。

几十年来，马老用功甚勤，从不松懈，孜孜苦诵至深夜，一有机会便随时笔录。不仅大量药性、方剂开口成诵，历代名家著作和各家医论、医案更是烂熟于心，运用自如。吴老有幸师从马莲湘老师，25 个春秋耳濡目染，树立了从事中医的决心。王冰注《黄帝内经》时曾经说过："将升岱岳，非径奚为，欲诣扶桑，无舟莫适。"大凡古人治学，皆强调治学门径及方法，选择良师，练就人格及素质，是成功的重要一环。

（一）学与思并重

马老经常教导我们，业精于勤，行成于思。中医学是在中国传统文化土壤里成长起来的，有着数千年的学术渊源，想要在汗牛充栋的医书里学到东西，必须有良好的古典文学基础。因此，马老要求我们熟读古典著作，通过对古典著作的学习，减少文字上的障碍，学习古人的治学精神和治学方法。他还要求我们背诵经典著作，这样临证之时不但能触机即发，左右逢源，还会熟能生巧。此外，马老总让我们在抄方的过程中特别注意整理、总结、归纳，把内容分门别类，因为记录是帮助学习、帮助记忆、积累资料的最好方法。

在马老的影响下，我每每读书到深夜，一有不懂，随时请教，马老总是耐心教导，倾囊相授，从不吝啬；对我们开出的处方，他从药物的配伍到剂量的大小，根据病情，及时提出意见，使我们的临床水平很快得到提高并及时总结经验教训；对我们撰写的论文，马老总是逐字批改，反复推敲；马老常说，学习要灵活，要学会思考，不但要思考，还要学会思变，真正在临床上主要是看思变能力。

"三人行，必有我师"，这是马老常告诫我们的话，平时除了向书本和师长学习外，还要随时随地向周围的人请教。无论中医西医、辈分大小，凡优于己者，皆应谦虚请教。马老谦虚的学风，豁达的胸怀，严谨的治学态度，为我们在今后的临床工作和学习中树立了榜样。

（二）精诚求良效

马老常说，博大精深的中医理论和良好的临床疗效，是我们中医这棵常青树永不衰败的历史见证。对待病人一定要诚实，不要夸大其词，要对病人负责任。正因为如此，马老在临床当中提出了自己独特的见解。他认为，自然界的一切事物，都有自己的规律，都是按照固有的规律向前发展，医学也不例外。作为医生，必须要探索规律，掌握规律。只有这样才能临阵不慌，应手取效。例如，急性病症，它的特点就是起病急、病程短、病情重、变化快，治疗时要有胆有识，大剂顿服，才能挽救于危殆之顷；而慢性病症的特点则是病程较久，病情复杂，正气已虚，量变已久，难收速效。

马老有一句话给我们的印象非常深刻，"百日咳不看头，伤寒症不看尾"。这句话并不是说老师不给患有咳嗽和伤寒症的病人看病，而是把病人的真实情况告诉病人，实事求是，因为此类慢性病从起病到康复需要一个过程，不可能服下几剂药就能药到病除，治疗过程必须要循序渐进，对此类病人的治疗和护理更要万分谨慎小心。同是虚证，有的虚则受补，有的虚极反不受补，则应缓缓调理。只有掌握了疾病的规律，临证之时，才能得心入手而收良效。

（三）德高技才高

那个时候有很多病人打听到马老在浙江中医学院工作，就纷纷跑到学校来找马老看病，马老从来不嫌麻烦，总是尽量满足病人的要求。

我跟随马老学医 25 年之久，从来没有见过马老给病人摆脸色。马老治病从来不管病人有钱、没钱、有地位、没地位，甚至给或不给诊金，他都尽心尽力地医治。19 岁时，他就在家门口贴出来一张"诊金不计，贫病送诊给药"的纸条。当时有一位慢性肾病病人，家里很贫困，马老除不收诊金外，还自己掏钱给他买药，这样的例子有很多。马老特别推崇唐代名医孙思邈《大医精诚》中的"凡大医治病，必当安神定志，无欲无求，先发大慈恻隐之心，誓愿普救含灵之苦。"马老经常用此语教导我们并身体力行，以其行医的实践证实"德高技才高"。

吴康健教授高度评价马老的精湛医术及高尚人格，感激对他的知遇之恩，并为他指明了今后的道路及方向。

二、天道酬勤扬国医

吴康健教授，全国中医儿科学会顾问，"马氏儿科"传人，原浙江省中医药管理局副局长。原浙江中医学院科研处副处长，浙江中医儿科学会副主任委员，《浙江中医学院学报》编委，《浙江中医药杂志》编委。吴教授从医 50 余年，勤奋好学，为祖国医学奉献一生。

（一）博采众长，勇于探索

吴康健教授六年寒窗，修完了生理、病理、解剖、组织胚胎、卫生学、放射学、内科学基础、外科学总论、中药学、方剂学、伤寒温病、金匮、中医基础、诊断学、医学史、各家学说、外语、内科学、妇科学、儿科学、伤科学、外科学、针灸推拿等三十多门功课。为了巩固理论知识，学校安排了教学实习和毕业实习。吴康健教授教学实习从师原浙江中医学院校长史沛棠，毕业实习从师金华名医许永茂，毕业留校后又在马莲湘教授、詹起荪教授指导下，从事教学、临床工作。在诸导师严谨的治学态度、高尚的医德医风、丰富的临床经验熏陶下，吴康健教授受到的启发很大，从此在业务上扎下了坚实的基础。

吴康健教授治疗儿科常见病非常娴熟，有显著的疗效，对疑难杂症，通过辨证，也能取得满意的效果。他曾治江西一患儿，高热持续 2 个月余不退，先后在江西及杭州某医院住院达 70 天，屡治不效。吴教授审其病状，根据其高热、口渴、烦躁、咬人、大便秘结、舌苔黄腻、指纹粗紫等症状，诊断此乃阳明腑热，递投小承气汤，3 剂热降，10 剂热退身凉，诸症悉除。又有一患儿，发热之后，渐起左侧身痛，痛势剧烈，以致患侧不能着席盖被，左脚不能站立行走，终日啼哭，苦不堪言，经激素、抗生素等治疗未效。吴教授通过辨证，认为此属热痹，是素体蕴热，复感外邪，湿热互结，留于经络，气血阻滞，闭塞不通所致，乃投三妙散加味 10 余剂而获效。

吴康健教授对慢性肾炎的治疗也积累了丰富的经验。例如，俞某，住院 3 个月，尿常规检查示蛋白（+++），服泼尼松 60mg/d，面部潮红，痤疮满脸，全身肿胀，病情较为严重，经吴康健教授的治疗，共治疗 1 个月，痊愈出院。又如，一患者，慢性肾炎住院 3 个月，服泼尼松，形体发胖、满月脸，面部潮红有痤疮，尿常规检查示蛋白（++～+++），长期不消失，舌质红脉弦细，经吴康健教授 5 次治疗，上述化验指标均转正常。吴教授认为这一类病人均属阴虚潮热，拟养阴清热，用知柏地黄汤加减能取到满意效果。

吴康健教授还致力于科研工作，他努力学习和吸收现代化科学知识，在继承和发扬祖国医学遗产方面做出了贡献。他在浙江省率先进行应用电子计算机模拟马莲湘教授诊治肾炎的软件开发，1980 年通过省级鉴定，发表论文并于 1988 年获浙江省中医学会优秀论文一等奖。其后又相继研发马莲湘教授多种肾病的电脑诊治系统，为中医界所瞩目。吴教授还参加卫生部的古籍整理工作，所校勘的《小儿卫生总微证方》一书已脱稿付梓。并参加了浙江省卫生厅《张山雷医集》的整理工作，校勘《小儿药证直诀笺正》。

（二）教书育人，为人师表

为了不断提高自己的教学水平，吴康健教授谦虚好学，及时听取学生意见，不断改进自己的教学方法，上课时引今博古，重点突出，深入浅出，理论联系实际。无论是本科生还是进修生都爱听他授课。1985 年任儿科教研室主任时，与教研室的老师一起，同心协力，率先创办了全国第一个儿科刊授班，招收学员 1000 多名，为中医儿科人才的培养和提高创造了良好的条件，深受学员的欢迎，并使儿科教研室成为浙江中医学院第一个创收万元以上的教研室。作为科研处副处长，吴教授还监管着研究生工作，每当研究生在科研中遇到困难时，他总是想方设法帮助解决，积极提供方便，成为研究生们的"知心人"，受到大家一致好评。1979 年起，他协助詹起荪教授、马莲湘教授指导研究生工作，1988 年成为研究生导师，共招收 3 届硕士研究生。

吴康健教授以培养人才和追求真知为最大快乐，他经常告诫学生实事求是、独立思考。注重理论和实践能力的培养，吴教授为人正直，待人诚恳，深受学生们的爱戴。近来吴教授载入浙江省中医管理局出版的《浙江当代中医名人志》中。

三、厚积薄发结硕果

吴康健教授，师从马莲湘教授 25 年，在马老的指导和教诲下，对儿科疾病形成了自己的学术思想，特别是在小儿肾病、血尿、哮喘方面。

（一）小儿肾病

吴教授认为，肾病以虚为主，兼有外邪、水湿、瘀血等。治疗应以扶正为本、祛邪为先。具体在辨证上可分为正虚与邪实两个方面。正虚又可分为脾肾气虚、脾肾阳虚、气阴两虚、脾肾虚败等；邪实可分为外邪、水湿、瘀血等。疾病的初期以标实为主，祛除外邪；疾病的中期以虚为主，扶正培本、温阳化水；晚期以虚败为主，降浊通腑开窍。总之，在临床上要根据症状、体征、舌苔、脉象、实验室检查，进行辨证论治。吴教授总结出以下三种小儿肾病治则。

1. 扶正为本

肾病的发生是由于正虚，初期属于脾虚水湿阶段，症见肢体浮肿、面色萎黄、倦怠乏力、纳少便溏、舌淡苔薄、脉象沉缓，治宜健脾利水，可选用参苓白术散合五皮饮加减，前者健脾，后者利水，达到健脾利水之目的。吴教授的经验此阶段可用清代钱镜湖的《辨证奇闻》中的决水汤（车前子 10g，茯苓皮 10g，王不留行 25g，赤小豆 9g，肉桂 1g）治疗，有明显利尿作用。肾病发展到中期脾肾阳虚时，必须温阳利水，投用真武汤加减，药用附子、肉桂等温阳之品以消阴翳。临床上必须温补之品与渗湿之剂合用，可使尿量增加，水肿消退。单纯温补，单纯利尿均达不到消肿的目的。在温阳利水同样加用理气药，如木香、槟榔、厚朴、大腹皮、沉香等，以助气化。临床上要掌握温阳、利水、理气三者的关系，有机地结合，才能取得满意的效果。在肾病治疗过程中，常用激素，往往有阴虚潮热的证候，面部潮红、痤疮、多汗、舌红，吴教授在临床上选用知柏地黄丸加减，重用知母、黄柏、生地黄，有时会取得满意的效果。

2. 祛邪为先

肾病的发生，往往由于外邪入侵，所以在治疗上要紧紧抓住祛邪的原则，外邪务必及时处理。外邪的入侵，使肾病反复，使本来虚弱的体质，更为虚弱，形成了虚—外邪—虚—外邪的局面，如此反复，恶性循环，使疾病进入迁延状态，给治疗带来很大困难，因此在治疗中抓住机遇，务必祛除外邪，吴教授常用清热解毒丹来治疗，其药物有金银花、连翘、黄芩、蒲公英等。如热甚酌加柴胡、薄荷、芦根；咽痛酌加山豆根、射干、玄参；咳嗽酌加浙贝母、杏仁、旋覆花；尿见红细胞（++～+++），加白茅根、生地黄；尿蛋白（++），加蝉蜕、苏叶、樱木等；尿少，加车前子、茯苓皮；疮毒引起，加重楼、半枝莲、甘草等，临床上贵在灵活运用。

3. 祛瘀为佐

肾病的发生由于正邪斗争产生了瘀浊之物，阻塞脉络，产生了气滞血瘀的现象，如面色晦暗、皮肤不泽、舌有瘀点、血尿不止、脉象弦涩等，每一个病人多有气滞血瘀的症状，程度不同而已，所以在治疗中要用活血化瘀的药物。瘀血轻者可选用丹参、桃仁、红花；瘀血重者可选用三棱、莪术，由于脾肾虚败，瘀浊湿热阻滞中焦，发生呕吐、腹胀时，可选用黄连温胆汤加减以升清降浊，同时重用人参，以扶正气；再用大黄以泄水毒。等中焦气机理顺，浊气下泄，病有转机时，再辨证论治。吴教授体会治疗肾病既要分型论治，又不拘泥分型，分型为纲，灵活为目，纲举目张，恰到好处。处方用药时，从病人体质、证情、病史、外邪等方面全面考虑，然后分轻重缓急，立方用药。

（二）小儿哮喘

吴康健教授在小儿哮喘治疗方面有自己见解，他认为小儿哮喘的治疗可分发作期和缓解期。

发作期治疗实热证选用麻杏石甘汤，处方为：麻黄、生石膏、杏仁、甘草。热痰加用全瓜蒌、竹沥、天竺黄、白果、黛蛤散；燥痰加用贝母、知母、南沙参；湿痰加用姜半夏、陈皮；食滞加枳壳、谷芽、莱菔子；气急明显加葶苈子、白芥子；风热表证加银花、连翘；热重加黄芩；胸闷加苏子、厚朴；痰液胶固加海浮石、海蛤粉；咳甚加紫菀、款冬花；寒实证用小青龙汤加减，处方为：麻黄、桂枝、细辛、干姜、白芍、白芥子、干地龙、葶苈子、苏子；表寒证用桂枝，寒在心胸背部用桂心，寒气入骨，四肢冰冷用桂木；有外感风寒者加荆芥、防风、苏叶、苏梗等；若肾阳虚，表现为面色青灰，肢冷多汗，可投用肉桂。如外寒内热可选用定喘汤加葶苈子，寒温并用，各得其所。

对急暴型发作，可选用五虎汤，继服一捻金。五虎汤中茶叶用陈茶，不用花茶。一捻金用大黄、黑丑、白丑、槟榔、人参，以轻泻为度。此热证之治法。寒证用麻杏二陈汤。但无论寒证、热证，主方中均加天虫、干地龙、秦艽，以增强疗效。天虫是《小儿卫生总微论方》中治哮喘主药，善通络中之风痰，散窠臼之痰饮，按现代药理之说，所含蛋白质有刺激肾上腺皮质激素入血的作用，能间接缓解哮喘。地龙所含氮素也有抗组胺和舒支气管平滑肌的功效；秦艽有显著降低毛细血管壁渗透性和抗过敏作用。以上3味是治疗支气管哮喘的有效药，协同辨证论治主方合用，相得益彰。另外，在治疗哮喘中无论寒证热证，均以麻黄为主药。正如陈复正《幼幼集成·哮喘证治》中指出的："哮喘为顽痰闭塞，非麻黄不足以开肺，大胆使用，百发百中。"所以，治疗哮喘均选可用以麻黄为主药的三拗汤加味施治。

哮喘持续状态是风痰阻塞，故需用大剂攻逐豁痰之法，常用橘红、橘络、丝瓜络、竹沥、桔梗、鲜菖蒲、钩藤、象贝、杏仁、胆星、天麻、全瓜蒌、郁金，并化服控涎丹，如果引动肝风加羚羊角、紫雪丹。

缓解期的治疗贵在预防，防止复发，主要应注意以下四个方面。①气候天人合一，天地之气，无时无刻不影响小儿。小儿为纯阳之体，脏腑娇嫩，形气未充，卫外不固气候乍寒乍暖，常影响小儿的健康，寒暖适度是防止小儿哮喘复发的关键。②饮食宜清淡，忌服油炸煎熬之物，各种海鲜虾类不宜多食。小儿脾常不足，饮食稍有不慎，容易致伤肠胃。饮食以素食为主，辅以适当蛋类、瘦肉，多吃蔬菜，少食油腻，注意卫生，加强锻炼，配合药物治疗，有相辅相成的作用。③哮喘患儿面色不华，形体瘦弱，常有自汗盗汗，不耐风寒，易受外界气候的影响，常有感冒、咳嗽、腹泻等病症，在病理上，表现为表虚不固。治疗宜益气固表，服用玉屏风散合四君子汤加五味子、煅牡蛎、补骨脂、菟丝子、绞股蓝等。④对表现为肾不纳气，动则气短，哮喘屡发，有佝偻病体质者，治宜益气补肾，用人参蛤蚧汤加紫河车，或宫宝口服液加黄芪、熟地、核桃仁、补骨脂、龟板等。

小儿哮喘缓解期的治疗，如坚持从以上四个方面综合调理，就有可能防止复发。

（三）小儿血尿

吴康健教授认为小儿血尿从六个方面进行论治可以取得最佳疗效。血尿又名搜血、溺血。临床以血随尿出鲜红不痛为特征。《太平圣惠方》云："夫尿血者，是膀胱有客热，血渗于脬故也。血得热而妄行，故因热流散，渗于脬内者尿血也"，膀胱与肾为表里，心与小肠为表里，心、肾、小肠之热，均可下移于膀胱而致尿血。中医学认为小便混有血液或伴有血块，夹杂而下，无疼痛之感者为尿血；而小便频数短涩滴沥刺痛，欲出未尽，痛及脐中，尿道不利或有血或有砂石者为淋证。淋证又有热淋、石淋、血淋等证之分。小儿血尿的治疗是包括尿血和淋证的一部分，以辨证与辨病相结合进行探讨，从而加深对该病的认识，求得治疗的最佳效果。

1. 风热入侵

风热之邪入侵，首先侵犯肺卫。其症见发热畏寒，咽红咽痛，乳蛾肿大，咳嗽。继之邪热入里，引起脏腑功能失调，热伤血络，症见浮肿、少尿、血尿，甚至头痛。这类病人多数为急性肾炎，诊断明确，投用银翘散加减，治疗效果亦佳。药如金银花、连翘、淡竹叶、荆芥、淡豆豉、薄荷、芦根、大力子、桔梗、甘草、玉米须、小蓟、白茅根、车前子、茯苓等。

2. 疮毒邪热

夏季，天气炎热，感受疮毒之邪，邪热入里，灼伤脉络，引起尿血；或者小儿在夏天，反复生疮。此起彼落，病情迁延，而导致血尿。治宜清热解毒、凉血止血，投用五味消毒饮加减。药如蒲公英、野菊花、紫地丁、丹皮、车前子、大小蓟、白茅根等。

3. 下焦湿热

饮食不节，或暴饮暴食，或进食不洁之物，肠胃不清，湿热积聚下焦，伤及血络,迫血妄行,症见尿频、尿急、尿痛,或发热、口干或有腰酸腰痛,小便短赤,大便秘结,舌苔黄腻,脉弦数。治宜清热化湿,投用八正散加减。药用木通、车前子、瞿麦、萹蓄、生山栀、细生地、淡竹叶、猪茯苓、甘草梢、制大黄等。

4. 砂石久蕴

湿热久蕴,尿液受其煎熬,日积月累,尿中杂质结为砂石,砂石留置肾与膀胱,损伤脉络,也可形成血尿。其症见小便涩痛,刺痛窘迫,少腹绞痛,小便短赤或排尿中断,尿血伴有砂石,舌苔薄腻,脉细弦。治宜清热利湿、排石通淋,投用石韦散加减,药用石韦、冬葵子、金钱草、海金沙、瞿麦、萹蓄、生鸡金、车前子、滑石。热重便秘者加生山栀子、制军。

5. 气不摄血

久病伤脾,脾气不足,气不摄血。症见面色不华,形体消瘦,唇色淡红,胃纳不香,神疲乏力,大便溏薄,小便短数,镜检红细胞(+),治宜补气摄血,投用参苓白术散加减,药用党参、白术、炙黄芪、怀山药、炒扁豆、生熟地、茯苓等。

6. 邪热未清

久病邪热未清,迫血妄行,形体似乎壮实,无所不舒,症见面红纳可,镜检血尿(+),半个月或一个月不消。拟用凉血止血,投用小蓟饮子加减,药用生地炭、大小蓟、旱莲草、白茅根、藕节炭、丹皮、茯苓等。

(四)麻疹

1. 概述

麻疹是小儿常见的一种全身性发疹性传染病。临床以发热3天,遍身出现红色疹点、稍见隆起、扪之碍手、状如麻粒,故名麻疹。中华人民共和国成立前,麻疹几乎2~3年就有一次较大的流行,严重威胁小儿的健康与生命,故麻疹为儿科四大要症之一。中华人民共和国成立后,由于大力开展预防工作,广泛接种麻疹减毒活疫苗,使本病发病率已大大降低,并有效地控制了流行。麻疹的发病年龄,常以0.5~5岁的小儿多见,其中7个月~2岁的小儿发病率最高。成人未出疹者,也难幸免。患过本病以后,很少有二次发病。发病季节多在冬春。麻疹的病名,因地而异。早在《景岳全书·麻疹铨》

浙江中医临床名家·马莲湘

169

中就有"然其各目有异，在苏松曰沙子，在浙江曰瘄子，在江右湖南曰麻，在山陕曰肤疮、曰粮疮、曰赤疮，在北直曰疹子，名虽不同，其证则一。"的记载。

麻疹是一种发疹性疾病。有关发疹的情况，早在《素问·至真要大论》就有记载："少阳司天，客胜则丹疹外发"。继后，巢氏《诸病源候论》、孙思邈《备急千金要方》、王焘《外台秘要》等书中均有"发斑""丹疹""赤疹""瘾疹"的记载，但是那时的发疹性疾病，不一定是麻疹。到了宋代，钱乙《小儿药证直诀》指出："面燥腮赤、眼胞亦赤，可见烦闷，咳嗽喷嚏、乍凉乍热、手足稍冷"等为麻疹初热期的描写，比较具体。元代滑伯仁对麻疹甚有研究，在《麻疹新书》一书中指出："麻症初潮，疹未见时，必身热恶寒、头痛咳嗽，或吐或呕。或泻或腹痛，或流清涕、喷嚏呵欠，眼胞浮肿、目泪汪汪、腮赤体痛、烦吵不宁，或手掐眉目"对麻疹观察十分仔细。明代的鲁伯嗣的《婴童百问》、万全的《家传痘疹世医心法》、王肯堂的《幼科准绳》、张景岳的《景岳全书》，对麻疹的阐述更详尽。明代龚信的《古今医鉴》和吕坤的《麻疹拾遗》把历代民间俗称的"疮疹""麸疮""痧子""疹子"等名称，统称为"麻疹"，又指出："麻细如芝麻，故名麻疹"。到了清代，麻疹著作，像雨后春笋，更加多了。其中谢玉琼《麻科活人全书》可谓集麻科之大成，对麻疹的研究达到了一个新的阶段。

2. 病因病理

对麻疹病因的认识有个历史过程。一是"胎毒"学说。例如，《小儿痘疹方论·论痘疹受病之由》云："其母不知禁戒。纵情厚味。好啖辛酸。或食毒物。其气传于胞胎之中，此毒发为疮疹。"又如《小儿卫生总微论方·疮疹论》云："其疮疹乃儿在母胎中之后，食母血秽，滋养儿五脏之气，至生下已时，其毒不拘何时，须当出矣。"二是天行疫疠之气引发胎毒学说，如《证治准绳幼科》云："虽曰胎毒，未有不由天行也。"古代医家这种内系胎毒，外感时疫之邪，内外相干，因而发疹。这种学说比较盛行。三是经过几百年实践，人们对麻疹发病原因，有了新的突破，完全抛弃了胎毒学说，也抛弃了天行疫疠之气引发胎毒学说，提出了"时气"学说。例如，吕坤《麻疹拾遗》云："麻疹之发，多为天行厉气传染，沿门间巷遍地相传。"又如《麻疹会通》云：麻非胎毒，皆属时行，气候喧热，传染而成。"现今认为麻疹由麻疹病毒所致。麻疹病毒由口鼻吸入，主要侵犯肺脾二经。肺主皮毛，麻毒犯肺，伤于肺卫，故发热咳嗽，流涕喷嚏；脾主四肢和肌肉，热兴于脾，外发肌表，而见皮肤疹点累累，体倦胞肿，纳少便溏；若麻毒流归于心，与气血相搏，正邪相争，毒透于外，则神倦思睡、疹色鲜红；肝经郁热，上薰目窍而目赤畏光、泪水汪汪。

若年幼体弱，正气不足或邪毒亢盛，则容易引起麻毒内陷，郁闭于肺，肺失清肃，症见高热不退、咳嗽、气急、鼻煽、喉间痰鸣；若麻毒炽盛、邪犯心肝，可见高热、四肢抽搐。

总之，麻疹为阳毒之邪、邪由外侵、内犯太阴，阳明，病位在上、中二焦、病变在肺、脾二经。病理机转，即由表入里，自卫气至营，先发于阳，后归于阴。到麻疹后期出现耗阴伤液的现象。所以有"麻疹先起于阳，后归于阴"的论述，是符合本病的正常转归的。

3. 辨证论治

麻疹的辨证，首先应当辨别顺证、逆证。顺证是指麻疹发病过程中，呈有发热，但精神安宁，虽有咳嗽，但无气促、鼻煽。发热3天，依次出疹，先见于耳后、颈项、头面、胸腹、四肢、手足心，及时收没；疹色红活，分布均匀，逐渐由鲜红转暗红；疹收后热退身凉，精神清爽，咳嗽减少，胃纳增加，渐趋康复。整个病程为9～10天。逆证主要有以下3种表现。其一，麻疹的病程长，变化多，证情复杂。发热3天以后，疹点迟迟不出，此时体温升高、壮热、咳气急。其二，疹出不畅或暴出暴收，疹色紫暗，稠稀不均，伴有壮热烦躁、咳嗽气促、胸高气粗、喉间痰鸣，甚时口唇发绀，神志不清，四肢抽搐或有呼吸困难，四肢不温，大汗淋漓者。其三，麻疹已退，但壮热不退，烦躁不安等。这是麻毒炽盛，逆传心包，或正衰邪盛，不能透毒外出，麻毒内陷之象。

（1）麻疹顺证。

辨证治疗：麻疹的整个过程，是有阶段性的。根据发病过程中各个不同阶段的证候特点，可分为初热期、见形期、收没期。每期在3天左右，整个病程在10天左右。此三期出现的不同证候，即是它的病程发展规律。三期的治疗，分别采用辛凉透疹、清热解毒、甘寒养阴等法。麻疹的治疗首贵透彻，终贵存阴。三期的治疗原则，既是各有重点，又是互相联系的，不可截然分开。本证贵在辨证，恰到好处。

1）初热期：从开始发热，至耳后见疹，3天左右。

症状：发热、咳嗽、鼻塞、流涕、喷嚏、倦怠思睡、目胞赤肿、畏光羞明、眼泪汪汪、耳后红筋隐现，在第 2 ～ 3 天，可在第二臼齿处口腔黏膜上有小白点，周围绕以红晕，此为麻疹黏膜斑（费柯氏斑），或见呕吐、腹泻、腮赤唇红、舌质红、舌苔转白，指纹紫、脉浮数。

证候分析：发热微恶寒、鼻塞流涕、咳嗽喷嚏为感染时邪、邪伤肺卫、肺失清肃。腮赤唇红、眼赤胞肿、小便短赤、脉浮数、指纹紫为麻毒入侵，内毒亢盛。目赤羞明、眼泪汪汪为肝经郁热、上藏目窍。倦怠思睡为麻毒流归于心脾、正邪相争。腹泻为肺热移于大肠，热毒外达的表现。

治法：辛凉透疹。

方药：宣毒发表汤加减（荆芥、防风、薄荷、蝉衣、大力子、冬桑叶、前胡、连翘）。

方义：宣毒发表汤有发表透疹、清热解毒功能，麻疹初起重在发表透疹。荆芥、防风、薄荷发表；前胡、牛蒡子（即大力子）宣肺治咳；连翘清热；酌加蝉衣、桑叶增加透疹作用。

加减：兼见恶寒、无汗、肢冷疹出不透、舌苔薄白、脉浮紧等症，则属兼感寒邪，加入辛温之品，如淡豆豉、桎柳、苏叶、胡荽等，严寒季节疹不能出还可用薰法。

2）见形期：从疹子开始出现起，至疹子出齐止，3 天左右。

症状：身热逐渐增高，持续不退，且渐起化燥、鼻流浊涕、眼眵黄浊、咳嗽频频、烦躁不宁、夜寐不安、口渴引饮，疹点逐渐外发，随看疹子外发，体温逐步增高，至皮疹累累，热度达到顶点，舌苔薄黄或黄燥，脉滑数，指纹紫。

出疹部位与和顺序：先见耳后发际，再及前额、颜面、胸背、腰腹、四肢，然后手足心出现疹点，即为出齐。疹子的出现，总以阳面为多。若先见四肢而达躯干，以及头面过多者为危重症。若头面过少，其他部位稠密者为白面痧，也为危重症。

疹形：高出皮肤，摸之碍手，有颗粒而无根盘。初起稀疏分明，逐渐稠密、互相融合、形成云片。疹与疹之间，可见正常皮肤。

疹色：以红润者为佳。开始颜色鲜艳，红若桃花，继则颜色加深，呈暗红色。

发潮：一日三潮，三日九潮。每逢早、中、晚时，热度增高，面红，呼吸急促，疹点明显，神烦不安，这种现象，古人称为发潮，是热毒外发的表现。

证候分析：鼻流浊涕，眼眵黄浊为时邪渐起化燥壮热、烦渴、疹色红，

172

舌质红，舌苔黄，脉洪数、指纹紫为内热炽盛。皮疹累累为脾主四肢肌肉，热兴于脾。咳嗽频频为麻毒内蕴，肺气不宣。烦躁不安为热扰心神。

治法：清热透表，佐以解毒。

方药：清解透表汤（桑叶、银花、连翘、大力子、蝉衣、薄荷、芦根、前胡、杏仁）。

方义：本方治疗麻疹初起，发而不透着，桑叶、大力子、蝉衣、薄荷辛凉宣透，银花、连翘清热解毒，杏仁、前胡宣肺化痰，芦根清热解毒作用。

加减：若见疹出不畅，身热无汗，疹色淡红而暗者，可用胡荽煎汤熏洗，以发散风寒而透疹外出。如症见疹出稠密，疹色紫暗，舌质红绛，壮热不退者，属热毒期，宜用紫草红花饮以清热解毒。若疹色紫赤啥滞，稠密成片，身灼热而烦渴谵妄，为热毒炽盛，宜化斑汤清气凉营、解热化毒。若症见疹色淡白、隐而不退、面白唇青、形倦神怠、四肢不温、泄泻、舌淡苔白、脉微弱，乃中气不足，不能托毒外出，宜投补中益气汤加红花，以益气和中、活血透疹。

3）收没期：从疹子开始收没，至疹子完全收没止，3 天左右。

症状：疹子按出疹顺序，先出先没，依次逐渐收没，发热亦随之逐减，咳嗽随之减轻，饮食增加、精神好转。疹子收后的皮肤上，有如糠状脱屑，并留有棕色瘢痕。这些瘢痕，10 天左右才完全消失。其症见唇红、舌质红、苔少、脉细数、指纹紫。

证候分析：疹子依次隐没为疹毒已透发完毕。热退纳增，精神渐复为邪退正复的表现。舌红唇红，脉细数，指纹辨为麻后伤阴，阴虚内热，余邪未净。

治法：甘寒养阴为主。

方药：沙参麦冬汤加减（北沙参、杏仁、川贝、麦冬、天花粉、桑叶、生扁豆）。

方义：本方治燥伤肺阴，或热或咳。沙参有南北之分，细小而质坚者为北沙参：粗而质松者为南沙参，主治相同，力南逊于北。

加减：咳嗽明显者加炙枇杷叶。胃纳呆者加香谷芽。

（2）麻疹逆证。

1）麻毒闭肺：麻疹无论在初热期、见形期、收没期，均可能出现麻毒内闭。

症状：高热不退，咳嗽剧烈，气促鼻煽。初热期，麻疹应出不出；见形期，麻疹暴出暴收，或疹色紫暗稠密；收没期，疹不收没，热度不退，舌苔转白或转黄，脉浮数。

证候分析：初热期，症见高热气急鼻煽，疹出不透为气候严寒或风寒外束，疹毒内陷，肺气郁闭。见形期，症见高热气急鼻煽，疹暴出暴收，疹闭不出，热毒内陷，火热亢盛，灼伤肺阴。收没期，疹不收没，热度不退为火灼营阴，肺燥津亏，余邪不清。

治法：肃肺降逆。

方药：麻杏石甘汤加味（生麻黄、生石膏、杏仁、生甘草）。

方义：麻杏石甘汤主治肺热痰喘。麻黄为辛温发汗之主药，又有止咳平喘作用，水炙和蜜炙能减少温开之性。麻黄配杏仁有止咳平喘作用，配石膏则能泻肺经之热。麻杏石甘汤治疗各种肺炎之主方。

加减：初热期，加牛蒡、连翘、蝉衣、桎柳，加强宣透作用，透疹外出。见形期，合入化斑汤加生地，增强解毒作用。收没期，合犀角地黄汤出入，进一步凉血解毒。痰多者加天竺黄，鲜竹沥，或吞服猴枣散；口唇发绀、四肢欠温者，合生脉散。

2）麻毒内陷心包：多因汤毒炽盛，或暴出暴收，或误用攻下，使麻毒内陷，郁蕴化火，熏蒸心包，引动肝风所致。

症状：高热不退，神志模糊，或神昏谵语，躁动不安、呕吐、抽风，甚至呼吸微弱，面色苍白，四肢欠温，舌质红绛，舌苔黄干，脉滑数或洪数。

证候分析：高热不退为麻毒热盛，或麻毒暴收，或误用攻下。神志模糊，或神昏谵语，狂躁不安为麻毒内陷，熏蒸心包，神不守舍。抽风为热极生风，肝风内动。呕吐为胃气止逆，胃失和降。呼吸微弱，面色苍白，四肢欠温为心气虚衰，不能温通血脉。舌质红绛，舌苔黄干，脉滑数或洪数为内热较重，热耗津液。

治法：清热解毒，平肝息风。

方药：犀角地黄汤加减［犀角（水牛角代）、生地、丹皮、知母、赤芍、玄参、地龙、紫草］。另吞紫雪丹或安宫牛黄丸。

方义：犀角地黄汤，功能为清热解毒，凉血散瘀。治外感热病，热入营血心包而致的高热、神志不清、吐血、衄血、便血、发斑发疹、舌质红绛、脉细数。方中犀角因药材精贵，临床常用水牛角代替，除血分之热，是解而散之。因此，凡伤寒、瘟疫、热病、为入血分，热毒壅盛，如发黄、发斑、惊狂、谵语、鼻衄、吐血等症，非犀角之解热散毒，则不为功。如犀角地黄汤治热盛血溢的发黄吐衄。紫雪丹治高热不退的神昏惊狂，都用犀角为主药，配生地、丹皮、赤芍清热凉血。

加减：肺气闭塞、心阳虚衰，症见面色苍白、口唇发绀、呼吸浅促、四肢欠温，宜开宣肺气、温补心阳，用参附汤加减。呼吸微弱，呼多吸少、脉微细欲绝，加麝香、樟脑；还可外用闻鼻或隔姜灸人中、百合、神厥、气海等穴位。如面色青灰，大汗淋漓，四肢厥冷，急宜回阳救逆固脱，选用参附龙牡救逆汤加桂、五味子、山萸肉、干姜、炙甘草等。

3）麻毒攻喉。

症状：咳嗽声哑，咽喉肿痛，吞咽不利，心烦不宁，甚则呼吸困难，张口抬肩，舌质红，苔黄，脉浮数。

证候分析：咳嗽声哑、咽喉肿痛，吞咽不利为麻毒炽盛，热毒上攻，搏结咽喉。心烦不宁为麻毒内闭，扰乱心神，使心无所主。呼吸困难，张口抬肩为麻毒内闭，肺气闭塞、肺气不能宣降。舌质红、脉浮数，苔黄为麻毒内热较重，耗阴伤液。

治法：清热解毒，利咽消肿。

方药：清咽下痰汤加减（玄参、桔梗、牛蒡子、甘草、贝母、瓜蒌皮、射干、板蓝根、紫草）加六神丸。

方义：本方具有清热利咽，宣肺化痰的作用。玄参、牛蒡子、贝母、瓜蒌清热解毒；桔梗、射干、甘草利咽消肿、宣肺化痰。

（3）麻疹后遗症。

1）麻后潮热。

症状：麻后潮热，形体消瘦，咳嗽无力、盗汗或自汗、胃纳未醒，大便不调，或伴腹胀，舌红少苔、脉细数，指纹淡红。

证候分析：麻后潮热为麻后伤阴，肺气受损，阴虚不能和阳，潮热不退。形体消瘦，无力为麻后伤阴，正气未复，脾气未醒。盗汗或自汗为麻后阴虚或气虚。胃纳未醒，大便不调，腹胀为麻后脾气未复，气滞不行。咳嗽为阴伤未复、余邪未净。舌红少苔，脉细数，指纹淡红为麻后伤阴，虚热未清。

治法：养阴清热以解余毒。

方药：地骨皮散加减（地骨皮、知母、银柴胡、麦冬、太子参）。

方义：本方养阴清虚热，地骨皮是枸杞之根皮、性味苦而寒，既能除肺火，又能退虚热，适用于骨蒸盗汗、肺热咳嗽、心烦口渴，吐血、尿血等。本方以地骨皮为主药，配知母，银柴胡等，加强清热养阴作用；太子参益气养阴。

加减：胃纳未醒者加香谷芽，健脾开胃。腹胀者加川朴花、佛手叶行气宽中；盗汗者加稽豆衣、净麻黄根；自汗者加玉屏风散。

2）麻后咳嗽。

症状：燥咳无痰，日轻夜重，唇红干燥，舌红少苔，脉细数。

证候分析：燥咳无痰，唇红干燥，舌红少苔，脉细数为麻后久热伤热，阴虚肺燥，肺失滋养，肺气上逆。

治法：养阴清热，润肺止咳。

方药：麦冬汤加减（麦冬、天冬、杏仁、川贝、太子参、甘草）。

方义：本方是治阴虚肺萎的主要方剂。现今加减，用来治疗阴虚有热。麻后阴伤较重，故治疗时加强滋阴药，配天冬、川贝、杏仁以润肺化痰、养阴清热。

加减：如因麻毒未尽，复感寒邪，鼻流清涕，继发咳嗽者，是属表寒里热，宜解表清里，宣肺止咳，用三叶石膏汤（苏叶、桑叶、枇杷叶、杏仁、川贝、石膏、瓜蒌壳、紫菀、冬花）。

3）麻后痢。

症状：麻疹已收没，身热未退，大便有黏液甚有脓血，腹痛、里急后重，大便次数增多，量少，纳呆，舌苔黄腻，脉细数。

证候分析：麻疹收没，身热未退为麻后得痢疾，湿热之毒内盛。腹痛，里急后重、赤白相兼，大便胶黏，一日数行为痢疾之热毒，困迫大肠，气机不畅。舌苔黄腻，脉细数乃痢疾热毒，蕴结中焦。

治法：清热解毒，行气导滞。

方药：白头翁汤加减（白头翁、黄连、黄柏、秦皮、枳壳、木香、炒白芍）。

方义：白头翁汤功能清热解毒，凉血止痢。本品性味苦寒，功能为下泄湿热，气质轻清，又可升散郁火，能入血分清肠热，升举脾胃清气，为治热毒下痢要药。本方中又有黄连、黄柏、秦皮，取协同作用。所以《伤寒论》方白头翁汤治热痢下重，功效卓著。

加减：小儿病后体虚，唯恐白头翁汤苦寒太甚，损伤胃气，处方时要酌加和胃之品，如陈皮、姜半夏、谷麦芽等，达到攻邪不伤正的目的。

4）麻后夜盲。

症状：眼干目涩，夜盲或目睛云翳，舌尖红，指纹淡，脉细数。

证候分析：眼目干涩为麻后伤阴，津液不足。夜盲为调护失当，致使肝阴不足，目失所养。目睛云翳为病后失调，肝阴不足。舌尖红，苔少，脉细数为均系阴虚内热。

治法：养阴明目。

方药：杞菊地黄丸（杞子、菊花、地黄、萸肉、山药、丹皮、泽泻、茯苓）。

方义：本方治肝肾不足而致视物模糊，眼睛涩痛、迎风流泪等症。本方是六味地黄丸加杞子、甘菊而成。方用熟地滋肾补阴为主，辅以山萸肉养肝肾，山药补脾，又配茯苓化湿，以助山药之益脾，泽泻、丹皮、甘菊泻肝肾之火，杞子益肝肾而明目。本方有补中有泻，泻中有补，相辅相成，是通补开合的范例。

加减：目有云翳者加木贼草、密蒙花，此两味是明目退翳良药。密蒙花润燥而祛热，养肝以明目。木贼草散热治翳。肝开窍于目，目得血而能视，肝虚则目盲不见，肝热目赤多眵。如虚证与枸杞、菟丝子配用；实证，与石决明、菊花配用，各有其效。

5）麻后痧癞。

症状：麻后皮肤粗糙瘙痒，甚则彻夜不眠，舌苔微黄、脉细数。

证候分析：皮肤粗糙瘙痒，为麻后阴伤，余毒未清，复感风邪、留恋血分，遏于肌表。舌苔微黄，脉细数为余毒未清，内热所致。

治法：滋阴养血，祛风止痒。

方药：四物汤加减（生地、白芍、当归、川芎、首乌、玄参）。

方义：方中熟地易生地，养阴清热，辅以当归补血养肝，佐以白芍和营，使肝以川芎活血行瘀。另加首乌、玄参加强滋阴解毒作用。

加减：麻后痧癞甚者，酌加白蒺藜、蛇蜕、蝉衣。白蒺藜功能平肝祛风，开郁散结，常用于头风头痛，又可治目赤多泪、身体风痒。蛇蜕，亦名龙衣，性较平，无毒，可祛风，治惊癎疾，疗皮肤疥癣、祛风止痒。蝉衣性味咸寒，其气清虚，能入肺开肺，因而既可散风清热，又能息风定惊，能治皮肤风痒，目昏生翳。

（4）其他治疗。

1）单验方：①西河柳 3g，水煎服，或 30g 煎汤擦洗。②擦法胡荽子 100g，酒精 200g，同煎 6、7 沸，候稍温身体。③熏法芝麻 90g，胡荽子 90g，煎汤待香气透出后，即可熏。④鲜胡荽、浮萍各 30g，适用于初热期和见形期，帮助透疹。⑤鲜柚子叶 30～60g，煎水外洗，适用于见形期，帮助透疹。

浙江中医临床名家·马莲湘

2）针灸：①取大椎、内关透外关，不留针，每隔5天针刺1次，有预防麻疹的作用。②先针合谷、用5分毫针向合谷穴约刺3分深，后灸足三里，以灯心草油用火燃着，即向穴位一灸就成，有预防麻疹的作用。

3）西药：麻疹伴发肺炎时，可用抗生素治疗，如青霉素等。

（5）预防与护理。

1）未患过麻疹的儿童，应注射麻疹减毒活疫苗，以预防麻疹，接种一次有4年的免疫作用。流行期间可给予丙种球蛋白，也有预防作用。

2）麻疹病人要及时隔离。流行期间，未患麻疹的儿童应不去公共场所。

3）已患麻疹的病人，要卧床休息。室内空气要流通，但不能直接吹风，避风寒，注意保暖，室内保持一定温度，避免过热，以微微汗出为宜。

4）室内光线不宜太强，尤其不能直接照射眼睛。

5）室内保持一定湿度，空气不宜干燥。

6）饮食宜清淡，以嫩软易消化食物为宜，要多饮开水或饮料，甘肥荤腥辛辣之物品，应暂时戒吃，但不宜过分忌口。

7）注意患儿清洁卫生，尤其为口腔、眼鼻应经常保持清洁。

4. 总结

麻疹的治疗，必须注意以下2个方面。一为早期诊断，二为合理透发。①早期诊断：了解麻疹流行情况，掌握第一批发病的地区和季节，做到心中有数。麻疹将发之前，一般症状虽与感冒相似，唯麻疹有其特点，面红腮赤，呛咳时作，目红泪水汪汪，呵欠喜睡，精神萎弱，或有恶心呕吐腹泻等，与感冒有所不同。发疹前2～3天，口腔第二臼齿旁出现麻疹黏膜斑。②合理透发：麻疹的治疗原则首重透发。古人治疗麻疹经验概括为"麻宜发表透发为先，最忌寒凉毒内陷，已出清利无余热，没后伤阴养血全"。其意为做到顺其规律，因势利导，其热毒因疹出而解。反之，认为麻疹为热毒之邪，采用大剂苦寒，适得其反，导致麻毒内陷，甚至造成逆证。

关于透发的具体运用，一般顺证的情况下，可选用宣毒发表汤加减，但在春、夏、秋、冬四时不同气候下，治疗也有差异，现简述如下：①暑天出疹，夏令暑气，疹出不透，热重烦躁、口渴汗出，溺赤便溏，舌红苔薄，脉浮数。此时治宜加味香薷饮（香薷、白扁豆、连翘、薄荷、藿香、佩叶、荷叶、西瓜翠衣、六一散）加减。②秋天出疹，咳嗽气急，面赤烦渴，便闭溺赤，疹不能透，热痛咽痛、舌绛干燥，脉细数。此时治宜用清肺汤（玄参、知母、麦冬、桑叶、枇杷叶、大力子、芦根、荷蒂、连翘、桔梗、白茅根）去后二味主之。③冬天出疹，指严寒季节，恶寒发热，头痛无汗，肢冷咳嗽，疹出或未出，舌苔薄白，脉浮紧而数，可用三拗汤（麻黄、杏仁、甘草）加荆芥、防风、生姜主之。④春天出疹，若由风温阻表，发热头痛，微汗、口渴咽红、咳嗽不爽、便秘尿赤，舌尖红苔薄黄，脉浮数。选用银翘散（银花、连翘、薄荷、大力子、荆芥、淡豆豉、竹叶、生甘草、桔梗）去桔梗主之最宜，见形期，热度较高的情况下更合适。春天气候也会骤冷，此时应按风寒阻表论治。

综上所述，麻疹的变化多端，所以治疗方法各异，必要时可根据四时气候、证情变化辨证论治。

吴教授跟随马老学习 25 年，不仅领悟到了马老对中医药的独特见解，同时也学习了马老对待病患的态度及所倾注的个人情感。吴教授从医 50 余年，为中医事业的发展奉献着自己的力量，推进了浙江中医药事业的发展。

四、医案医话辨医理

吴康健教授从医 50 余年，积累了大量医案，其中包括跟随马连湘老师抄方时记下的典型案例及其在临床接触的有代表型的医案。

（一）血尿医案

吴教授跟随马老学习 20 余年，对于小儿血尿治疗有丰富的临床经验，他从风热入侵、疮毒邪热、下焦湿热、砂石久蕴、气不摄血、邪热未清六个方面阐述了血尿的病因病机，以下是几个代表案例，吴教授重视审证求因，药量少而功效专。

案一 朱某，男，8 岁。发热 4 天，浮肿 3 天，尿少，尿蛋白（++），红细胞少许入院，经治疗好转。后因发热 8 天，体温为 38 ～ 39℃，尿检红细胞（++），蛋白（+），咽红咽痛，心肺无殊，青链霉素连续注射 8 天，未见好转，改用中药治疗。中医认为患者感染风热之邪，侵犯肺卫，热伤血络所致，拟疏风清热为先，投用银翘散加减：金银花、连翘壳、白茅根、大小蓟、旱莲草、生地炭各 10g，鲜芦根 30g，蚤休 3g。服 3 剂热退，尿常规检查示红细胞 0 ～ 1 个 /HP，蛋白微量。上方去蚤休，继服 7 剂，痊愈出院。

案二 庄某，男，7 岁，1978 年 8 月 1 日初诊。正值夏天，反复生疮，

浙江中医临床名家·马莲湘

时发时愈。近 1 周来，全身浮肿，小便短少，尿检红细胞（＋）、蛋白（＋），舌苔薄黄，脉细数。治拟清热解毒化湿：生地炭、大小蓟、蒲公英、连翘壳、丹皮、紫地丁、车前子、茯苓皮、白茅根各 10g。7 剂后浮肿消退，尿检仅红细胞 3～5 个/HP，其他无殊，拟前方加旱莲草。连服 2 周而愈。

案三　陈某，男，14 岁。患儿尿频尿急尿痛尿少，体温为 38℃，大便秘结，舌苔黄腻，脉细数。药用瞿麦、萹蓄、木通、滑石、黄连、车前草、黄柏、生大黄各 10g。3 剂后，痛势顿减，血尿好转。前方生大黄易制大黄，1 周而愈。

案四　王某，男，11 岁。1979 年 7 月 1 日午夜突然腰痛连至少腹，急诊就医。尿检：红细胞（＋～＋＋），蛋白（＋），白细胞少许。X 线检查诊断为肾结石，经对症治疗疼痛好转。8 月 21 日就诊中医，目前腰痛间歇发作，发时少腹腰部剧痛，伴有尿血，舌苔黄腻、脉弦。治宜清热化湿排石，金钱草、海金沙、冬葵子、飞滑石、广郁金、生鸡金、鱼脑石、威灵仙、车前子各 10g。服 7 剂后，痛势减轻，尿血亦止，嗳气较多，舌苔薄腻，脉细，上方加姜半夏 9g，砂仁 3g，继服 7 剂。以后就诊 2 个月，排出绿豆样结石 2 枚。

案五　陈某，女，8 岁，1977 年 11 月 3 日初诊。患肾炎半年，面色苍白，舌质淡红，脉细软，乏力易汗出，拟健脾益气：潞党参、炒白术各 10g，炒白芍 6g，炒米仁 30g，炒山药、茯苓各 10g，熟地 3g，陈皮、旱莲草各 9g。前后共调理 1 个月而愈。

案六　李某，女，4 岁，1980 年 11 月 1 日初诊。急性肾炎 1 个月余，尿检：红细胞（＋），蛋白痕迹。纳可体力尚佳，苔薄脉缓，拟小蓟饮子加减：生地炭、旱莲草、大小蓟、藕节炭、荠菜花、白茅根、车前草、连翘壳、淡豆豉各 10g。7 剂后尿蛋白、红细胞均阴性。

（二）睾丸鞘膜积液医案

案一　张某，男，15 岁，1976 年 4 月 23 日初诊，左侧阴囊下坠，肿大为核桃呈长圆形，摸之硬、推之不能移动、睾丸不能触及。经西医诊断为睾丸鞘膜积液，唯有手术治疗。病系水气滞留于下，脉来细濡，舌苔薄，拟以益气升举、行气消水。处方：黄芪 3 钱，升麻 1.5 钱，荔枝核 3 钱，小茴香 1.5 钱，橘核 3 钱，陈皮 2 钱，广木香 1.5 钱，生米仁 5 钱，乌药 2 钱，白芍 2 钱，甘草 1.5 钱，陈香橼 2 钱。5 剂。

二诊：4月30日服前方五帖后，左侧阴囊肿大，已见缩小，脉舌如前，以原方出入。处方：黄芪3钱，升麻1.5钱，荔枝核3钱，小茴香1.5钱，橘核3钱，枳壳3钱，生米仁4钱，台乌药2钱，青皮2钱，柴胡1.5钱，车前子3钱，川楝子2钱。7剂。

三诊：5月8日左侧阴囊继续缩小，亦不下坠，睾丸与右侧一样正常，为处原方七剂，以资巩固。

案二 吴某，男，17个月，1976年5月22日初诊，右侧阴囊下坠如蛋球状、按之稍硬、睾丸不能触及。医院诊断为睾丸鞘膜积液。患者不同意手术治疗，转服中药。舌苔、脉象尚无异常，指纹淡红。拟以行气消水为主。处方：小茴香1钱，橘核1.5钱，荔枝核2钱，台乌药2钱，车前草2钱，枳壳2钱，青皮1.5钱，瞿麦2钱，广木香1钱，木通1钱，泽泻2钱，米仁3钱。7剂。上方服后，阴囊缩小，睾丸已如常人。因该孩在2个月后，又感冒发热来诊，询及前症，其母云，阴囊肿大，服处方7剂后就缩小如左侧同样大小，2个月后随访未复发，视之果然。

按： 以上2个病案均为睾丸鞘膜积液，睾丸鞘膜积液属于中医学"疝气"范围，《黄帝内经》有"冲疝""狐疝""厥疝""癫疝""瘕疝""溃疝""癃疝"等七疝的记载，《金匮》亦有"寒疝""狐疝"的证治。张子和又有"寒疝""水疝""筋疝""血疝""气疝""狐疝""癫疝"的阐述，包括了腹中之疝与睾丸之疝。睾丸鞘膜积液，属于疝气中的睾丸之病。从其临床症状来观察，与水疝、寒疝相似。上述2例，更近于"水疝"，因水疝的记述、有阴囊水肿，状如水晶，或痛或痒，或阴湿如水等症状。李中梓更明确指出："湿则肿堕、虚者亦肿堕"上2例鞘膜积液，1例偏于虚，1例偏于湿。案一张某，年已15岁。病久则虚，脉象细濡，属气虚下陷，水湿滞留，于睾丸鞘膜中。治疝常法，不越乎辛温苦泄，而一味苦泄，则气益陷，水湿难泄，今先举其陷下之气，佐以辛温，使气行则水行，标本兼治，而收良效。案二，虽有先天不足，然系水湿偏盛，下注阴囊偏堕肿大如蛋，表面潮湿，但脉舌无异常，幼儿17个月，生机蓬勃，发育迅速，所以用行气化湿利水之品，邪去而即康复，收效较速，可见治病贵在辨证。

（三）疑难杂病案

1. 瘙痒

王某，男，58岁。2003年1月4日初诊。患者全身奇痒，皮肤粗糙如树皮样，夜卧被窝内痒更甚，非抓破血不可。病已数年。曾去上海某医院，诊断为瘙痒症，多方用药无效。刻诊：全身瘙痒如旧，身潮热，舌质红，脉弦细。处方：水牛角、生地、赤芍、丹皮、地肤子、白鲜皮、旱莲草、生黄芪、生首乌、乌梢蛇、炒米仁、土茯苓各30g，女贞子、紫草、制大黄、天冬、麦冬、干蟾皮各10g，苦参15g。7剂。

二诊：服药后，奇痒显著好转，皮肤粗糙亦有改善，潮热已轻，皮肤有红斑点，睡眠欠佳，舌质红苔薄，脉弦细。上方加川连3g，枣仁30g，五味子10g，续服7剂。

三诊：药后全身瘙痒已不明显，潮热已退，睡眠好转，加3味药续服7剂而愈。

按： 患者年事已高，加上风热湿毒之邪久羁不解，津伤络阻，胶着难愈，故用大剂清热解毒、凉血祛瘀、祛风胜湿、杀虫止痒、益气生津之品获效。

2. 血尿

陈某，女，51岁。2005年1月27日初诊。血尿3年余，经他院确诊并治疗，至今尿检镜下红细胞（++），伴长期腰痛腰酸、面色不华、下肢发痒、舌质红、脉弦细。处方：水牛角、白茅根、旱莲草、仙鹤草各30g，生地炭、侧柏炭、藕节炭、女贞子、地肤子、白鲜皮、黄芪、川断、炒杜仲、代赭石、生甘草各10g，蝉衣5g，六味地黄丸10g，入煎。7剂。

二诊：药后尿检红细胞（+），下肢不痒，舌脉同前，效不更方，原方续投7剂。

三诊：尿检红细胞少许，下肢痒、腰酸痛已消失，面色好转。原方稍作加减续服7剂。

四诊：尿检正常，病情稳定，续服7剂以巩固疗效。随访半年余，无复发。

按： 本例病初为风湿热邪入侵血络，久则致肝肾阴虚，虚热灼络。加上又是更年期之妇女，肝肾亏虚更甚，湿热之邪与虚热之火兼夹，病情复杂，故清热化湿，凉血止血之方与兼补肝肾之六味地黄丸合用，以期达到扶正祛邪之目的。

3. 便秘

姚某，女，3岁。2002年10月5日初诊。美籍华裔，居住于美国。患儿长期便秘，3～4天1次，甚至1周1次，解便甚为痛苦。开始用开塞露有效，后罔效。在美国数家医院治疗病情如故。患儿形体瘦弱，胃纳不振，大便硬结，此次 5 天未解，腹痛，欲便不能。舌苔腻，脉细。处方：党参 20g，焦白术、生黄芪、升麻、陈皮、柴胡、制大黄各 6g，茯苓、当归、炒枳壳、生内金、炒山楂、瓜蒌皮、麻仁各 10g，煨木香 3g。

按：大便秘结，不外虚实两因：实者不外燥实热结，用承气汤类治之，虚者有阴虚、气虚之分。老年多见阴津亏耗，无水行舟，小儿则多见脏气未充，中气不足，无力推舟，故用补中益气，润肠通便之法常能收桴鼓之效。

4. 颌下淋巴结肿大

王某，女，6 岁。1994 年 3 月 15 日初诊。右颌下淋巴结肿大，5cm×4cm×3cm，质硬压痛，皮色如常，大便干结。舌苔黄腻，脉弦。拟清热解毒，消肿散结。处方：夏枯草、猫爪草、土贝母、蒲公英、炮山甲、银花、大力子、板蓝根、黄芩各 10g，蚤休、僵蚕各 3g，青黛（包煎）2g，制大黄 6g，7 剂。另用玉枢丹 1 支外敷。

二诊：颌下肿胀疼痛好转，局部皮肤宽松，淋巴结如山核桃大，舌脉如前。拟上方加减：夏枯草 15g，猫爪草、土贝母、蒲公英、大力子、昆布、海藻、牡蛎、炒白芍、野菊花、生甘草、红枣各 10g。7 剂。颌下淋巴结肿大已不明显，略有压痛，大便正常，舌苔薄黄，脉细数。原方加减：夏枯草、猫爪草、土贝母、蒲公英、炮山甲、银花、大力子、生甘草、野菊花各 10g，蚤休、僵蚕、玄参各 3g。续服 7 剂以巩固疗效。

按：本患儿颌下漫肿压痛，西医诊断为淋巴结炎。颌下虽不红不热，但局部肿胀，压痛明显，仍属热证，从温毒辨治，用清热解毒、消肿散结之药，其中猫爪草一药，软坚散结有特效，可用为主药。

"人生的道路虽然漫长，但关键之处却只有几步，能够从师于马莲湘先生，我深感荣幸，作为帅传徒弟，跟师二十余年，深为有这样一位不断鞭策自己的恩师而感到幸运。老师的治学学风和执着的探索精神，将激励我一生在中医领域里求索。"这是吴教授在回忆马莲湘老师时说的话，也是对马老表达了最崇高的敬意。

第三节 传承人之马嘉汉

马嘉汉（1929 年 3 月～2017 年 2 月），男，浙江湖州人，中国共产党党员，为马莲湘先生长子,受父亲马莲湘的影响,他一生与中医结下了不解之缘。中华人民共和国成立初期,为响应政府号召,服从组织分配,从中医临床转向中医管理,为湖州中医事业的发展奉献了毕生精力。

马嘉汉先生出生于南浔,他从小敏悟过人,13岁随父习医、侍诊,亲得嫡传。在父亲悉心指导下,他的中医理论和诊治经验日趋见长。几年后他便考取了中医师开业证书,并在江苏省的严墓增设诊所,定期独立前去应诊。不久"南浔小儿科专家马莲湘之子"马嘉汉儿科医师的名声就在当地传开了,找他就诊的患者络绎不绝。

20世纪50年代初期,新中国成立后的湖州,百废待兴,各方急需用人。马嘉汉先生作为家中长子,本有机会和父亲马莲湘一样成为一方名医,却在诊务日渐繁忙、医术日渐精湛之际,服从组织安排,抛却个人得失,成为一名湖州地区卫生系统干部。马嘉汉先生曾任湖州市吴兴县(现吴兴区)防疫站首任站长,带领城乡中医在消灭血吸虫病运动中发挥了重要作用,还组建了以中医为主的工作组,在南浔开展了轰轰烈烈的夏季爱国卫生运动,1957年《人民日报》曾以"万人大镇无苍蝇"为题对此作过详细报道。马嘉汉先生还先后在吴兴县卫生科、湖州市文卫局等部门担任领导。在卫生系统中,被大家公认的除了先生极佳的口才,还有他的才干。这也得益于他自身深厚的中医底蕴与中医人脉,当时开展卫生防疫工作,很大程度上要依靠当地的中医力量。他始终与各方中医保持着密切联系,不论到哪里,他都能融入进去,干得风生水起。

马嘉汉先生1963年到湖州中医院任职,先后担任副院长、院长及党委书记等职务,直至1989年退休。几十年来先生始终遵循毛主席"中国医药学是一个伟大的宝库,应当努力发掘,加以提高"的教导,全身心地投入到中医院的建设与中医药的应用推广中。湖州中医院初创时期困难重重,先生和医院领导班子团结一致,默契配合,倡导"以院为家,艰苦创业",想方设法把各方面的能动性调动起来。充分依靠名老中医的影响力和广大员工的积极性,又切实保障全院员工的切身利益,让大家感到在医院工作有归属感,有奔头,自觉坚持高负荷、低报酬的劳动。在积极寻求上级领导和相关部门支持的同时,坚持自力更生,不但帮中医院度过了困难时期,还积累了资金,先后建造了门诊大楼和病房大楼、中药房和药厂,增添了医疗设备,壮大了中医药专业人才队伍,成为当时浙江省内中医联合办医院的一个范例。在家人眼里,先生已把中医院当成了一个大家庭,他就像个家长日夜在为这个大家庭操劳着。

为了中医药事业得以传承和发展，先生在总结继承名老中医、老药工经验和培养中医药人才方面做了大量工作。医院专门建立了整理和总结老中医经验的学术组织，先后完成了潘春林、杨詠仙、吴士彦、朱承汉医案专著，甚至是清末民初至中华人民共和国成立前湖州著名老中医的学术经验都得到保存。把潘春林、杨詠仙两位老前辈献出的家传外科药秘方，编成《湖州中医院外用药处方集》，被定为全省中医外用药制作规范。全院 20 多位老中医的临诊经验编成《老中医临诊经验汇编》，内部发行交流，保存了大量宝贵资料。

在培养中医药人才方式上更是有所创新，采取传统的师徒相传与正规授课相结合的培养模式。当时医院师资力量雄厚，具有良好的办班条件。医院先后举办了 2 期学制为三年的中医学徒培训班（"六一班""七二班"），培养了一批既有较高中医理论水平，又有一定临床经验的中医药人才，大大提升了医院的专业素质。湖州中医院还与浙江省中医研究所一起完成了稀世巨著《医方类聚》的校点工作，获得卫生部科技二等奖。这是湖州中医院自成立以来的一大盛事，更是湖州中医界对弘扬中华文化，向世界展示中医药历史成就的伟大贡献。在这期间，以湖州中医院为代表的湖州中医界创造了辉煌的成绩，居全省领先地位，在全国也有一定的知名度。

1978 年，马嘉汉先生作为浙江省唯一的中医界代表出席了全国医药卫生科学大会。同年，湖州中医院还被评为全国卫生科技先进单位，令湖州广大中医工作者备受鼓舞。1982 年马嘉汉先生又代表湖州中医院在全国首次中医医院和中医高等教育会议上做了题为"继承老中医经验，培养中医接班人"的重点发言。业界专家不禁赞叹："医院虽小，贡献极大。"

1983 年湖州中医院被评为"全国先进集体"，1984 年、1985 年分别被浙江省人民政府、浙江省卫生厅授予"先进医院""文明中医院"的荣誉称号，1987 年又被国家卫生部授予"全国卫生文明建设先进集体"称号，可谓盛极一时。先生本人也于 1986 年被浙江省卫生厅授予从事中医工作三十年荣誉证书。

1989 年退休后，先生仍一如既往地关注着湖州中医界的动态与发展。耄耋之年，还伏案疾书，为《湖州中医往事》撰稿，他要把自己在湖州中医药事业发展中亲身经历过的事情与所见所闻写下来，以飨众人。在写作过程中，马嘉汉先生经常和中医界的同行们进行交流，家人们也常陪同他去中医院和老友处访谈，搜集到许多珍贵的照片和资料。当时先生年事已高，身体也不太好，但他坚持每天写作 2 小时左右，往往一个片段一气呵成，不打草稿，也不涂改。《湖州中医往事》出版后，老同事、老朋友纷纷来要书和签名。他们由衷地对先生说："还是你记得清楚啊，真是做了一桩好事。"在有生之年，能留下点有用的东西给后人，先生感到非常欣慰。周围的人们惊叹先生的好记性、好笔头，更被先生坚强的意志力和执着的中医情所感动。先生不但自己为湖州的中医事业付出一生，家人中还有诸多从事中医工作的，比如马名方，曾任湖州第一医院儿科主任，湖州中医学会儿科专业委员会主任委员。他也曾在中医领域里学习很多年，真正秉承其祖父马莲湘先生推崇的中西医相结合的理念，在儿科疑难杂症尤其是小儿呼吸系统疾病的预防治疗上，屡创奇效，在当地儿科界具有一定知名度。先生的大女婿沈关桢和小儿媳妇毕华先后就职于浙江中医学院，都曾聆听过马莲湘教授的讲课，从师生到家人，他们带着长辈的言传身教，在中医临床第一线辛勤耕耘数十载，在各自专科领域都有所建树，成为一方名老中医。在此还要提一下马名农，作为马莲湘先生的长孙，他自小喜欢医学，跟随祖父，耳濡目染，祖父亦希望长孙能接班。后来因各种原因未能遂愿当医生，但他始终未放弃对中医药的钻研。他还写了许多纪念祖父马莲湘的文章，并为本书提供了许多宝贵的资料。这也许就是马家几代人对中医事业的一种热爱，拳拳事业心，悠悠中医情。

60 年一个甲子轮回，马老一生醉心于祖国的中医事业，以精湛的医术、高尚的医德实现了"弘扬中医，治病救人"的夙愿，给我们后人留下了一笔宝贵的精神财富。

大事概览

1907年10月　出生于浙江省宁波市奉化县方桥乡龙谭墩村。

1921年　在浙江湖州南浔"太和堂"药铺当学徒，并随堂兄马莲仙习医。

1926年　在浙江湖州南浔悬壶应诊。

1930年　经上海特别市卫生局中医考试，获中医开业执照。

1931年　于浙江湖州南浔镇重新设立诊所。1930～1951年工作于此。

1937～1939年　曾先后在奉化老家行医和苏州国医院工作。其间先后参加上海汉医学院中医内科专修班、上海中西医药研究及中西医学函授学校学习。

1952年　主持创建浙江南浔中西医联合诊所，任所长。1952～1955年工作于此。

1954年　代表吴兴县出席浙江省中医代表大会。

1956年　参加浙江省中医院筹建工作。1956～1957年工作于此。

1958年　参加浙江中医学院筹建工作。

1959年　在上海卫生干部进修学院学习。其间当选为浙江省政协第四届委员会委员。任浙江省中医儿科学会顾问、浙江省高级职称评审委员会中医委员。

1959～1992年　任教于浙江中医学院。

1978年　晋升为浙江中医学院首批中医学教授，被聘为中医儿科硕士研究生导师。

1983年　被评为浙江省首批名中医。

1992年12月　病逝于杭州，享年86岁，安葬于杭州南山陵园。

学术传承脉络

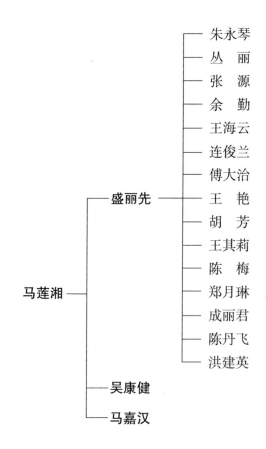

马莲湘 ┬ 盛丽先 ┬ 朱永琴
　　　│　　　├ 丛　丽
　　　│　　　├ 张　源
　　　│　　　├ 余　勤
　　　│　　　├ 王海云
　　　│　　　├ 连俊兰
　　　│　　　├ 傅大治
　　　│　　　├ 王　艳
　　　│　　　├ 胡　芳
　　　│　　　├ 王其莉
　　　│　　　├ 陈　梅
　　　│　　　├ 郑月琳
　　　│　　　├ 成丽君
　　　│　　　├ 陈丹飞
　　　│　　　└ 洪建英
　　　├ 吴康健
　　　└ 马嘉汉